U0750625

野外生存教育教程

主　编：王桂忠　邱世亮　范锦勤

副主编：付丽明　楚英兰　贾　龙　贡兴满

广东省普通高校精品教材

野外生存教育教程

（第二版）

主　编　王桂忠　邱世亮　范锦勤

副主编　付丽明　楚英兰　贾　龙　贡兴满

暨南大學出版社
JINAN UNIVERSITY PRESS

中国·广州

图书在版编目（CIP）数据

野外生存教育教程/王桂忠，邱世亮，范锦勤主编．—2版．—广州：暨南大学出版社，2017.8（2022.8重印）
ISBN 978-7-5668-2142-3

Ⅰ.①野… Ⅱ.①王… ②邱… ③范… Ⅲ.①野外—生存—教材 Ⅳ.①G895

中国版本图书馆CIP数据核字（2017）第144106号

野外生存教育教程（第二版）
YEWAI SHENGCUN JIAOYU JIAOCHENG（DI-ER BAN）
主编：王桂忠　邱世亮　范锦勤

出 版 人：张晋升
责任编辑：苏彩桃
责任校对：黄志波
责任印制：周一丹　郑玉婷

出版发行：暨南大学出版社（511443）
电　　话：总编室（8620）37332601
营销部（8620）37332680　37332681　37332682　37332683
传　　真：（8620）37332660（办公室）　37332684（营销部）
网　　址：http://www.jnupress.com
排　　版：广州市天河星辰文化发展部照排中心
印　　刷：广东广州日报传媒股份有限公司印务分公司
开　　本：787mm×1092mm　1/16
印　　张：14.25
字　　数：305千
版　　次：2009年8月第1版　2017年8月第2版
印　　次：2022年8月第5次
印　　数：8501—9000册
定　　价：42.00元

前 言

《野外生存教育教程》一书于2009年出版后，得到了授课教师和学生们的肯定和好评，在教学实践中取得了较好的教学效果，并于2015年被评为“广东省普通高校精品教材”。

根据教师的使用反馈情况以及野外生存教育发展的新进展，我们对第一版进行了重新修订。新增了“野外活动与气象”（第五章）和“野外生存教育与生命教育的融合”（第九章）两章，并在各章中增加了“学习目标”“导入案例”“相关链接”“知识点小结”和“项目综合实训”等内容，力图使本书更适合教学使用。

再版的《野外生存教育教程》共九章，第一章主要介绍野外生存教育理论，第二章至第八章主要介绍野外生存教育的理论与实践，第九章主要讲述野外生存教育与生命教育的融合。此外，原第五章（新版第六章）的“水灾”和“雷电”等内容，并入新版第五章“野外活动与气象”当中。全书力求突出知识性、科普性、实用性和趣味性，将理论与实践进行有机结合，适合普通高校体育专业及公共体育“野外生存教育”选修课选用，同时也可为户外运动爱好者提供理论参考。

本书由王桂忠、邱世亮、范锦勤总体策划并担任主编，付丽明、楚英兰、贾龙、贡兴满任副主编，王桂忠负责全书的统稿工作。参加编写人员有（以编写章节为序）：王桂忠（撰写第一章、第五章、第八章和第九章），邱世亮（撰写第二章），范锦勤（撰写第三章），贾龙（撰写第四章），楚英兰（撰写第六章），付丽明（撰写第七章），贡兴满参与了第四章部分内容的撰写，全书的插图由邱世亮制作。

本书在编写的过程中，吸取了国内外许多专家、学者的研究成果，在此一并致以谢意！由于编写人员水平有限，不妥之处难免，敬请批评指正。

编 者

2017年4月

目 录

第一章　野外生存教育概述

学习目标

理论目标：了解野外生存的概念、起源与发展现状，领会野外生存教育的意义与价值，掌握野外生存教育教育课程体系的内涵。

实务目标：对野外生存教育课程进行初步开发，掌握野外生存教育课程创建的难点与对策。

导入案例

早期的户外运动其实是一种生存手段，采药、狩猎、战争等活动无一不是人类为了生存或发展而被迫进行的活动。“二战”期间，英国特种部队开始利用自然屏障和绳网进行障碍训练，其目的是提高野外作战能力和团队合作能力，这是人类第一次系统地把户外活动有目的地运用到实际中。“二战”中发生多起海难，后来经过统计发现，在海难中逃生的人群年龄大多分布在28至38岁。专家研究发现，在这一年龄群中，人员大多有很好的体能，心理成熟，有各式各样的生活经历，有良好的团队精神，而恰恰是这些因素能帮助他们逃生。“二战”后，随着战争的远离和经济的发展，户外活动开始走出求生范畴，成为人类娱乐、休闲和提升生活质量的一种新的生活方式。1989年，新西兰举办首次越野探险战大赛，此后，各种各样的户外活动和比赛在全世界如火如荼地开展起来。

（资料来源：张建新，朱小洪．户外运动宝典．武汉：湖北科学技术出版社，2008）

第一节　野外生存的概念、起源与发展现状

一、野外生存的概念

野外，是与人类的居住环境相对应的其他地域。生存，是人类维持生命的所有

行为的组合。

我们可以将野外生存理解为：在人迹较少的自然生态环境中，人类维持生命的所有行为的组合。野外生存既是一种行为，也是一种能力，更是一种精神。

二、野外生存活动的起源与发展

人类的生存与发展其实就是一部野外生存史。为了能够在当时恶劣的自然环境中生存下来，早期的人类逐步创造了各种野外生存方式，培养了野外生产技能，比如采集食物、寻找水源、钻木取火等。

在没有现代运输工具的时期，人类的商业活动和生存活动基本上是依靠人的体力去完成的，如翻山越岭、风餐露宿、长途跋涉等。早期人类面临的是极其复杂的生存环境。

近代以来，战争与野外生存这个主题更是密不可分。在长期的野外作战中，地质、气候、食物、水源等野外环境因素既可以成为一支部队的取胜之道，也有可能让一支部队彻底落败。

近代的探险与科学考察活动是人类主动重返野外进行工作，探险者和科学考察人员已开始逐步配备专业化的野外生存工具，并专门进行野外生存技能的训练。

三、现代野外生存活动的发展概况

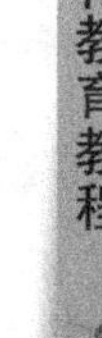

1. 国外野外生存活动概况

近30年来，随着现代文明的发展，在西方一些发达国家里，野外生存生活训练已逐渐成为年轻人追求的一种时尚。人们厌倦了繁杂的娱乐场所和喧闹的城市生活，开始热衷于以个人、家庭、团队的形式去一些原始的、人迹罕至的地方，通过野外生存活动来化解生活和工作中的压力，磨炼自己的意志，强健自己的体魄。

目前，野外生存生活训练在一些发达国家中已非常普及，而且内容丰富，形式多样。休闲类的有野炊、露营、爬山、游泳等；尝试类的有穿越沙漠、穿越丛林等；挑战类的有穿越极地、征服高山以及带有竞赛性质的比赛，如美国电视台主办的“生存者系列”活动。除了社会上自发的和有组织的野外生存活动外，很多国家还把“野外生存生活训练”列入学校的教育科目中，作为培养学生身心健康、健全人格、增强社会适应能力和竞争力的教育课程。

2. 国内野外生存活动概况

目前，我国的野外生存活动发展处在初级阶段。我国开展野外生存活动的时间比较晚，早期只限于登山运动员以及从事地质、勘探、林业等方向的机构和工作人员，随着改革开放的逐步推进与社会经济的快速发展，西方的休闲观、体育观开始

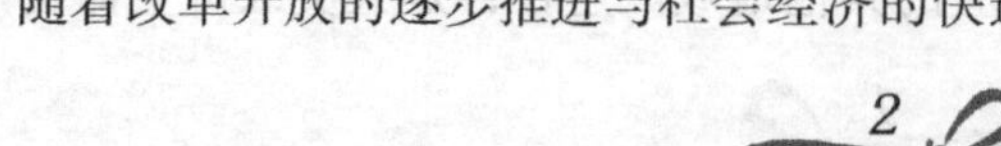

进入我国。20世纪80年代，登山、攀岩、漂流、冲浪、攀冰、穿越、定向、远足、越野、溯溪等野外生存活动进入了人们的视线，体现了人类返璞归真、回归自然、保护环境的美好愿望。这些活动在我国的北京、广州、昆明、上海等地悄然兴起，并很快在全国蔓延开来，迅速发展演变成为一种社会时尚，成为一种新的生活、休闲和体育活动方式。

野外生存活动多数带有探险性，其活动强度属于极限和亚极限运动，具有很大的挑战性和刺激性。野外生存活动能够达到拥抱自然、挑战自我的目的，能够培养个人的毅力以及团队之间的合作精神，从而达到提高野外生存能力的效果，因而深受青年人的欢迎。野外生存活动吸引了越来越多人的目光，正日益成为社会关注的焦点。目前，野外生存活动在我国已有了庞大的参与人群，户外运动的产业链已经形成，许多专业的户外活动机构、中介、运营组织已经成立，活动方式既有个体自发组织、俱乐部的会员组织，也有旅行社组织。广东电视台连续多年举办的“生存大挑战”吸引了众多年轻人的参与，节目收视率极高。人们对经常参加野外活动的人群有着不同的称谓，如“户外发烧友”“暴走族”“背包族”“驴友”等。另外，我国拥有得天独厚的地理条件和良好的野外生存自然资源环境，这为野外生存活动提供了一个广阔的空间。

目前，户外活动从业者普遍认为，随着教育观念的转变，户外活动与学校教育将进一步融合，这将促使更多青少年参与其中，在不久的将来，野外生存活动在我国将会形成一个新的发展时期。

第二节　野外生存教育发展的现状

一、野外生存教育的起源

野外生存教育起源于第二次世界大战期间，当时商船舰队屡遭敌方袭击，许多人葬身海底。从为数不多的生还者身上，人们发现了他们共同的特征，即他们并不一定都是体能最好的人，却是求生意志最顽强的人。在德国教育家库尔特·汉恩等人的提议下，德国海军创办了“阿德伯威海上学校”，训练年轻海员在海上的生存能力和舰船触礁后的生存技巧，这所学校就是最早的野外生存教育学校。“二战”结束后，野外生存的独特创意和训练方式逐渐被推广开来，训练对象由海员扩大到军人、学生、工商业人员等群体，训练目标也由单纯的体能训练、生存训练扩展到心理训练、人格训练和管理训练等。

随后，人们在关于第二次世界大战的影视作品中，也看到了特种部队、陆战队、空降兵等进行野外训练、野外作战的画面。可以说，人类在这个时期已经开始了由被动适应野外生存环境，发展到主动适应野外生存环境的转变。人们从各种渠道了解特种兵的野外生活，从好奇、崇拜到模仿，野外生存训练模式逐渐从军队转移到民间。

二、国外学校野外生存教育简述

开展野外生存教育活动在国外较为普遍，许多国家将“户外教育”“生存教育”列入了学校教育的体系当中，试图通过开展野外生存生活训练课程，使学生增强体能，养成健康的心态；培养学生的团结合作精神和敢于挑战困难、勇于竞争的体育精神；掌握生存生活技能，提高学生的社会适应能力，进而为学生的全面发展打下良好的基础。

日本把野外生存生活能力作为青少年必备的一种生活技能，建立了专门的训练基地，并在《保健体育指导纲要》中明确指出：根据当地的地理条件和学校的具体情况，积极采用诸如冰上游戏、滑雪、溜冰等与大自然紧密相连的活动作为教学内容，有关体育和健康的活动不仅在课堂教学中进行，还应该结合学校的一些专门活动（如野营活动）来开展。

美国得克萨斯州的“体育课程标准”指出：参加冒险和户外教育的学生应发展户外教育活动的能力，使学生既能迎接挑战，又能享受乐趣。活动的选择要有助于学生建立环境保护意识，并使学生喜欢这种活动。同时，该课程要求学生在两个或更多的户外教育活动（如搬运货物、划船、宿营、长途徒步旅行、定向越野、水上运动等）中显示适应能力。

新西兰的“健康与体育课程”指出：户外教育应发展学生的个人和社会技能，使学生在户外教育中变得充满活力，同时，通过户外教育使学生树立环保意识，从而为其保护和关注环境等提供机会。新西兰的户外教育包括户外冒险活动和户外专业活动项目（如野外定向、帆船、攀岩、远足等）。

澳大利亚维多利亚州的“健康与体育课程”指出：要满足人的成就和知识基础的需要及体验新的挑战的需要，重视挑战、冒险意识对个人成长的作用。该课程要求学生学会安全的方法，并为自己和他人制订户外活动的安全计划，学会在不同的环境中（如海滩、灌木丛、高山等）预防危险、降低伤害的安全措施，明确在户外安全活动中的个人责任和集体作用，提高参加户外活动的知识和技能（如搭建营地、在海湾中航行等）。

目前，许多国外的公司或企业已将野外生存拓展训练作为人力资源的培训科目。

三、我国高校开展野外生存教育的现状

1. 高校野外生存教育的概念

野外生存教育，是指围绕一定的教育目标，远离生活的熟悉地，到野外自然环境中，有组织、有计划地开展一系列实践活动的总称。

野外生存教育是以人在自然环境中的生活实践为手段，培养青少年对自然的关

心和兴趣，促进参与者对人类和自然的和谐关系的理解，并学会体验自然环境下的活动乐趣和技能等。

野外生存教育的资源在大自然当中，具有鲜明的教育资源个性，它集竞技性与挑战性于一体，充分展现了团队合作精神和个人创造性，并把原有的、仅限于学校体育课堂上的、竞技性很强的跑、跳、投、攀爬、跨越等基本内容扩展至社会和大自然中，使学生从中获取最基本的生存知识，养成健康文明的生活方式，培养学生团结合作和勇于竞争的意识，形成勇敢的意志品质和创新进取的精神，最终达到增进学生身心健康的教育目标。野外生存教育的意义与价值突破了传统“体育”的狭小空间，更多地体现在体育的生活化和社会化的价值取向上。

2. 我国高校开展野外生存教育的概况

在我国，由于教育思想和教育观念的转变，户外运动作为一种全新的教育手段正逐渐被人们所认识。中国地质大学是我国开展户外运动项目教学与科研较早的学校，1998 年，该校率先在全国高校中开设了“野外生存体验”公选课。

近年来，我国高校陆续开展了一些类似于野外生存生活训练的活动。2002 年 5 月，教育部体卫艺司申报的“大学生野外生存生活训练”被列为全国教育科学“十五”规划国家级研究课题，该课题组组长为教育部体卫艺司体育处季克异处长，华东师范大学体育与健康学院作为总课程的研究中心，该院院长季浏为研究中心负责人，中国地质大学、东北林业大学和浙江林学院是该课题的第一批实验基地。

2002 年 7 月，来自华东师范大学、上海交通大学、清华大学、中国地质大学（武汉）、中国地质大学（北京）、东北林业大学和浙江林学院七所高校的 140 名学生，在黑龙江帽儿山、湖北神农架和浙江大明山三个实验基地，进行了为期一周的野外生存生活综合训练。作为高校体育课程的改革措施，这次训练引起了社会的广泛关注，其实践与探索为野外生存生活课程进入高校体育课程奠定了良好的基础。

2003 年 7 月，参加实验的学校达到 20 所，其中在黑龙江帽儿山组织的活动为“中国、日本和韩国三国大学生野外生存生活共同训练”。

自 2005 年起，韶关学院先后在体育专业及公共体育选修课中开设了“野外生存生活训练”课程，截至 2017 年 6 月，韶关学院已有近 6 000 名学生参加了此门课程的学习。“野外生存生活训练”课程不仅是韶关学院常态化的一门课程，而且也是公共体育选修课中被选率较高的课程之一。

第三节　野外生存教育的意义与价值

野外生存教育作为高校体育课程的内容，不仅体现了现代教育的理念，符合我国高校体育课程改革的发展趋势，而且也是实现我国高等教育体育课程目标的基本手段。

一、开展野外生存教育的意义与价值

1. 户外专项工作者需要野外生存的活动能力

社会在向城市化、城镇化发展，但不可改变的是，人们还无法远离自然环境，甚至有许多工作还需要在野外展开，地质、勘探、生物、动物、生态、气象、考古、水力、旅游等学科的从业人员必然要在远离城市的复杂的自然环境中开展工作。此外，在医务、交通、通信、路桥、新闻、公安等行业工作的人员同样也需要在野外开展工作，因此，他们必须学习和掌握一定的野外生存知识与实践能力，以减少和避免伤害事故的发生。

2. 部队开展野外生存训练以提高战斗力

从战争的角度看，野外生存能力是衡量部队战斗力的重要标准之一。东北的林海雪原、广西的十万大山，都曾留下解放军胜利者的身影，红军两万五千里长征更是一部经典的野外生存史。

战争有太多的不可预知性，方向的辨别、道路的选择、食物的采撷、温差的适应、环境的陌生、动物的袭击等因素，无不考验着每一个士兵的生存能力。因此，所有国家的陆军和空军都将野外生存训练当作训练科目，将部队放到海岛、高原、森林、沼泽等环境中开展野外实战训练。

3. 提高人类生存能力，以应对频发的自然灾害事故

舒适的城市生活让人类远离了自然环境，也使得人类适应自然环境的能力逐渐退化了。频发的自然灾害事故，经常考验着人类的野外生存能力，如地震、山体滑坡、风灾、水灾、雪灾等都给人类带来了灾难。“5·12”四川汶川地震发生后，道路、通信不通，当时幸免于难的群众面临着险恶的生存环境，需要在有限的条件下展开自救与互救，并需要选择正确的途径逃离余震险境。

相关链接

2009年4月，广东省社会医学研究会心理专业委员会发布了“广东省中小学生灾难自救能力调查报告”，对广东省500名中小学生的调查结果显示，51.7%不了解骨折、蛇咬伤紧急情况的救护；有73%的中小学生不懂得正确使用担架，懂得如何进行休克紧急救护的也只占24.1%；在遇到溺水、中暑情况，一半以上的青少年欠缺这方面的救护知识；69%的受访学生不能正确回答在地震中应如何保护自己。几乎100%的青少年不懂得真正遇上雷击时如何自救。其结果是一旦遇上雷击，他们只能坐以待毙。调查的结果让人们对青少年的生存能力担忧。这些现状都让我们看到了对学生开展野外生存能力教育的必要性与价值。

（资料来源：李志伟．广东省中小学生灾难自救能力调查．羊城晚报，2009－04－18）

4. **促进现代人类身心健康的发展**

伴随着社会生产力的提高、人类劳动方式的改变和社会物质成果的增加，我们得以享受着物质文明的硕果，但同时我们也清楚地看到物质文明的高速发展带来了许多负面的影响，人群中肥胖、高血压、高血脂、高血糖等“富贵病”的比例在不断增大。

从依赖体力的生产走向依赖知识信息的经济，人们的身体活动在整体上脱离了生产劳动领域，而且出现了违反生物规律和其他自然规律的异化，如出现“肌肉饥饿”，使得人们不得不在生活的闲暇里增加活动量。长坐室内工作的人群大多向往大自然，由此可见，回归大自然既是生理的需要，也是心理平衡的需要。

5. **休闲时代的来临驱动户外活动的产业发展**

进入 21 世纪以来，人类迎来了史无前例的休闲时代。中国进入全面建设小康社会的新时期，中国体育自身的社会功能正发生明显的转变，“从生产到生活”“从群体到个体”“从工具到玩具”的“休闲体育观”无不折射出民众体育的多元化与生活化需求。

休闲成为一种时代风尚，其主要的标志：一是有闲，二是有钱，三是有心情。从“有闲”这个角度看，我国现在每年法定节假日不少；从“有钱”这个角度看，我国国民生产总值每年保持 7% 以上的增长速度，社会财富与个人财富都在高速增长；从“有心情”这个角度看，人们在摆脱了贫穷之后心情舒畅，自然就有了享受休闲的心情。

现在的户外活动已经不再是一种专业性的运动或专业性的工作，户外运动已经成为大众时尚生活的一种方式。登山、探险、溯溪、野外徒步等方式被越来越多的人所接受和喜爱，户外用品的设计、生产、销售和户外活动的组织与策划，催生了野外生存活动产业的发展。

二、野外生存生活训练课程化的意义

长期以来，学校体育的教育资源大多集中在学校，学校之外的教育资源往往不被重视，多样复杂的社会现实被浓缩为平面的课本内容，整体有机的生活经验也被分割为学科林立的知识模块，导致学生所掌握的知识与技能缺乏融会贯通，迁移不足，这也是学校教育长期存在的问题。

中共中央国务院《关于深化教育改革全面推动素质教育的决定》指出："高校教育要树立健康第一的指导思想，切实加强体育工作，使学生掌握基本的运动技能、养成坚持锻炼身体的良好习惯。"围绕这一指导思想，近年来，各级教育主管部门及学校对学校体育工作进行了一系列的体育课程改革。

野外生存生活训练丰富了高校体育课程的内容，其意义在于借助大自然的环境资源，以野外生存生活训练为主要手段，帮助学生建立正确的体育意识，树立"健康第一"的思想认识，培养学生的体育兴趣和锻炼能力，促进学生身心健康发展，提高学生的竞争意识、合作意识、安全防范意识和环境保护意识，以增强学生的社会责任感和社会适应能力。

第一，开设野外生存生活训练课程有助于体育专业学生培养目标的实现。

近年来，我国休闲体育、体育旅游发展迅速，野外活动作为休闲体育、体育旅游的一种主要表现形式，越来越被人们所青睐，形成了一定的户外运动产业规模。随着我国社会经济的不断发展，以野外活动为代表的休闲运动和体育旅游将会有更广阔的发展空间。社会体育专业学生在就读期间，参与野外生存生活训练课程学习，掌握野外生存活动的基本理论和知识与技能，提高他们对户外运动的组织、策划能力，能从事户外活动领域中组织管理、咨询指导、经营开发以及教学科研等方面的工作。

第二，开设野外生存生活训练课程是教育部"课程方案"的要求，有助于体育教育专业学生适应中小学体育"新课标"的要求。

教育部颁布的《全国普通高等学校体育教育本科专业课程方案》（以下简称《体育教育专业课程》）将课程领域划分为体育人文社会学类、运动人体科学类、田径类、体操类、球类和武术类共六类课程。其中，田径类课程包括田径、户外运动、定向越野和野外生活生存等课程。因此，在体育教育专业学生中开展野外生存生活训练符合教育部《体育教育专业课程》的要求。

中小学《体育与健康课程标准》（以下简称"新课标"）目前已在全国广泛实验，"新课标"对教学内容的选取有很大的灵活性，鼓励不同地区的学校利用当地的资源条件选取体育教学内容，同时倡导户外运动、新兴体育项目的教学化。这些创新理念的提出对体育教育专业学生的专业技能提出了新的要求，这也是过去体育教育专业课程方案中被忽视的技能模块。体育教育专业学生参与野外生存生活训练课程理论与实践的学习，将有助于提高他们今后指导中小学开展户外运动的专业技能，适应中小学体育"新课标"的专业技能要求。

第三，符合教育部颁布的《全国普通高等学校体育课程教学指导纲要》精神，有助于高校公共体育课程价值的实现。

教育部颁布的《全国普通高等学校体育课程教学指导纲要》（以下简称《指导纲要》）指出："熟练掌握两项以上健身运动的基本方法和技能；能科学地进行体育

锻炼；经常参加和组织野外活动；能参加有挑战性的野外活动”，“要充分利用空气、阳光、水、江、河、湖、海、沙滩、田野、森林、山地、草地、荒原等条件，开发野外生存方面的教学与训练”。《指导纲要》还指出：“应使课堂教学与课外、校外的体育活动有机结合，学校与社会紧密联系，要把有目的、有计划、有组织的课外体育锻炼、校外（社会、野外）活动、运动训练等纳入体育课程，形成课内外、校内外有机联系的课程结构。”

野外生存生活训练课程强调健身性、挑战性、终身性和实用性，突出学生学习的主动性、积极性和创造性，具有途径多样、方法多种、形式灵活、内容丰富等特点，能满足学生自主学习、探究式学习这一高校体育改革的趋势，而且有利于激发学生的学习动机，培养学生的学习兴趣，挖掘学生的学习潜能，发展学生的个性，也符合《指导纲要》提出的拓展体育课程内容的基本精神。

第四，开展野外生存教育对大学生的综合发展具有现实的意义。

（1）野外生存教育可以让学生学习野外生存技能。

随着社会的发展与科技的进步，人类越来越享受安逸与舒适的生活，也越来越远离野外环境。人们的野外“生存能力”逐渐减弱，在自然环境下的生存能力不断减退。

野外生存教育活动内容包括野营、野炊、负重行军、攀岩、岩降、涉水、穿越丛林、野外自救、觅食、觅水、野外定向等内容，涉及大量的野外生存技能的学习与实践活动，通过学习与实践活动，可以提高大学生的野外生存技能，对大学生未来的生存与发展具有重大的现实意义。

（2）野外生存教育有助于培养学生的团队精神，增强学生的环保意识。

野外生存活动一般都选择在远离城市、人迹罕至的深山老林，长时间在崎岖的道路中负重行进，其艰苦程度在现实中难以模拟。每个行动小组就食物、饮用水、应急药品及各种工具等集体物质资源必须有明确的责任分工，要求团体成员必须具有高度的组织纪律性和团结协助精神，并能处理好成员间体质的差异、性别的差异、能力的差异与性格的差异。共同目标下的野外活动需要相互帮助、相互鼓励、相互配合。野外环境下的团队纽带，带来新型的人际关系，这种人际关系大大缩短了同学之间的距离，增进了同学之间的友谊，拓展了同学们的团队精神。

野外生存教育的重要内容包括环境保护教育，野外活动计划中有明确的保护环境的纪律要求。例如，要爱护动物、植物，不沿途丢弃垃圾，不可降解的废弃物要用专门的袋子带下山集中销毁等。

野外生存活动同时也是保护环境的具体实践。远离城市喧嚣和嘈杂，在充满生机的自然环境下，同学们的心灵得到洗涤和升华，野外的美景让同学们陶醉的同时，也唤起了同学们关爱和珍惜自然环境的意识，同学们的环境保护意识得到加强，保护环境的行动也变得具体化。

（3）野外生存生活训练有助于提高学生的身体与心理素质。

大学生与野外环境的接触越来越少，在艰苦的环境中锻炼的机会不多。野外生存教育让大学生们在崇山峻岭或人迹罕至的荒山丛林中，通过徒步穿越、丛林探险、悬崖速降、徒手攀岩、野外采集等，让大学生们在摸爬滚打中“苦心智、劳筋骨”，在不断体验欢乐与痛苦、成功与失败的过程中感受生命的可贵，在考验自我、相互鼓励、克服严重困难的过程中培养坚忍不拔的毅力和信念，满足大学生们不断挑战自我、挑战极限的人生追求。

同步案例

浙江林学院对参加了野外生存训练的156名大学生进行精神卫生自评量表SCLA－90测评，并与未参加此类活动的大学生进行比较分析，结果显示，参加了野外生存训练的同学在强迫水平、焦虑水平及抑郁水平均向良性化方向发展，这一定程度上说明了野外生存活动有较好的健心价值。对参加了课程学习的韶关学院2003级体育专业学生的问卷调查结果表明，在“课程兴趣”“团队精神”“心理素质”“自信心”“生存生活技能”“终身体育”等调查因子中，课程引起以上因素良性认同的比例均超过90%。

［资料来源：叶常青. 野外生存训练对大学生心理健康影响的调查. 解放军体育学院学报，2004（1）］

第四节　野外生存生活训练课程体系

作为一种崭新的高校体育专业体育课程模式，野外生存生活训练课程在教学实践过程中会遇到什么样的问题与困难？体育专业的野外生存生活训练课程设计该如何进行？针对本地区的地理特征应如何选择课程资源？这些都是野外生存生活训练课程在建设与实施过程中所面临的理论与实践问题。在多年的教学实践探索中，我们设计、实施、修订了野外生存生活训练课程的教学方案，以提高课程的规范化程度。

一、课程目标

以野外生存生活训练为主要手段，帮助学生建立正确的体育意识，提高对“健康第一”思想的认识，培养学生的体育兴趣和锻炼能力，促进学生的身体健康和心理健康，提高社会适应能力，培养和提高体育专业学生的户外运动、探险活动的组织和策划能力。

野外生存生活训练课程目标具体分为以下六个领域：

1. **运动参与目标**

通过该课程的学习，体验亲近自然、挑战自我的乐趣，培养激发学生参与体育活动的兴趣和爱好，基本形成终身体育的意识。

2. **运动技能目标**

掌握有关野外生存生活的基本知识、技能和能力，以及适应自然和挑战极限的能力，掌握提高相关体能的方式与方法。

3. **身体健康目标**

通过该课程的学习，有效地提高学生的体能，改善其身体各系统的机能，提高身体对外部环境的适应能力，预防疾病，最终达到提高学生身体健康水平的目的。

4. **心理健康目标**

通过该课程的学习，发展学生的个性，磨炼学生的意志，改善学生的情绪状态，确立其良好的自我概念，培养学生吃苦耐劳的优良品质。

5. **社会适应目标**

通过该课程的学习，培养学生的团队精神，提高学生人际交往的意识和技能，处理好合作与竞争的关系，以提高其社会适应能力。

6. **专业技能目标（体育专业学生）**

通过该课程的学习，培养体育专业学生开展户外活动的组织、策划能力。

二、课程的结构与内容设计

课程大纲由理论课、实践课、教学考核与野外综合训练四个模块组成（如图 1－1）。

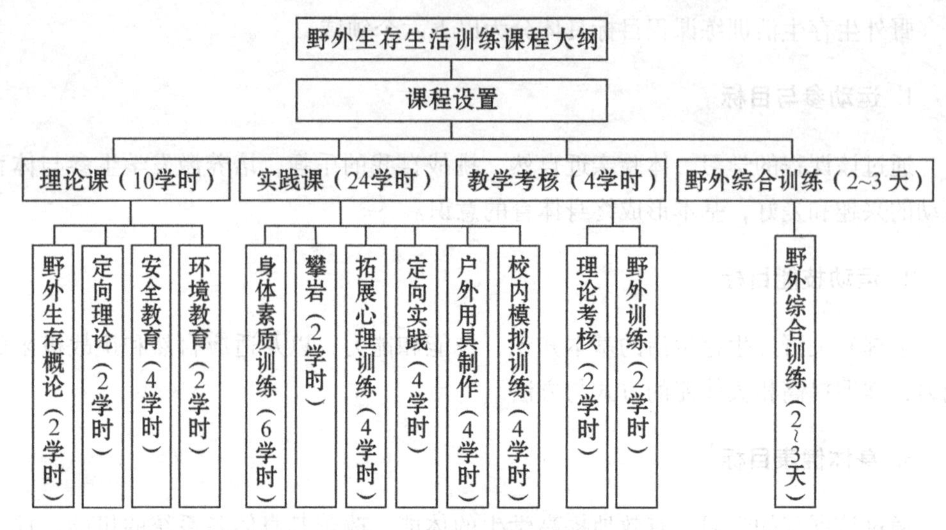

图 1－1　野外生存生活训练课程大纲示意图

教学内容的选择（如图 1－2）充分体现了“三基本”的原则，能反映野外生存生活的知识、技术和技能，同时重视创新能力、适应能力以及竞争与合作能力的培养。野外生存生活训练课程的教学内容包括心理训练、体能训练、意志品质训练、急救训练、野外定向训练、独立获得食物和水训练、野外宿营训练、防寒训练、防潮训练、防毒训练、攀岩训练、团队精神训练及增强环境保护意识等方面。

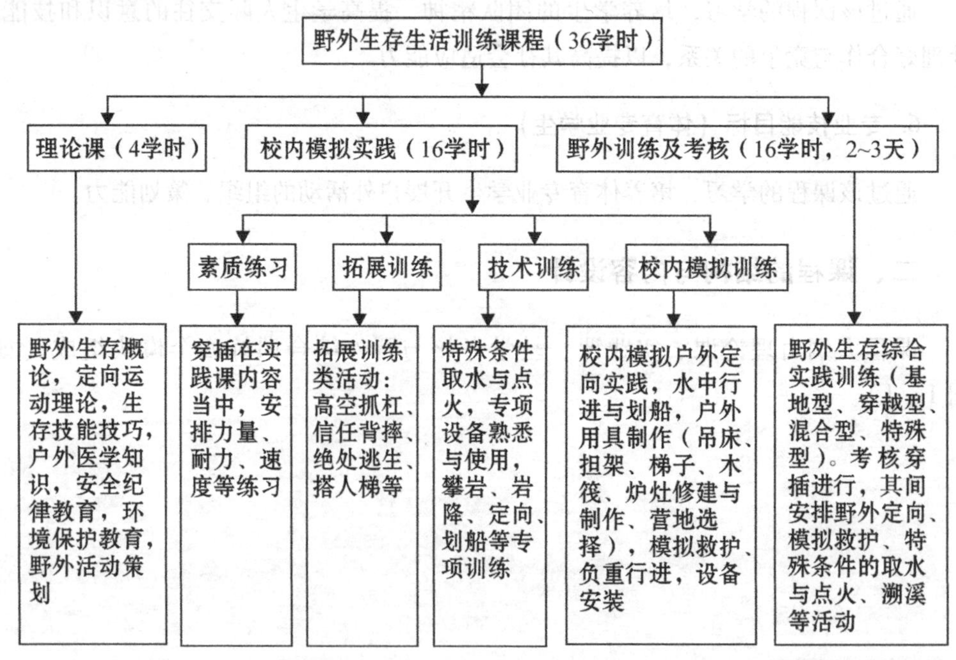

图 1－2　野外生存生活训练的课程结构、主要教学内容与时数分配表

理论内容重点凸显“野外”与“生存”主题，考虑到培养体育专业学生的专业技能目标需要，增加了“野外活动策划”内容。

校内模拟实践内容重点放在户外生存技能、团队精神与个人责任感等方面的模拟训练与教育。以素质练习、拓展训练、专项训练等模块组织开展教学，为开展野外生存生活实践储备技能、体能。

野外生存综合实践内容安排在远离人居的偏远山区，利用双休日或长假进行。选用“基地式”“穿越式”“混合式”和“特殊式”等不同的方式，学生以6~8人为一组。其间安排攀岩、岩降、溯溪、漂流、登山、徒步穿越、埋锅造饭、野外定向、野外模拟救护、特殊条件的取水与点火等实践内容，巩固所学理论知识，培养学生野外生存生活的能力。

三、课程教学形式

课程教学分为理论与实践两个部分。理论教学以野外生存生活知识为主，主要内容包括安全教育、突发事故处理、团队精神教育、环境保护教育等。实践部分分为模拟实践（户外用品的使用及营地建立等）和野外实践两类。

四、课程时数与时序

野外生存生活训练课程（包括社会体育专业、体育教育专业、公共体育课程、校级公选课、校级活动课）均开设36学时。其中理论教学4学时，模拟实践16学时，野外实践16学时（2~3天时间），教育时序按基础理论—基础训练—专项训练—模拟训练—野外实践与考核顺序进行（如图1-3）。

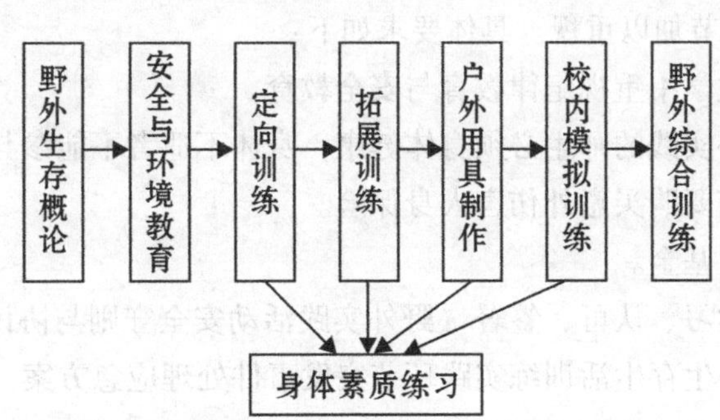

图1-3 “野外生存生活训练”课程教学内容顺序图

五、课程考核

课程考核包括理论考核、实践操作考核、野外实践综合评定等环节。

野外综合实践既是提高学生野外生存生活能力的训练课，也是对学生野外生存生活能力的综合考核，须在野外的环境中进行。考核遵循定性为主、定量为辅的原

则，综合学生自评、学生互评、教师评价等方法，从五个学习领域评价考核学生的学习情况。

理论考核占总成绩的30%（考核内容包括课程概述、野外生存理论知识等，以抽签选题、现场回答的方式进行）。

实践操作考核占总成绩的20%（考核内容包括野外活动器材使用、搭建营地、模拟救护、简易担架制作等，以抽签选题的方式进行）。

野外实践综合评定占总成绩的50%（由教师召集各小组组长，组成学生学习考核小组，考核小组根据学生在野外实践中的参与态度、闪光记录等内容进行综合评定）。

六、课程师资

野外生存生活训练课程内容具有综合性特征，根据教学内容的模块性，课程师资以体育人文社会学教研室、运动人体科学教研室、公共体育教研室教师为基础，并从其他教研室中吸收有一定户外运动理论与实践经验的教师共同组成教学团队实施教学。

七、课程设备、器材

课程教学实施必须拥有帐篷、户外用灯具、炊具、睡袋、背囊、防潮垫、指南针、对讲机、急救医疗用品等专业性设备与器材的支持。

八、课程安全设计

野外生存生活训练课程必须重视师生的安全，无论是理论教学还是实践部分，都应对所有安全细节加以重视。具体要求如下：

（1）在理论教学中重视纪律教育与安全教育。

（2）参加野外实践的师生必须身体健康，身体不适者不能参与。

（3）参与者需要购买意外伤害人身保险。

（4）建立风险基金。

（5）参与者学习、认可、签署《野外实践活动安全守则与协议》后方可随队。

（6）制订野外生存生活训练实践环节突发事件处理应急方案。

第五节　开展野外生存教育的难点与对策

长期以来，我国高校体育教学以竞技体育项目为主，形成了相对完善的政策法规、教学理论和环境支持系统。而野外生存生活训练课程作为一项新生事物，虽然其课程价值容易被认同，但在起步发展过程中难免会存在困难与问题，这也是事物

发展的普遍规律。正视困难与问题，积极主动地寻找相关解决方案，将有助于野外生存生活训练课程的健康实施与发展。

近年来，有25%的院校相继在体育课教学中增设了户外运动类教学内容，但教学内容单一；有70%的学校有开设此类课程的打算，但因缺乏教材，不了解课程内容、组织形式、教学方法等原因而未能开设此类课程。

一、开展野外生存教育的难点

1. 课程体系有待建立与完善

我国高校开展野外生存生活训练课程的实践探索刚刚起步，野外生存生活训练活动的课程化需要相关政策、理论体系的支撑。从政策层面看，需要教育主管部门将野外生存生活训练课程明确列入高校体育专业、普通专业课程方案中。在建立课程体系方面，还需要对教学目标、教学内容、教学组织、教学考核等环节加以建立和完善，如果没有课程理论的基础，没有对其理论的内涵及实施条件的透彻理解，片面地对教学内容、教学手段和教学效率进行改革，都会造成课程实施的无序化，容易造成任课教师在理论认识和教学实践两方面的茫然与无所适从。只有建立合理有序、科学完整的课程体系，野外生存生活训练课程才有可能健康地发展。

2. 缺乏高素质课程师资

负责野外生存生活训练课程的教师，前期需要组织学生进行理论学习和模拟实践，后期的野外实践期间要负责整个队伍的管理，需要对参与的学生进行生活技能、卫生保健、安全急救、天文地理、环境保护、策划组织等知识领域的传授。教学涉及大量的自然科学、人文社会学领域的知识，因此对指导教师的综合素质有很高的要求。我国目前没有专业的培训机构培训这方面的人才，以往体育教育、社会体育专业也没有开设这方面的课程，体育教师在野外生存生活训练教学组织上的能力不足，将会在一段时间内制约着课程在学校的开展。要胜任课程教学与指导，对负责野外生存生活训练课程教学的教师无疑是一个巨大的挑战。

3. 课程实践资源稀缺

野外生存生活训练课程实践部分需要选择在大自然环境中进行，选点情况直接影响到教学过程与教学效果。课程实践资源既要远离闹市，又要符合教学化要求，但我国的高校均处在城市范围内，适应课程实践要求的自然环境资源稀缺。调研、选择、建设好课程实践基地将是确保课程按计划实施的重要条件，需要做大量的前期工作。

4. 课程经费与设备

课程需要一定数量的专用设备，如帐篷、睡袋、户外照明设备、GPS 卫星定位仪、通信设备等许多户外专用设备。课程前期需要一定的设备与经费投入，野外实践中为预防突发事件发生，还需准备应急车辆、应急物品等，对多数高校而言，这是一笔不小的开支。

5. 课程安全保障体系需要建立和完善

野外生存生活训练不是冒险也不是探险，但由于野外生存生活训练课程的环境在山区、丛林、高原、荒岛等偏僻地区，其间还要进行登山、野营、野炊、负重行军、攀岩、速降、定向越野、漂流、涉水溯溪、搭绳过界、穿越丛林、野外自救、野外觅食（水）等具体项目的实践活动，因而具有一定的困难性与危险性。若干天的活动过程存在着许多不确定的安全隐患，如大自然的雷击、洪水、雪崩、落石和山体滑坡等，来自昆虫、猛兽袭击的意外，以及行动过程中的攀爬、负重行进、水源及食品安全等均可能出现各种各样的安全隐患。因此，野外生存生活训练课程需要组织严密、分工细致，制定周密的安全防范措施，确保课程实践安全和可持续地发展。

6. 野外生存教育理论研究的滞后

理论来源于实践，理论可以指导实践。我国开展野外生存生活训练课程实践与探索只有短短的几年时间，理论研究的滞后与不足在一定程度上制约了野外生存生活训练的开展。就目前而言，国内外对野外生存生活的研究还仅停留在对活动的计划、步骤、安全知识、注意事项等作出描述的水平上。

虽然国内外的学校都在不同程度上开展了野外生存活动教育，但将野外生存生活训练作为课程的研究成果还相对不多，作为一项新生事物，野外生存生活训练课程为我们提供了广阔的研究空间。

二、开展野外生存生活训练课程的对策

1. 组建教学团队，配置必备的户外专业设备，制订严密的野外实践计划，确保课程健康有序进行

目前，我国还没有与野外生存生活训练课程对应的师资培训学校或机构，针对课程内容的综合性特征，倡导用教师团队授课的方式，利用教师各自的特长，针对内容模块开展教学。各高校在体育人文社会学、运动人体科学、田径等专业方向的教师中，抽调了有一定户外运动经验，身体素质、心理素质和社会适应能力较强的教师共同组成教学团队，对不同的教学内容模块开展教学。同时，也可考虑吸收社

会上富有户外运动经验的人士参与课程策划与教学工作。

为确保野外实践的正常进行，同时要采购好户外活动所需的帐篷、睡袋、炊具、对讲机、缆绳、GPS 等专业设备。在野外实践前，教师应对野外实践点进行勘探，拟订野外实践的活动计划，并制订较为详尽的突发事件处理预案，这些准备是本课程实施的工作基础。

2. 加强安全教育，做好预防措施，防止伤害事故的发生

课程野外实践是在陌生的环境中进行的，复杂的地理地貌、众多的不可预计因素都会带来安全隐患。为防止伤害事故的发生，无论是课程的理论部分，还是校内模拟或野外实践部分，都必须将安全教育与安全防范摆在首要位置。特别是在野外实践前，必须提前制订好野外实践的安全预案，加强对学生的安全教育等，防止恶性事故的发生。

参加野外实践的学生要与带队教师共同签署《野外实践纪律与安全协议》，购买人身意外保险。带队教师则对野外实践点进行课前勘查，准备应急药品与救急分工，检查常规与专业的野外通信设备的工作状况，掌握最近医院的联系方式与行动路线，做好各种预防与应急措施。

3. 教育主管部门应重视高校野外生存教育工作的开展

建议教育主管部门尽快组织户外运动方向的师资培训，高校体育协会也可考虑成立户外运动分会，通过培训与经验交流，推动高校体育专业开展野外生存生活训练等户外运动类课程化的进程。

各省教育厅以及开展野外生存生活训练课程的学校，应充分重视课程实训基地建设，可以参照高校林业、动植物专业在自然保护区设立实习基地或观测点的模式，依托自然保护区建立省级或校级野外生存生活训练课程的实训基地或网点，为高校野外生存生活训练课程规范化和可持续发展提供保障。

4. 加强野外生存教育的理论研究

野外生存训练是关于健康的知识、理论和方法的传授过程，它有自己独特的课程体系结构和内容。而高校要开展好野外生存训练的关键问题，首先是建立科学、全面、系统的野外生存训练的理论新体系，没有新理论知识的基础，没有对其理论的内涵及实施条件的透彻理解，片面地追求教学内容、教学手段和教学效率的改革，都会造成在高校中开展野外生存训练实施过程中的无序。因此，只有建立合理有序、科学完整的理论体系，并运用于教学实践，在实践过程中不断完善理论体系，才能在高校中较好地开展野外生存训练这门课程。

知识点小结

野外生存，就是在人迹较少的自然生态环境中，维持生命的所有行为组合。

野外生存教育是指围绕一定的教育目标，远离生活的熟悉地，到野外自然环境中，有组织、有计划地开展一系列实践活动的总称。

野外生存教育课程目标包括：运动参与、运动技能、身体健康、心理健康、社会适应和专业技能目标。

项目综合实训

野外生存教育内容体系的认知

1. 实训目的

通过实地走访以及网络资料收集，让学生对高校野外生存教育内容体系现状有初步的了解。

2. 实训内容

选择开展高校或开展户外教育的俱乐部进行参观或走访，在图书馆或网络平台上收集野外生存教育的信息，了解和掌握野外生存教育的现状。

3. 实训要求

（1）了解野外生存教育的现状。

（2）分析掌握野外生存教育的内容与结构体系。

4. 实训步骤

（1）对班级学生进行分组，教师布置实训任务。

（2）各小组根据实训地点与网络资料的收集，撰写野外生存教育的内容体系。

（3）将调查及分析结果制作成PPT。

（4）课堂上对调查分析结果进行交流与点评。

（5）教师总结归纳。

5. 组织形式

以小级为单位进行调查、分析，调查分析结果以小组为单位在课堂上进行交流。

6. 考核要点

序号	考核点	考核要求	分值	备注
1	团队合作能力	各小组成员在调查、分析与讨论活动中的分工协作能力	30分	小组自评
2	信息的采集与分析	考查学生对实地调研或信息收集后的分析能力，对课堂知识的理解程度	40分	教师评分
3	课堂展示	PPT制作及语言表达	30分	小组互评

人类能生存至今，无不是借助大自然的恩惠才得以满足衣食住行的需要。因此，

无论人类文明如何进步，野外生存在人们的生活中始终有着不可忽视的意义。当前，基于加强素质教育背景下的高校体育课程改革在不断深入，课程教学的内容与组织形式从学校拓展到社会和大自然已成为一种趋势和共识。体育教育工作者们努力突破体育课程长期以来形成的封闭格局，提出了一种全新的体育课程内容——野外生存生活训练，并将其作为高校体育课程的拓展。

思考题：

1. 分析野外生存活动兴起的动因与现状。
2. 结合自身的理解，分析大学生参加野外生存学习与训练的意义与作用。
3. 试述开展野外生存教育的难点与对策。

参考文献：

［1］季克异，季济．拓展高校体育课程促进学生身心健康．中国学校体育，2003（1）．

［2］冯亚，季浏．国内外学校“野外生存生活训练”若干问题的比较研究．体育科研，2005（3）．

［3］黄汉升，季克异．《普通高等学校体育教育本科专业各类主干课程教学指导纲要》解读．体育学刊，2005（6）．

［4］李建英，等．野外环境中的生存之道．北京：北京体育大学出版社，2007.

［5］叶常青．野外生存训练对大学生心理健康影响的调查．解放军体育学院学报，2004（1）．

［6］王桂忠．高校体育专业野外生存生活训练课程探索．体育学刊，2008（2）．

［7］龙亚军．高校开展野外生存训练所面临的困惑与对策研究．邵阳学院学报，2004（1）．

［8］姜丽．高校开展野外生存生活训练课程的意义．上海体育学院学报，2004（1）．

［9］李志伟．广东省中小学生灾难自救能力调查．羊城晚报，2009－04－18.

第二章　野外生存技能

学习目标

理论目标：了解野外生存应掌握的知识，知道特殊地区野外生存的相关知识，掌握几种常见的结绳方法，学会识图用图，并知道野外迷路的处理方法，了解获得水和食物的方法。

实务目标：能够学会制作简单的求生工具，懂得判断方向，掌握两种找水及食物的方法。

导入案例

吉林省穿越沙漠失联大学生已找到：一人获救一人死亡

中国林网5月29日讯　据中国之声《新闻纵横》报道，前天，中国登山协会山地救援培训人员接到救援报警称，吉林建筑大学两名男生，于17日从阿拉善盟额济纳旗进入巴丹吉林沙漠，计划徒步穿越，原定27日走出沙漠，但至今未与亲友取得联系。

接到报警后，内蒙古阿拉善右旗、额济纳旗已经调动多方力量启动沙漠搜救。记者刚刚从阿拉善右旗宣传部得到最新消息，今天凌晨牧民已经发现了他们的行踪，因为沙漠地区行车特别困难，今天早上6点，救援队伍才分别到达这两个地点。现在传来最新消息，一个失联人员潘某意识清醒，但是身体虚弱，救护人员已经对他进行了救援。特别不幸的是另一位失联的游客赵某现在已经没有任何的生命体征，确认死亡。

赵某和潘某在临行前各携带了30瓶矿泉水，其中24瓶为600毫升，其余6瓶是更大容量的，他们于5月17日出发，但走到第九天，水就喝光了。两人在缺水的情况下，通过卫星定位发现6千米外有水源，而赵某就是在寻找水源的过程中，因体力不支就再也没回来。当救援队发现两人时，距离走出沙漠还有100多千米。

失联学生潘某从24日开始到被搜救人员发现，他在已经没有水的情况下坚持四天多，这已经达到他的生理极限，如果再晚几个小时发现，可能就会有生命危险，人在极度脱水的情况下，在沙漠中极容易产生幻觉，导致意识不清。

在沙漠中求生，要坚持以下六个原则：①喝足水，带足水，学会找水的各种方法；②要“夜行晓宿”，千万不可在烈日下行动；③动身前一定要通告自己的前进路线、出发与抵达的日期；④前进过程中留下记号，以便救援人员寻找；⑤学会寻找食物的方法；⑥学会发出求救信号的各种方法。（中国吉林网综合中国广播网、新文化网等）

（资料来源：网易新闻吉林省穿越沙漠失联大学生已找到：一人获救一人死亡.网易新闻. http：//news. 163. com/15/0529/09/AQP9HDMO00014SEH. html2015－05－29）

相关链接

野外生存技能，即人在住宿无着的山野丛林中求生的各种能力的集合。特种部队、侦察兵和空降兵、海军陆战队，以及在战斗中与部队失去联系的战士和失事的空勤人员，还有在野外考察的科考人员，更需要掌握野外生存的本领。

第一节 野外简易工具制作

一、简易削切器的制作方法

削切器是在野外常使用的工具。如果没有现成的削切器，也可以用石头制作。选择坚硬、片状的石头，如石英石、花岗岩、黑色燧石等，用另一块石头在片状石头的石刃上连续轻轻击打，直至打出比较锋利的边缘，然后在其他石头上磨锋利就可以使用了。

二、简易容器的制作方法

在野外常常要用容器来装水、放食物及煮饭等，如果缺乏这类物品，可利用自然资源加工制作解决。例如，在林区可以用树木制作木盆、木碗、木桶等；在有竹子的地方，可用竹子制作竹筒、竹碗，还可以用竹子做饭；在有黏土的地方则可以制作陶器。

1. 木盆、木桶及木碗的制作方法

选取一节比较松软的木头，将木头的中间掏空，注意不要掏穿，根据木头的大小及长短可以做成木盆、木桶及木碗。

2. 竹筒、竹碗的制作方法

取一段两头带节的竹子，在一头竹节上沿内壁开一小口就做成了一个竹筒。做

一个木头塞子塞住小口，可以防止水倒出来。

3. 陶器的制作方法

制陶是一项复杂精细的技术，但只要耐心细致，反复实践，不断探索，还是可以制作出实用的陶器的。

（1）材料选择：选用黏性大、结构紧密的黏土。

（2）制作陶土：将黏土打碎，用水调和均匀，放置一段时间即成，陶土应不软不硬并有韧性。太软将难以成形，太硬则不易黏合且容易开裂。

（3）加工制作：可根据需要制成各种泥锅、泥盆、泥碗等。

（4）脱水：将做好成形的陶胎放在干燥、通风的地方进行自然脱水，注意不可直接放在太阳下晒干以免开裂。

（5）烧制：将脱水后的陶胎分层叠放，在四周架上木柴，进行燃烧，一直烧到陶胎透红，保持五六个小时的热度后慢慢减去火力，自然冷却即可。

三、绳索的制作方法

绳子在野外生存中的用途很多，上升、下降、捆绑、套索、保护及救援等都需要绳子。韧性好的植物纤维都可以作为绳子的原料，把它们搓编在一起就可以制成一根不错的绳子。

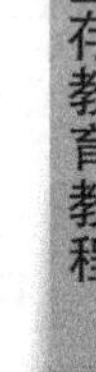

1. 原料选择

除了选择麻类植物和动物肌腱以外，树皮（靠近木质部的内层皮）、棕榈丝、蕉树茎、动物毛、沙草、须根等都可以利用。在选择原料前，应先试试纤维的拉力，若单束纤维都不易拉断，用其搓出的绳子就会有很强的拉力。

2. 编绳方法

（1）回力搓绳法：将适当粗细的纤维折过来，变成两股（两股应不等长，以便加续纤维时两边的接头不在同一地方，使绳子不易断开），在固定一端的情况下，将两股向同一方向搓捻，然后解开先端，纤维在回力的作用下，自然就拧在了一起。要想得到较长的绳子，就要不断续加纤维。注意不要在两股纤维的同一个位置续加，应相互错开 20 厘米以上，并把纤维拧紧。

（2）编辫法：就是一般女生编辫子的方法。把纤维一端固定，并把纤维分成三等分，三股纤维等间隔地一股压一股，最终就能得到一根理想的绳子。要想得到较长的绳子，就要不断续加纤维。注意不要在三股纤维的同一个位置续加，应相互错开，并把纤维拉紧。

四、简易狩猎工具的制作方法

1. 标枪的制作方法

将一根质量较重的木棒在粗头磨出锋利的尖，就可以做成一杆标枪；也可以用尖锐的长条形石头绑在木棒的一头做成标枪。

2. 弓箭的制作方法

在有竹子的地方可以用竹子做弓胎，没有竹子的地方可以选择弹性比较好、韧性比较大的木头（如栎树、柞树、水腊、曲柳等）做弓胎；弓弦最好是动物肌腱或麻类植物搓捻成的麻绳；箭杆用笔直坚硬的木棍，越重越好；箭头可以用磨尖的动物肋骨或尖锐的小石头；箭翎可以利用各种禽类的羽毛。

3. 弹弓的制作方法

找一个树杈做弓把，用内衣上的弹性材料（如有橡胶带更好）做弓弦，再找一块厚布放在后面用来包裹石子就可以了。

第二节　绳索使用

一、绳索的整理

（一）绳头的处理方法

绳子容易从切口处散开，因此，在使用绳索前要对绳头进行处理。通常有以下四种常见的处理绳头的方法：

（1）处理在户外活动中最常被使用的尼龙等化纤制绳索时，只要用火烤一烤切口部分使之熔化，再用指尖捏紧即可。如果能在距两端一厘米处再涂上环氧树脂黏着剂固定的话，将会更安全。较粗的绳索或常用于野外的绳索都能进行这种处理。

（2）暂时性的绳头处理，可以利用透明胶带固定。但绳索如果是在切断后再用胶带包住，则切口处容易散开，所以最好是在切断前先在预定的切断处两侧卷上胶带后再切断。

（3）利用线来固定绳头是一种相当普遍的方法，它可以使用在编织绳或捻绳上。所使用的线可依绳子的粗细来作选择，但一般会选用风筝线。在处理时要注意，必须先将绳子捆绑后再切断。具体步骤如下：①用线牢牢地缠绕；②将线穿过环中；

③拉紧另一端的线头；④切掉线的两端；⑤最后，在距离线头少许处切断绳子即可完成（如图2－1）。

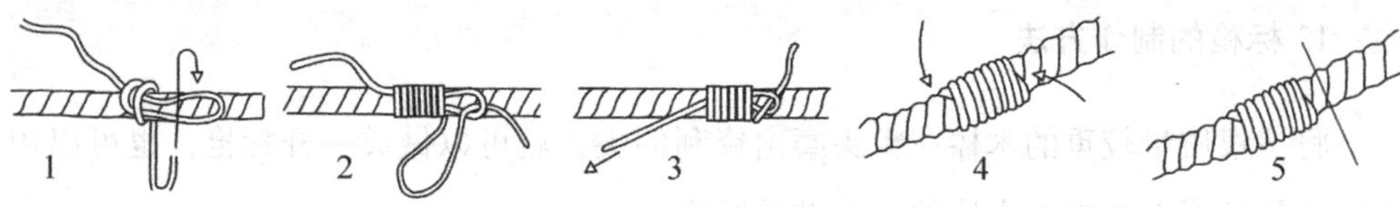

图2－1　固定绳头

（4）如果绳索是由三部分搓捻而成的话，解开绳端再将其相互联结的处理方法也可以使用。

（二）绳子的捆绑方式

很多人都有在紧急情况下需要使用绳子时，因解不开纠结的绳子而慌乱不已的经历。如果只是将使用过的绳子随便地绕成环状，那么不仅携带不便，下次也无法顺利地使用。所以在捆绑绳子时，除了需考虑携带方便外，也必须为容易解开而设想。绳子的捆绑有很多种方法，选择容易解开的捆绑法是最明智的，但如果是捆绑捻帛成的绳子，就需注意不要使用那种会将绳子过于扭紧或过于放松的方法。此外，在捆绑登山绳等又粗又长的绳子时，需留意纽结的产生，因为将绳子卷成环状的方法一定会产生纽结。最好是用先将绳子分成左右两边后再折起来的方式。这是目前被广泛使用的方法。

以下介绍两种方便的捆绑法。在使用绳索后，一定要仔细检查有无伤痕，并将脏污的地方擦拭干净，充分晾干后再行捆绑。此外还要注意对绳子进行小心维护。

1. 粗绳的捆绑方法

这是一种将绳子分为左右两边，在不产生纽结的情况下即可将绳子捆绑好的方法。在分绳子时，一次的长度最好等于两手张开的最大距离，太短则捆起来的绳子可能会变得过大。在捆绑时，如果一只手无法应付，也可以放在手腕上。具体步骤如下：①将绳索分成左右两边；②将末端折返做成一个环；③用绳子的另一端缠住绳捆；④将末端穿入环中；⑤拉紧绳子的两端；⑥打一个平结；⑦将绳子背在背上携带时，用如图2－2所示的方法，将会相当便利。

但需注意，此时绳子的两端需先预留2～3厘米的长度。

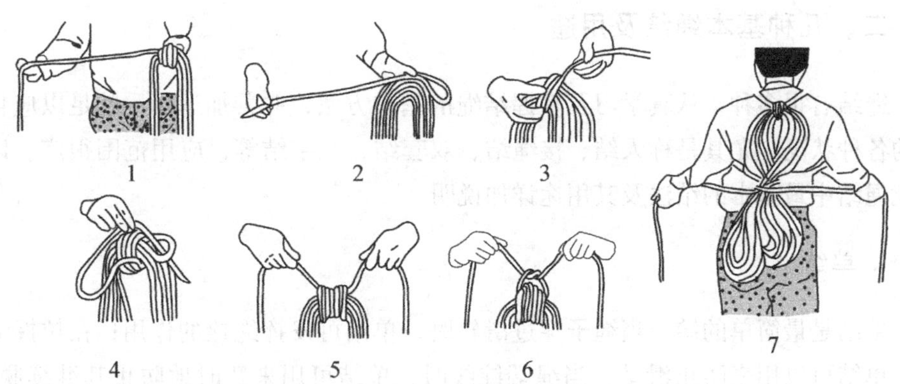

图2-2　粗绳捆绑法

2. 细绳的捆绑方法

这是一种携带适当长度细绳时的重要结法，而且也可将之悬吊起来保管。收绳结时一定要卷得刚刚好才会美观。在卷的过程中，需注意不要有细绳不够或者是过长的情况发生，而要掌握技巧则需靠不断的练习。此外，由于在解开时容易产生纽结，所以必须一边解开一边将绳子弄直。具体步骤如下：①将绳子的一端来回地折几次；②由上往下紧紧地缠绕；③绕到最后，将绳子的末端穿入下方的环里；④拉上方的环使之固定（如图2-3）。

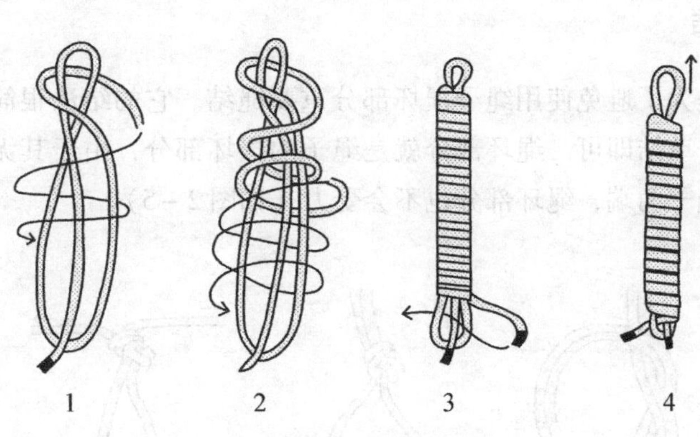

图2-3　细绳捆绑法

（三）绳索的保管方法

绳索的保管很重要，湿气、阳光直射、高温等都是绳子的大敌，特别是长时间的紫外线照射会使绳子劣化并降低其强度。因此，捆绑好的绳子最好是放在没有阳光直射且通风的地方。

二、几种基本绳结及用途

绳结有很多种，认真学习及掌握结绳的基本方法，并善加运用，就足以应付野外的各种状况。尤其是称人结、接绳结、双套结、八字结等，应用范围很广。以下将就绳结中最基本的结法及其用途详加说明。

1. 单结

单结是最简单的结。当绳子穿过滑轮时，单结可发挥绳栓的作用；在拉握绳子时，单结可以用来防止滑动；当绳端绽线时，单结可用来暂时地防止其继续脱线。单结的缺点是，当结打得太紧或弄湿时就很难解开。以单结为基础，可以变化成结形较大的多重单结、圈套结之一的活索、将绳与绳连接的固定单结、做成一个固定圆圈的环结及在一条绳子上连续打好几个单结的连续单结等。具体步骤如下：①将绳端与绳子相交，穿过绳环；②打成一个结（如图2－4）。

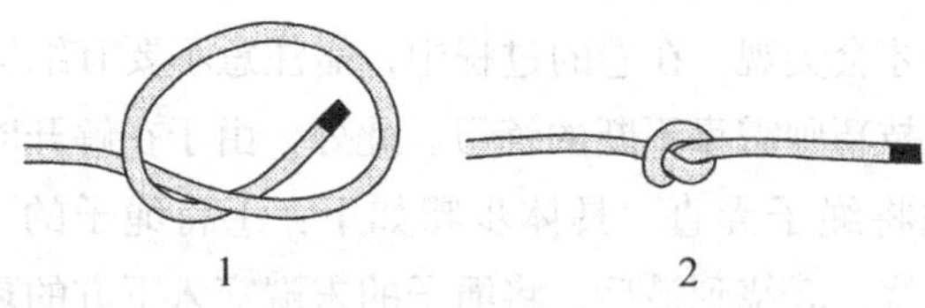

图2－4 单结

2. 双重单结

双重单结是为了避免使用绳子损坏部分重要绳结。它的结法很简单，只要将绳子对折后打一个单结即可。绳环部分就是绳子的损坏部分，由于其无法产生施力作用，即使拉紧绳子两端，绳环部分也不会受力（如图2－5）。

图2－5 双重单结

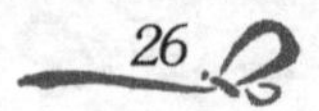

3. **多重单结**

增加缠绕次数（2~4 次），打成较大的结形。为了不使结打乱，必须边打结边整理。这种结多用在绳子的手握处，或用于绳子要抛向远处时加重绳头的重量（如图2-6）。

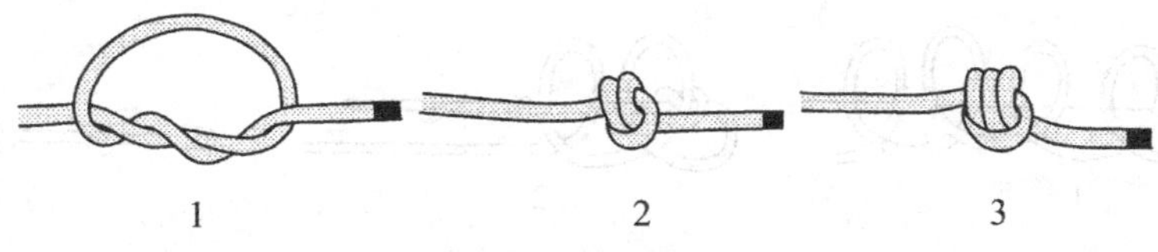

图2-6　多重单结

4. **活索**

一种简单的圈套结。拉紧绳子的前端即可做成一个圆圈，圆圈中间没有任何东西时，一拉绳子即可将结解开（如图2-7）。

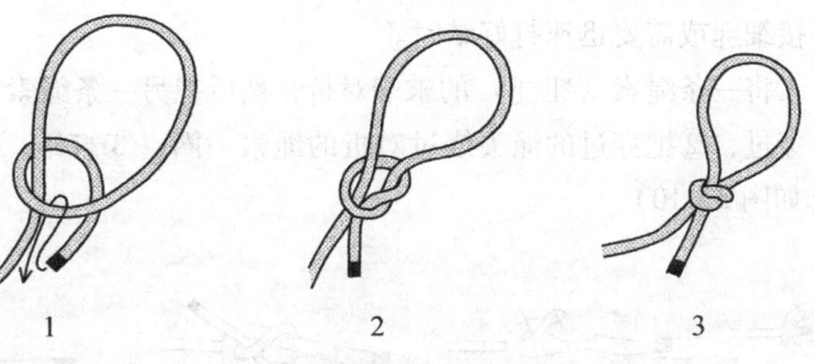

图2-7　活索

5. **固定单结**

固定单结的打法是将两条绳子的末端重叠，然后打一个单结。这个结一般是在将两条同样粗细的绳子迅速地连接，或是将一条绳子做成环状时使用（如图2-8）。

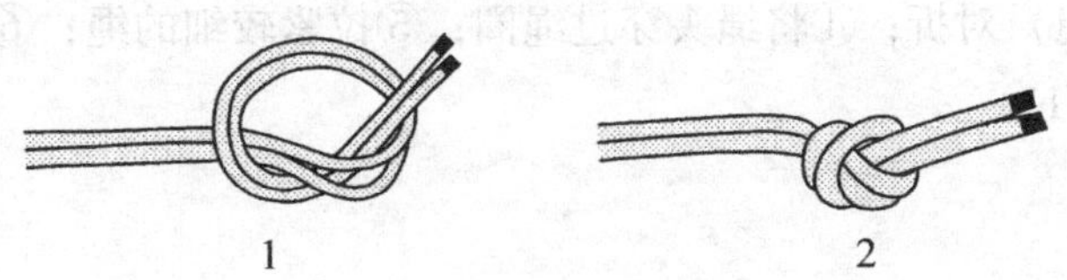

图2-8　固定单结

6. 连续单结

这是在紧急逃脱时使用的结，就是在一条绳子上连续打好几个单结（如图2－9）。但如果不熟练的话，结与结之间很难做成等间隔。因此，此法要进行反复练习，直到掌握窍门为止。

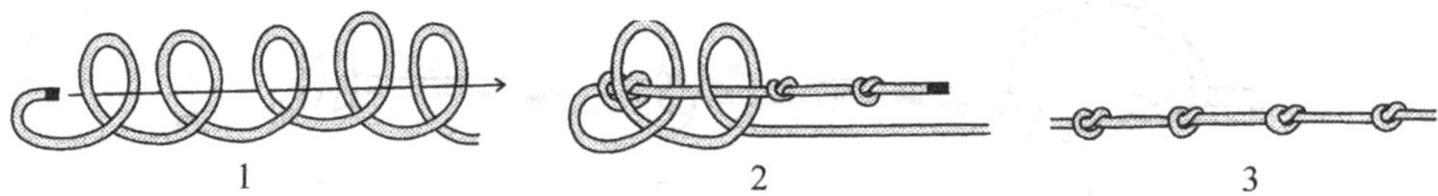

图2－9　连续单结

7. 接绳结

接绳结是连接两条绳索时所用，打法简单，拆解容易，适用于质材粗细不同的绳索，安全可靠程度高。当两条绳索粗细不一时，打结的时候必然是先固定粗绳，然后再与细绳相连。接绳结的打法有两种，最常使用的是如下所介绍的打法一，打法二适用于连接细绳或需要迅速打好结时。

打法一：①将一条绳索（粗绳）的末端对折，然后把另一条绳索（细绳）从对折绳圈的下方穿过；②把穿过的绳头绕过对折的绳索一圈；③打结；④握住两端绳头拉紧结目（如图2－10）。

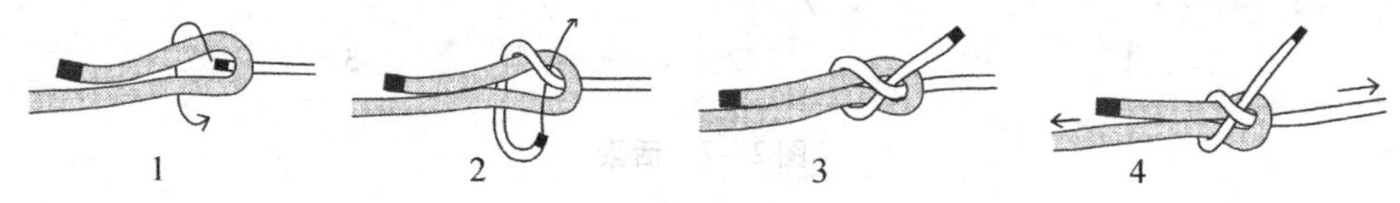

图2－10　接绳结（一）

打法二：利用指尖，使细绳可以迅速打成接线结的方法。具体步骤如下：①将两条绳索先行交叉；②手握着交叉部分，然后把一端绳索（细绳）绕个圈；③把另一端的绳索（粗绳）对折；④将绳头穿过绳圈；⑤拉紧较细的绳；⑥用力拉紧结目后完成（如图2－11）。

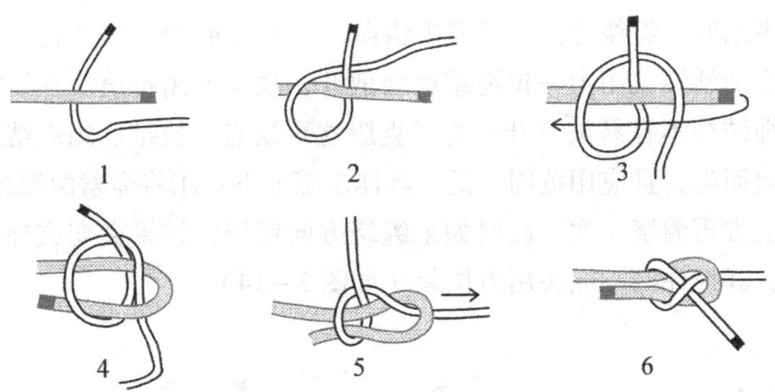

图 2－11　接绳结（二）

8. 滑接绳结

接绳结的变化之一是滑接绳结，它比接绳结更容易拆解。滑接绳结是将接绳结末端变成活结的打法，即使绳结很紧，仍然可以轻松解开（如图 2－12）。

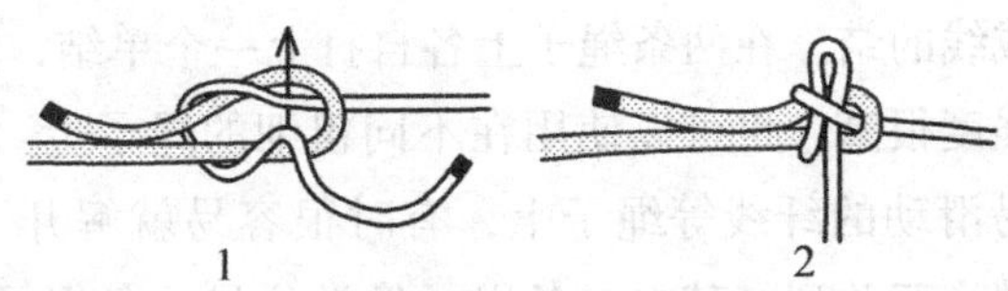

图 2－12　滑接绳结

9. 双接绳结

打接绳结时绳索多绕一圈，可以加强绳索的耐力与安全性。它的耐力是接绳结的两倍，如果绳索多绕两圈，双重接绳结便成了三重接绳结，但不要忘了在末端预留缠绕的空间。具体步骤如下：①与接绳结同样打法，但将绳头在末端多绕一圈；②拉紧结目（如图 2－13）。

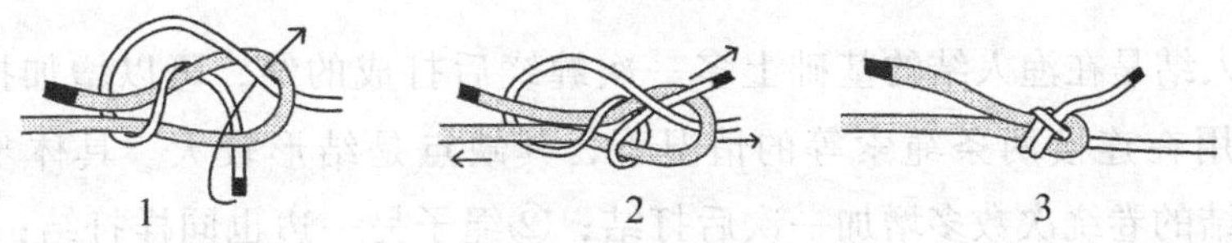

图 2－13　双接绳结

10. 平结

平结适用于连接同样粗细、同样质材的绳索；不适用于连接较粗、表面光滑

的绳索。打平结时，缠绕方法一旦发生错误，结果可能会变成外行平结。外行平结是个不完全的活结，用力一拉绳结就会散开，缺少实用价值。平结完成后拉得太紧的话，绳结会不容易被解开。为了克服这个缺点，拉结、蝴蝶结、外科结等变化结便应运而生，且应用范围广泛。具体步骤如下：①将绳索两端缠绕后拉拢；②在交叉的上方再缠绕一次，此时如果缠绕方向错误，结果会变成外行平结，这要特别小心；③握住两端绳头用力拉紧（如图 2－14）。

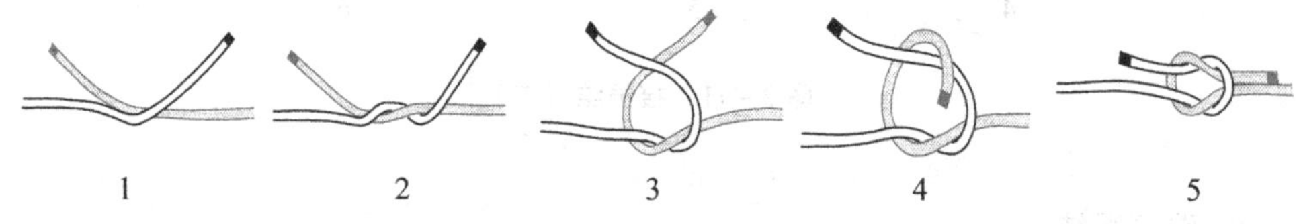

图 2－14　平结

11. 渔人结

用于连接细绳或线的结。在两条绳子上各自打上一个单结，然后将其连接起来，虽结构简单，但其强度很高，也可以使用在不同粗细的绳子上。这个结不太适用于太粗的绳子或是容易滑动的纤线等绳子上，有时很容易就解开了。具体步骤如下：①将两条绳子的前端交互并列，其中一条绳子像卷住另一条绳子般打一个单结；②绳子另一边也同样打上一个结；③将两条绳端用力向两边拉紧（如图 2－15）。

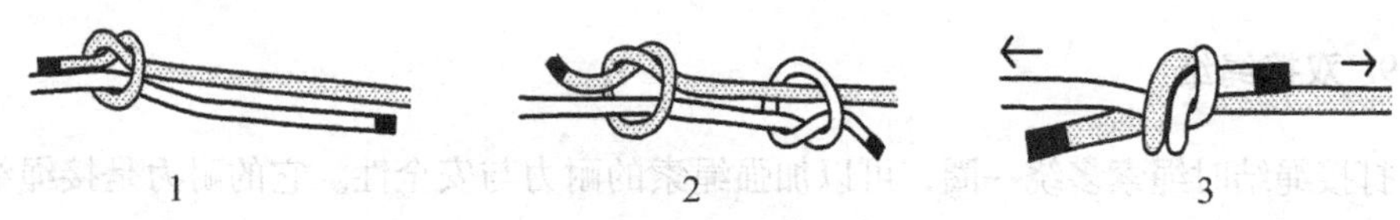

图 2－15　渔人结

12. 双渔人结

双渔人结是在渔人结的基础上多一次缠绕后打成的结，可以增加接绳强度，这个结是用在连接两条绳索等的情况下，其缺点是结形较大。具体步骤如下：①将渔人结的卷绕次数多增加一次后打结；②绳子另一边也同样打结；③将两条绳端用力向两边拉紧（如图 2－16）。

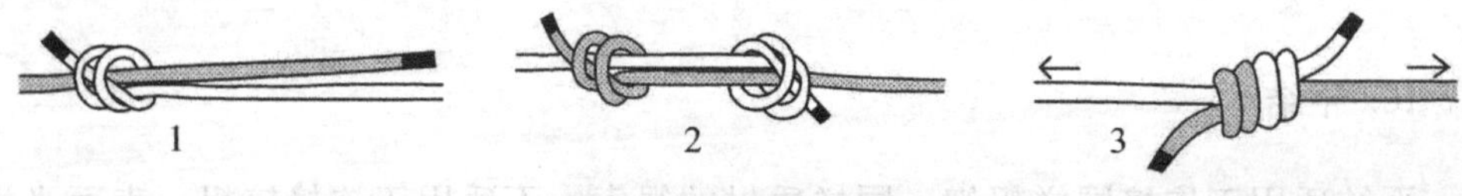

图 2－16　双渔人结

13. **八字结**

八字结主要是作固定防滑之用，八字结的结头比单结大，适合作为固定收束或拉绳索时的把手。八字结的打法简单、易记，它的特征在于即使两端拉得很紧，依然可以轻松解开。以下介绍两种打法。

打法一：这是最常使用的打法，适用于绳索较粗时。具体步骤如下：①将绳端先行交叉；②将一头的绳索绕过主绳；③将绳头穿过绳圈后拉紧完成（如图2－17）。

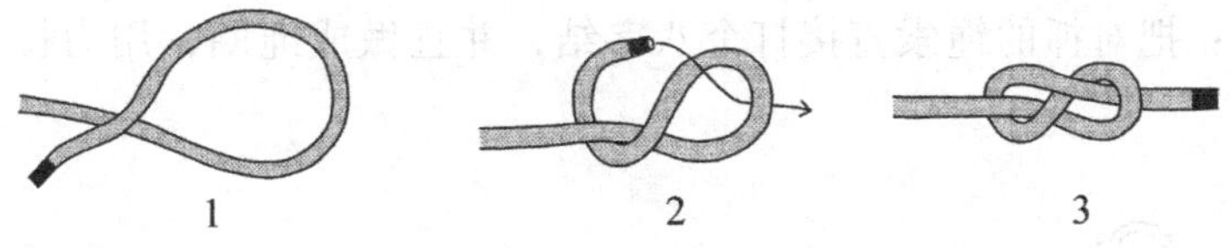

图2－17　八字结（一）

打法二：适用于绳索较细时。具体步骤如下：①将绳端对折，并用双手握住；②把对折部分朝箭头方向转两圈；③将绳头穿过绳圈；④拉紧两端打好结（如图2－18）。

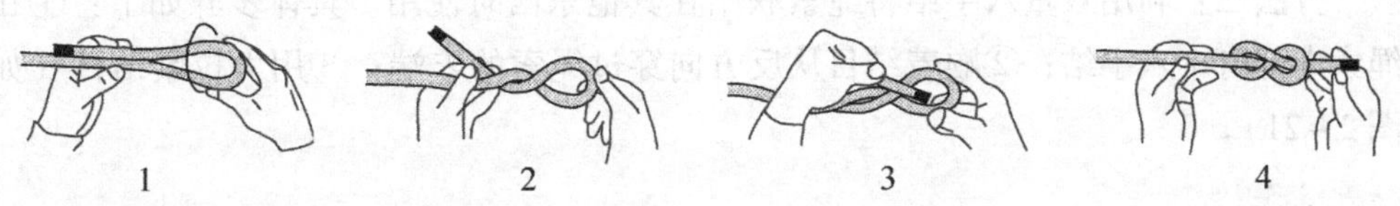

图2－18　八字结（二）

14. **滑八字结**

滑八字结是把八字结变化成活结的形状，而且只要一拉绳索的末端，即可解开结。在绳索的末端留下足够的长度后打个八字结，然后再把绳头穿过圆环后拉紧便可完成。只要解开绳头，就可解开结目（如图2－19）。

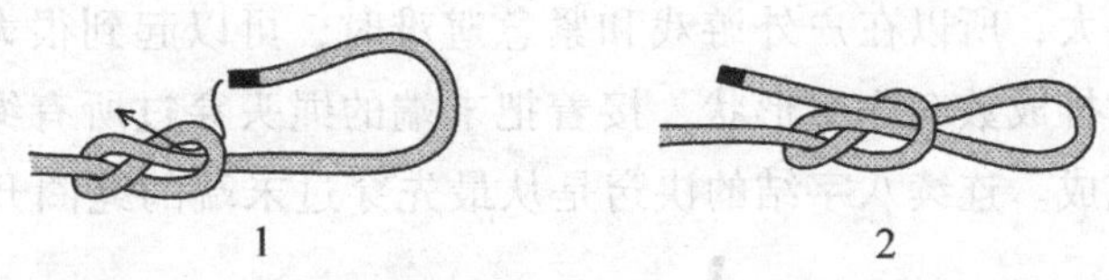

图2－19　滑八字结

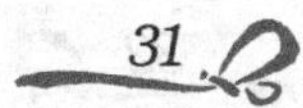

15. **双重八字结**

打双重八字结的目的是做个固定的绳圈。只要将绳索对折后打个八字结，便形成双重八字结。此外，在绳索中部打个八字结，然后将绳头顺着结目从反方向穿过绳圈，同样也可以完成双重八字结。这个打法可以将绳索打在其他物品上，十分方便。由于双重八字结具备耐力强、牢固等优点，在安全方面非常值得信赖，经常被登山人士作为救命绳结使用。不过美中不足的是，双重八字结的绳圈大小很难调整，而且当负荷过重，结目被拉得很紧时，或是绳索沾到水时，要解开绳结就比较困难。

打法一：把对抓的绳索直接打个八字结，并且做成绳圈，用力拉紧结目（如图 2 - 20）。

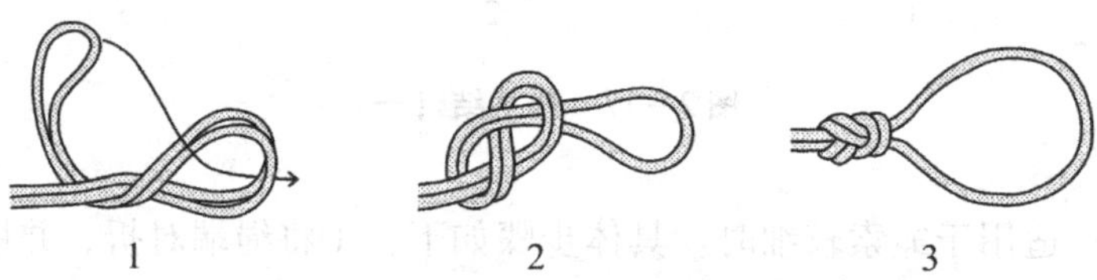

图 2 - 20　双重八字结（一）

打法二：利用双重八字结将绳索联结在其他东西时使用。具体步骤如下：①在绳索中部打个八字结；②顺着结目从反方向穿过绳索的末端；③用力拉紧结目（如图 2 - 21）。

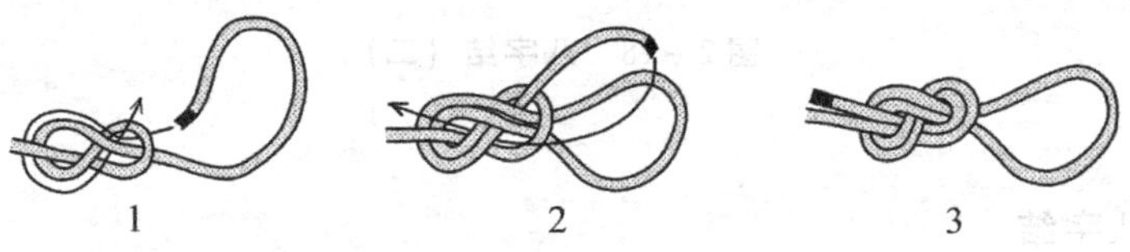

图 2 - 21　双重八字结（二）

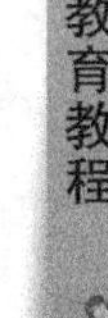

16. **连续八字结**

连续八字结和连续单结一样，是在同一条绳索上连续打好几个八字结。因为八字结的结目很大，所以在户外游戏和紧急避难时，可以起到很大的作用。具体方法是先将绳索排成数个八字形状，接着把末端的绳头穿过所有绳圈后，一条连续八字结便告完成。连续八字结的诀窍是从最先穿过末端的绳圈开始打结（如图 2 - 22）。

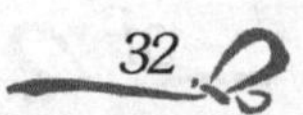

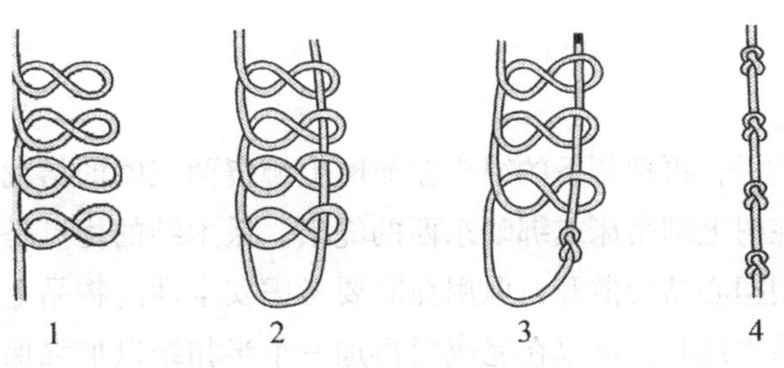

图 2－22　连续八字结

17. **半扣结**

半扣结的目的是把绳索套绑在其他物品上，可是它不适合套绑方形有角的物品，只能用在圆柱形的物品上。不过，由于半扣结的耐力很低，稍微一拉就会散开，所以很少单独使用。半扣结所扮演的角色多是作为复杂绳结的基本结，另外它还可以加在其他绳结完成后的末端，使整个绳结变得更牢固。具体步骤如下：①把绳索套在圆柱体上；②将绳头绕过绳索一圈；③朝箭头方向穿过绳头拉紧（如图 2－23）。

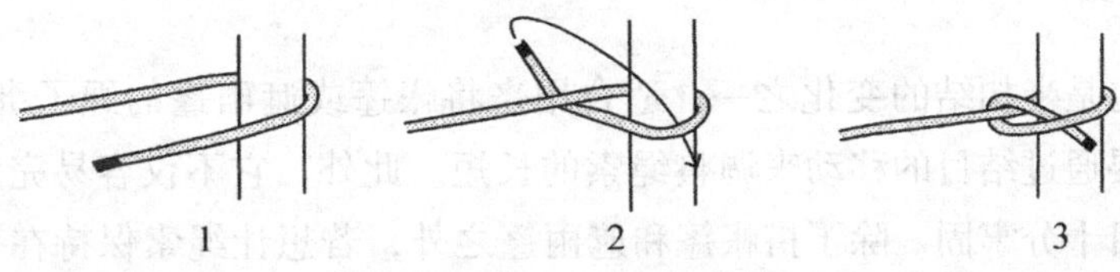

图 2－23　半扣结

18. **双半结**

半扣结本身虽经不起外力拉扯，但是两个半扣结加起来的威力却非常惊人，那就是双半结。即使把绳索拉到极限，双半结也不会松散，而且可以很容易地解开。利用绳索绑系在物品上时，双半结的简易性与实用性堪称所有绳结中的最优。双半结应用范围十分广泛，尤其在露营等野外活动中经常使用。具体步骤如下：①打一个半扣结；②绕过主绳在末端再打一个半扣结；③用力拉紧结目完成（如图 2－24）。

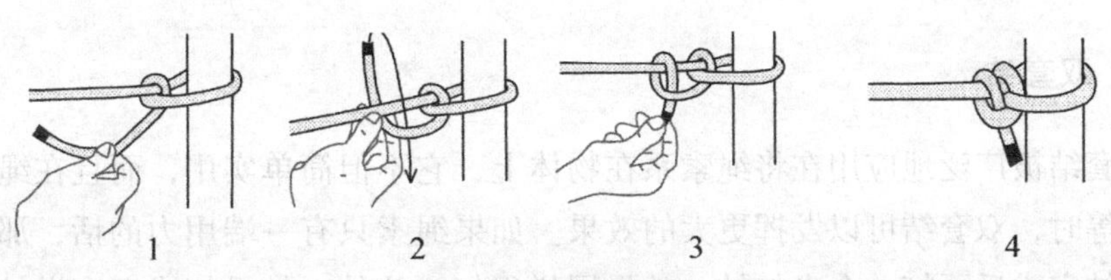

图 2－24　双半结

19. 系木结

打一个半扣结后，再把剩下的绳头在绳圈上缠绕两三圈的结就是系木结。它适合用来架帐篷、在树上绑吊床或绑晒东西的绳索。系木结的优点是简单牢固，即使用力拉扯，也不用担心结会散开，但用在需要考虑安全性的物品上，系木结不是很好的选择。应用系木结时，可以在完成后再加一个半扣结以加强保障，适合用来搬运细长物体。具体步骤如下：①先打一个半扣结；②将剩下的绳头在绳圈上缠绕两三圈后拉紧（如图 2－25）。

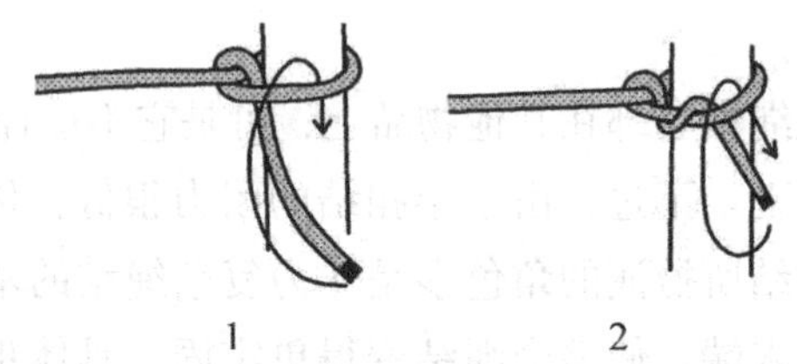

图 2－25　系木结

20. 连钩结

连钩结也是半扣结的变化之一，适合用来将帐篷或遮雨篷的绳子绑在木钉上。它的特征是要通过结目的移动来调整绳索的长短。此外，它不仅容易完成、容易拆解，而且结目十分牢固。除了搭帐篷和遮雨篷之外，若想让绳索保持在拉得极紧的状态，连钩结是非常适用的绳结。具体步骤如下：①先打一个半扣结；②在距离半扣结些许距离的地方，再打一个半扣结；③将绳头往回绕一个圈；④最后打个半扣结固定；⑤用力拉紧结目后完成，长短以图示 A 和 B 两个结目来调整；⑥调整有困难时，可以省略 B 部分的半扣结，而仅以 A 部分来调整（如图 2－26）。

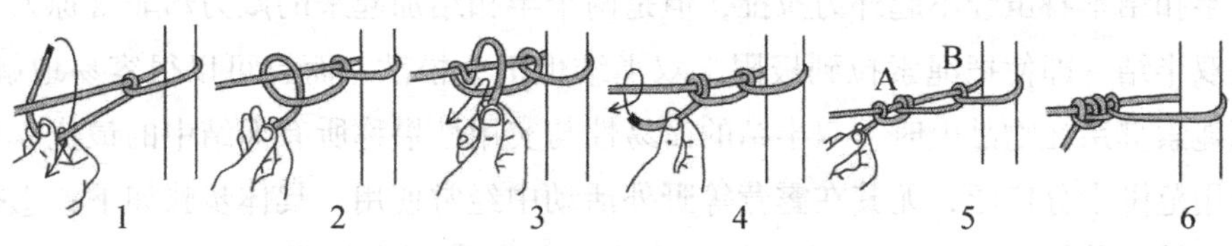

图 2－26　连钩结

21. 双套结

双套结被广泛地应用在将绳索系在物体上，它不但简单实用，而且在绳索两端用力均等时，双套结可以发挥更大的效果。如果绳索只有一端用力的话，那么只要在双套结完成后再打一个半扣结，效果同样很好。此外，如果打成双套滑结，想要解开就可以更轻松。双套结的打法有很多，下面介绍三种最具代表性的打法。

打法一：普遍使用的打法，把绳索卷绕在物品上而成。具体步骤如下：①把绳索绕过物体一圈；②从上方再绕一圈；③用力拉紧绳索两端；④最后只要再打个半扣结，即使朝箭头方向用力拉扯绳子，也不用担心结形会散开（如图2－27）。

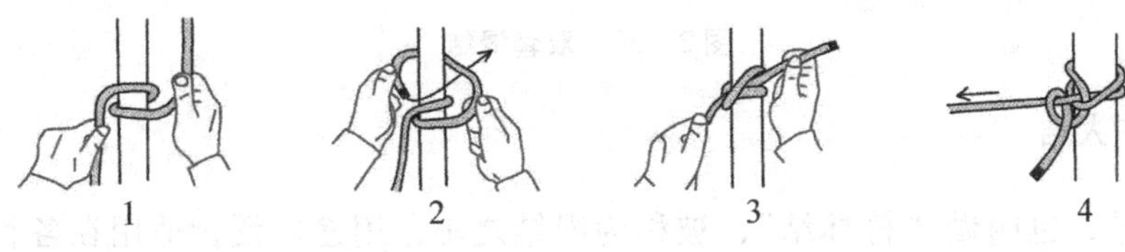

图2－27　双套结（一）

打法二：首先做两个绳圈，将之重叠后套进物体上便完成双套结。当要将绳环套住物体时，这个方法既快速又方便，而且可以从绳索的中间部分开始打结。具体步骤如下：①做两个绳圈；②把右边的绳圈重叠在左边的绳环上；③直接套在物体上；④两边用力拉紧即可（如图2－28）。

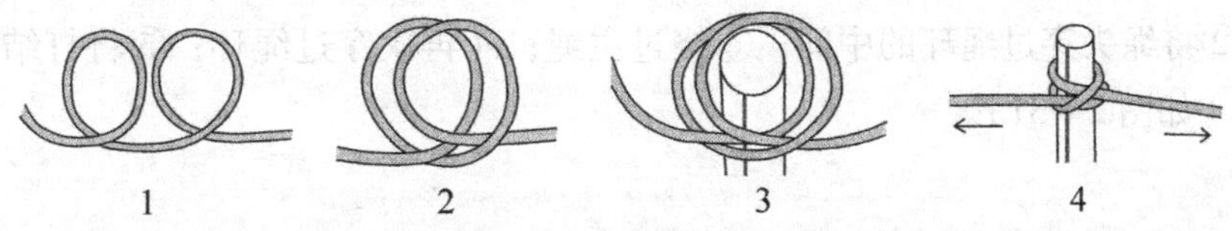

图2－28　双套结（二）

打法三：当物体处于横摆的状态，或者从下方用力时，可以应用这个打法完成卷结。如果只有一方承担负荷的话，那么最好还是加个半扣结比较保险（如图2－29）。

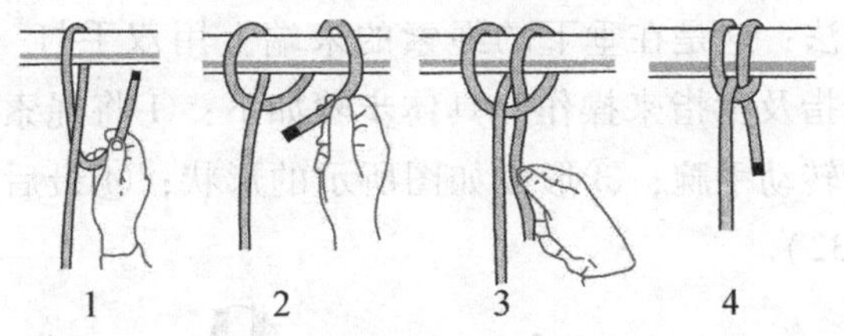

图2－29　双套结（三）

22. 双套滑结

完成双套结后，把绳头处理成活结的形状（如图2－30）。

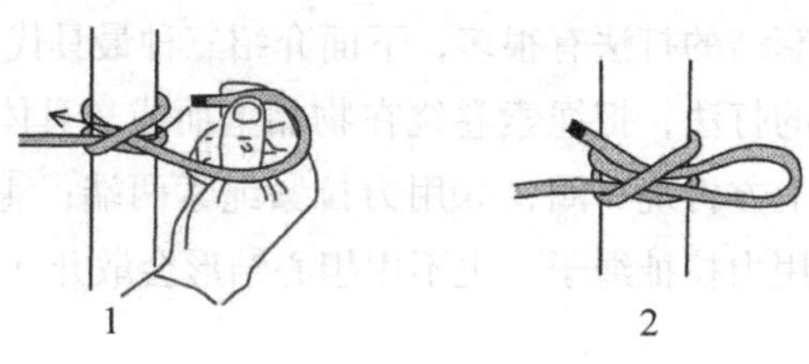

图 2－30　双套滑结

23. 称人结

称人结，也叫做“普林结”，被称为绳结之王，用途广泛，适用在各种场合。称人结的特点是易解易结、安全性高、用途广泛、变化多端。以此种结法为基本，能衍生出各种不同的变化结，是野外活动必须掌握的结绳法。称人结有多种结法，应能灵活运用每种用法。如果只记得一种结法，在紧急救人时可能会觉得应付不过来。以下介绍称人结的各种打法。在桌上练习粗略的结法是很重要的，但如果能到野外实地演练，边试边学，是再好不过的了。如此一来，在何种情况下要使用哪种结法，就能够亲身体验了。而且学习其他绳结，也必须经过切实的操作才行。

正统结绳的方法：这是最基本的结法。具体步骤如下：①在绳索的中间打一个绳环；②将绳头穿过绳环的中间；③绕过主绳；④再次穿过绳环；⑤将打结处拉紧便完成（如图 2－31）。

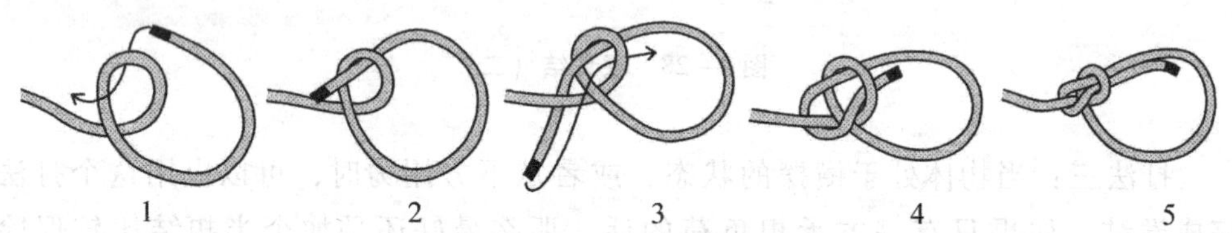

图 2－31　称人结（一）

双手结绳的方法：这是在垂下的绳索的末端上用双手打一个称人结时使用，主要是用右手的拇指及食指来操作。具体步骤如下：①将绳索交叉，用拇指和食指扣住交错处；②转动手腕；③形成如图所示的形状；④最后参考前一页的要领来完成（如图 2－32）。

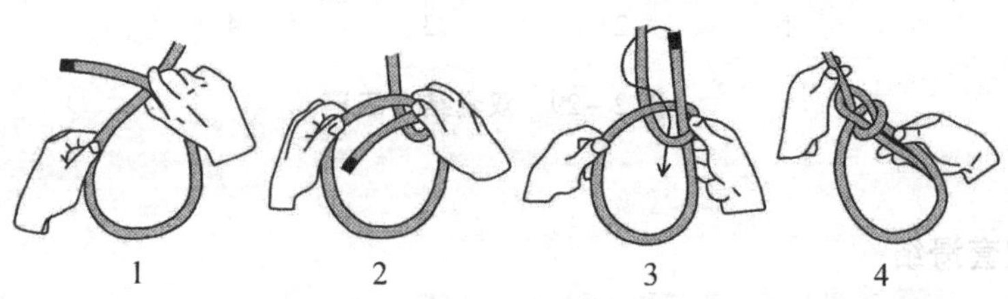

图 2－32　称人结（二）

单手结绳的方法：在不得已时须用单手结绳的方法。举例来说，当一个人落入海中时，他可用一只手抓住救命的绳索，同时用另一只手将绳索结到腰上；登山时，把绳索系在安全吊带上，或直接将自己缠住固定起来。这是最实用的结法。具体步骤如下：①用右手握住绕过身体腰部的绳索末端；②交叉绳索；③反扭手腕绕过；④形成右手在绳环内的形状；⑤用指头将绳头绕至主绳；⑥抓住绳头直至右手从圆圈中抽出来为止（如图 2－33）。

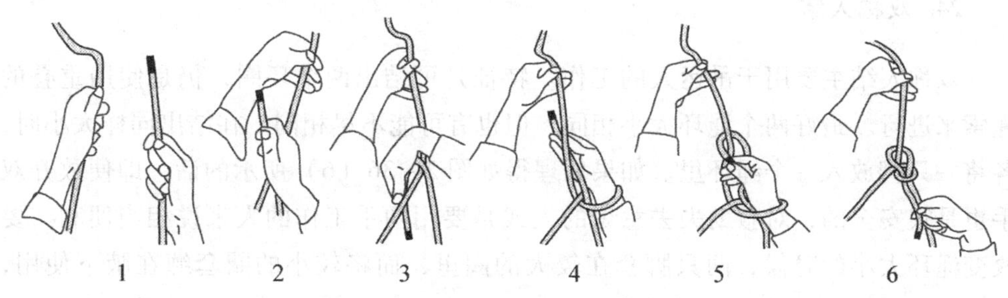

图 2－33　称人结（三）

调整绳环大小的方法：这是能够简易地调整圆圈大小的结法，用于自己身上结上绳结的时候。重点是要不断地练习以便抓到调整的诀窍。具体步骤如下：①将原先绕过腰部的绳子形成一个圆圈，用左手穿过圆圈并抓住绳子；②保持原来的姿势，把左手伸出来，并取出部分绳索；③将绳头穿过去；④朝着箭头的方向拉；⑤左手握原来的部分，右手握住前端，稍微地拉一下，调节大小之后，再用力地拉紧（如图 2－34）。

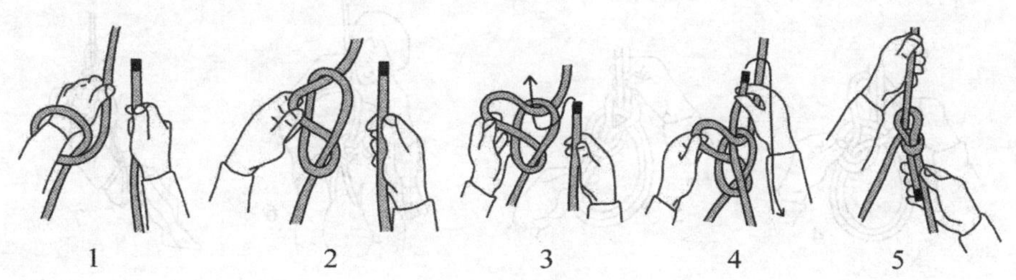

图 2－34　称人结（四）

结在其他物体上的方法：将称人结系在树上或柱子上，较多用于露营时。具体步骤如下：①用单结将绳子绑在物体上；②拉住绳子的末端用力地朝外拉；③形成如图所示的形状，向手腕方向拉；④将绳尾绕回主绳；⑤穿过绳环；⑥拉紧打结处（如图 2－35）。

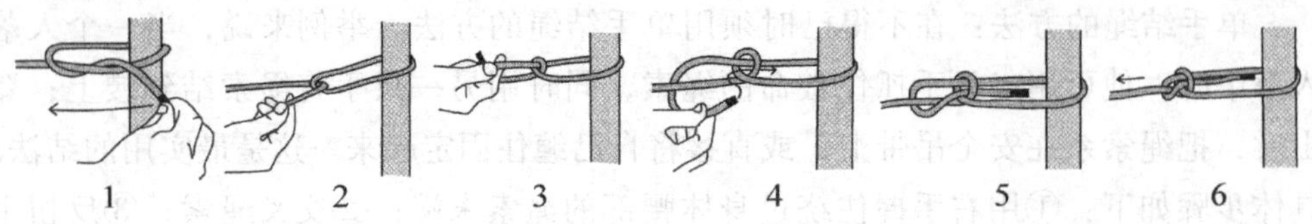

图 2－35　称人结（五）

24. 双称人结

双称人结主要用于吊运人的工作。特征是可结出两个环圈，仍是使用重叠的绳索来进行。最好两个绳环大小相同，但也有可能不尽相同。在结出同样大小时，各将一只脚放入一个绳环里。如果处理得如图 2－36（6）所示的话，即便放开双手也是很安全的，对救助失去意识的人或是要用两手工作的人来说相当便利。要改变绳环大小的时候，两只脚套在较大的圈里，而将较小的圈套缠在腋下使用，如图 2－36（7）所示。具体步骤如下：①在重叠成双条的绳子中间做一个绳环，并从此绳环将末端拉出；②将拉出的末端穿进两个环中；③绕到后侧；④握住上方；⑤拉紧绳结后完成。此时，如将一绳环缩小，另一个则会变大。如图 2－36（7）所示，使绳索在胸前交叉，那么即使放开双手也不会翻转（如图 2－36）。

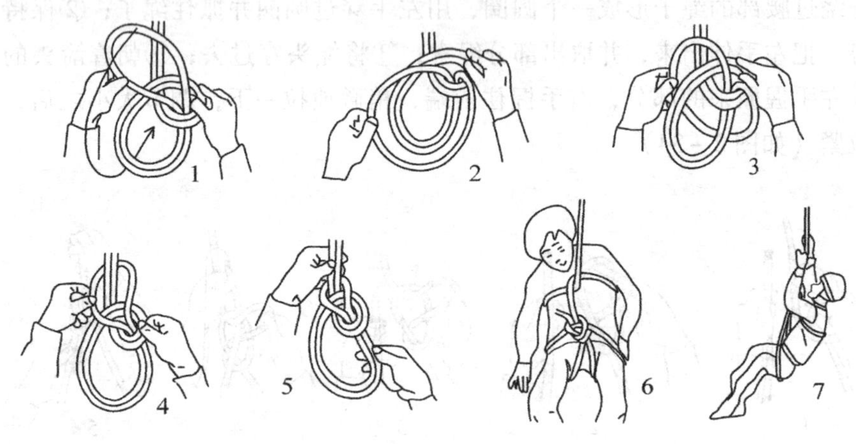

图 2－36　双称人结

25. 杠杆结

杠杆结是将绳索绑在附紧物上的绳结，它和双半结、系木结等绳结一样，可以用在树木之间连起绳索，或用在搭帐篷绑帐篷绳时。此外，当绳索易滑或绳头太短难以用力时，杠杆结可以在绳索上打一个结目当成把手，通常是结目完成后再加上一个棒状把手。杠杆结的缺点是万一结目没有被拉紧，它就会有自动松开的危险。但因其打法和拆解都十分容易，所以其应用范围仍然相当广泛，堪称在露营活动时不可缺少的绳结。

打法一：把绳索直接绑在柱子上的打法。具体步骤如下：①把绳索卷在柱子上后，将绳头缠绕在绳索上；②把绳圈扭转，做成小绳环；③将绳头穿过绳环，拉紧结目（如图2－37）。

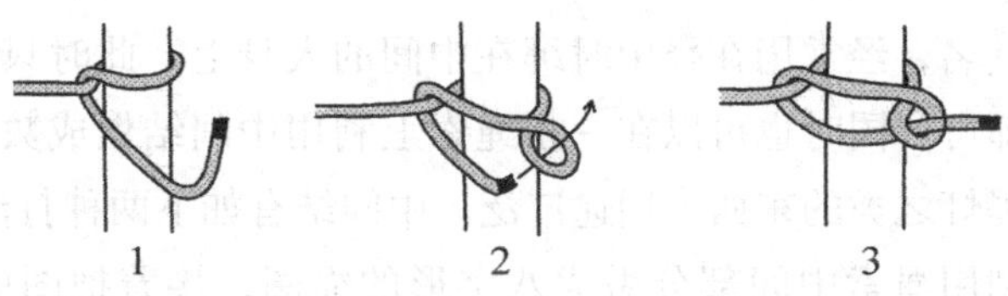

图2－37 杠杆结（一）

打法二：在绳索上作把手的打法，先在绳索上打个结目，然后再将棒状的物体插入拉紧即可（如图2－38）。

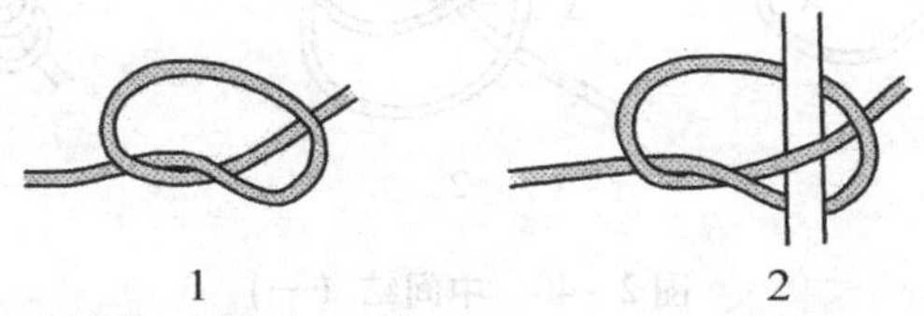

图2－38 杠杆结（二）

26. 背牵结

背牵结是利用绳索的中间部位作为绳圈。在使用绳索拉重物时，人们常用此结做成好几个绳圈，然后再把绳圈套在手腕或肩膀上作业，因此，背牵结又称为人力结。它的功能是在露营活动时用绳索来装吊一些小东西。但如果负荷太大，结目便会松开，绳圈也会变大。具体步骤如下：①在绳索的中间部分做个绳圈，然后把图中A部分往下拉移。②使绳索成为如图所示的形状，这个形状正是先前杠杆结的打法二所示的形状。接着把图中B部分朝箭头方向拉出。③如图中的3和4，拉紧结目，即完成背牵结（如图2－39）。

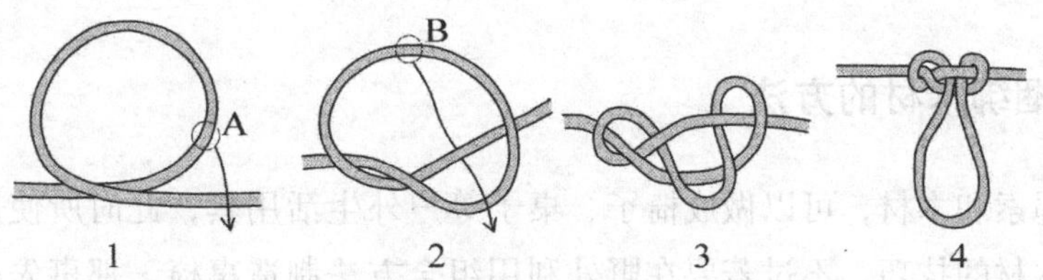

图2－39 背牵结

27. 中间结

中间结和背牵结一样，都是在绳索中间打绳圈的绳结，不过就牢固与安全性而言，中间结都比背牵结优秀，而且几乎不必担心是否会松散。此外，它比较容易解开。

中间结一如其名，经常用在登山时绑在中间的人身上，此时只要做个大绳圈套在中间人的身上即可。同时也可以在一条绳索上利用中间结做成数个小绳圈，这样可以用来装吊手提灯之类的东西，用途广泛。中间结有如下两种打法：

打法一：①利用绳索中间部分做成八字形的绳圈，接着把图中的 A 部分往上拉，使其成为如图所示的形状；②再把 A 部分朝箭头方向穿过拉出；③拉紧结目完成（如图 2－40）。

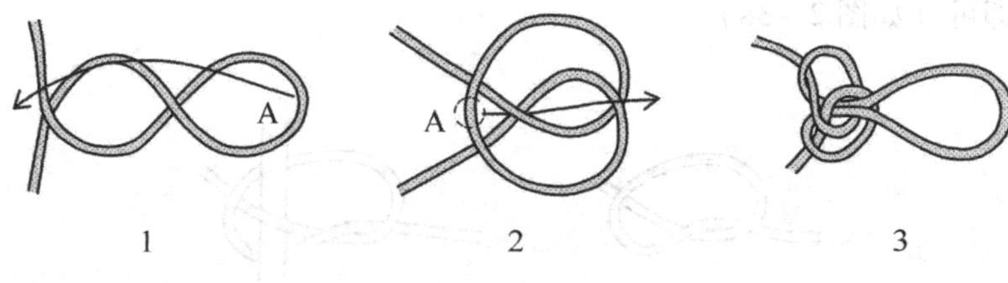

图 2－40　中间结（一）

打法二：虽然绳结的形状有点不同，但是仍可将其视为中间结的一种。具体步骤如下：①将绳索中间部位对折后，把对折的部分往上拉；②如图所示，让两个绳圈交叉；③用打法一的方法完成结目（如图 2－41）。

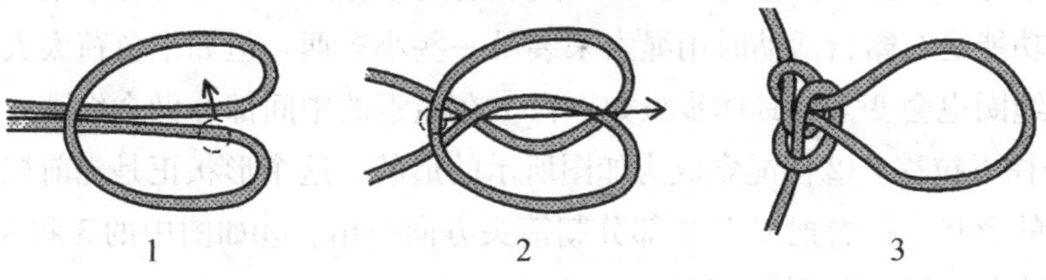

图 2－41　中间结（二）

三、捆绑木材的方法

利用绳索和木材，可以做成椅子、桌子等户外生活用具，此时所使用的便是用绳索组合木材的技巧。不过若要在野外利用组合方法制造桌椅，那事先必须准备相当数量的绳索与木材，十分花费工夫，而且还需要纯熟的技巧，所以一般露营活动很少从事这样的工作。然而，根据使用方法的不同，组合仍然是相当有用的方式，比如做成用柴火野炊时的脚架等。

1. **方回结**

将两根木材组合成十字架的方法，组合的开始和收尾通常都用卷结固定，诀窍是每个步骤都要把绳子拉得很结实。具体步骤如下：①在圆木上打双套结；②把绳头在主绳上缠绕数圈；③交叉圆木，如图将绳索朝纵方向用力绑紧2~3圈；④接着朝横方向绕绳子；⑤同样绑紧；⑥最后用双套结固定（如图2-42）。

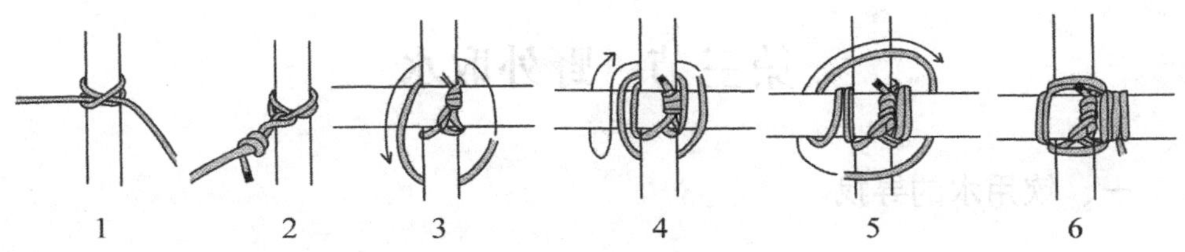

图2-42　方回结

2. **十字结**

捆绑斜交叉的圆木时使用，特征是开始时用系木结，结束时用双套结固定。具体步骤如下：①在圆木的交叉部分打个系木结；②用力拉紧，朝横方向绕两圈；③接着转到纵方向；④朝纵方向绕两圈；⑤再朝斜方向绕过1~2圈；⑥打双套结固定（如图2-43）。

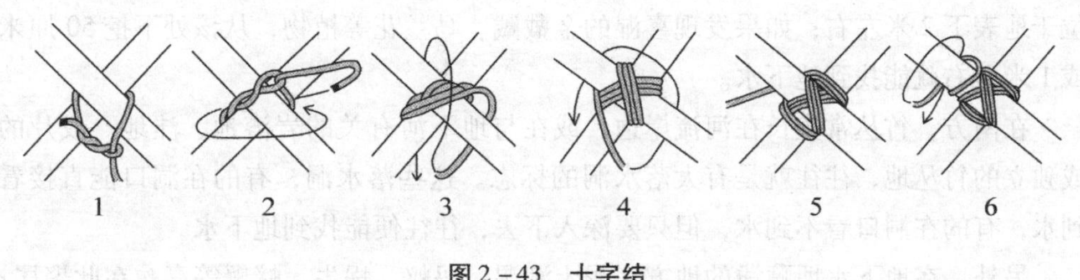

图2-43　十字结

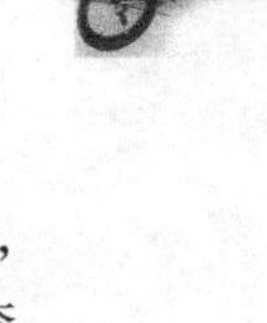

3. **剪立结**

将两根木材平行绑在一起的方法，经常用来加接桌脚。开始时用双套结固定，然后将绳子缠绕圆木，最后仍用双套结收尾。具体步骤如下：①先在圆木上绑双套结，然后将绳端绕主绳3圈左右；②将绳缠绕两根圆木8圈左右；③最后用双套结固定，若在其中插入树枝，则结目不会松散，加接两根圆木时，用如上方法用绳子缠绑两处（如图2-44）。

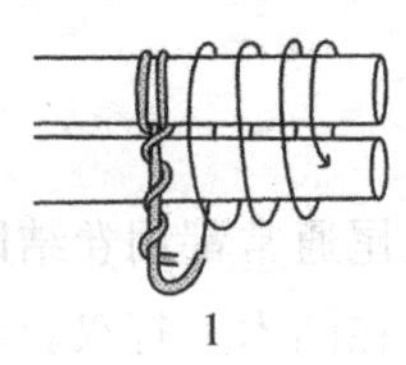
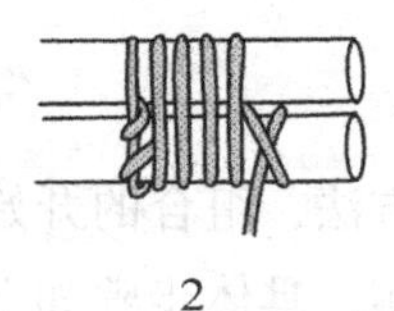
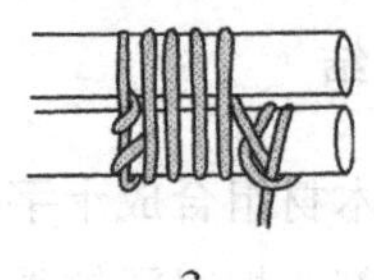

1　　2　　3

图 2－44　剪立结

第三节　野外取水

一、饮用水的寻找

水对人类的生存至关重要。人体内的水分约占体重的2/3。热、冷、紧张、用力都会使人体内的水分加速流失，流失的水分必须得到补充才能维持身体的正常运作。没有水，人将无法生存，特别是在炎热地区，大量的出汗使得人体的水分大大流失。即使在寒冷地区，人一天也至少需要2升的水才能维持正常的生理需要。所以，野外生存的重要任务之一就是获得足够的水。

从某种程度来讲，几乎任何环境都有水存在。在各个地区，草木的生长分布，鸟兽虫等的出没活动，常常能给寻找浅层地下水提供一些线索。在干旱的沙漠、戈壁地区，怪柳、铃铛刺等灌木丛指示地下水位距地表5～10米；芨芨草指示地下水位于地表下2米左右；如果发现喜湿的金戴戴、马兰花等植物，从该处下挖50厘米或1米左右就能找到地下水。

在南方，竹丛常生长在河流岸边，或在与地下河有关的岩溶地、洼地。成片的或独立的竹丛地，往往就是有大落水洞的标志。这些落水洞，有的在洞口能直接看到水，有的在洞口看不到水，但只要深入下去，往往便能找到地下水。

另外，在地下水埋藏浅的地方，泥土潮湿，蚂蚁、蜗牛、螃蟹等喜欢在此聚居；冬天，青蛙、蛇类动物喜欢在此冬眠；夏天的傍晚，因其潮湿凉爽，蚊虫通常在此成柱状盘旋飞绕。

用下列的方法可检测地下水位的深浅：在地上挖一个小坑，用盘子扣在坑底上，上面盖些草，若早晨盘上有小水珠，则表明地下水位高；或挖1米的坑，在坑中点燃多烟的草木，若烟柱呈弯曲状升起，则表明地下水位高。

由于水在自然界的广泛分布和流动，特别是地面水流经地域很广，一般情况下很难保证水源不受污染。如果有地图，要注意水源上游有无矿山，若有矿山，那么水源就有可能受矿物污染。如河川的石块有异常的茶红色或黄色，那么此处河水最好不要喝；若没有鱼类或其他生物栖息，就更要慎重。

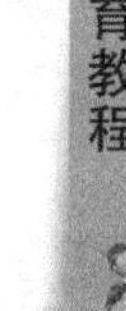

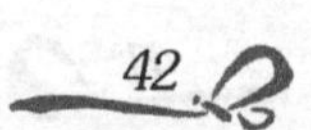

二、雨水的收集和净化

雨水通常可直接饮用。下雨时，可用雨布、塑料布等大量收集雨水，也可用空罐头盒、杯子、钢盔等容器接收雨水，但注意要放在干净的石头上，不要放在地上，因为当雨势较大时，地面的泥浆容易溅到接水的容器中。

在野外，如果没有可靠的饮用水源，又没有检验设备时，我们可以根据水的色、味、温度、水迹概略地鉴别出水质的好坏。纯净的水在水层浅时无色透明，深时呈浅蓝色。可以用玻璃杯或白瓷碗盛水观察，通常水越清则水质越好，水越浑则说明水里含杂质越多。水色随含污染物的不同而变化，如含有腐殖质呈黄色，含低价铁化合物呈淡蓝色，含高价铁或锰时呈黄棕色，含硫化氢呈浅蓝色等。一般清洁的水是无味的，而被污染的水则常有一些异味。如含硫化氢的水带臭鸡蛋味，含盐的水带咸味，含铁较高的水带金属锈味，含硫酸镁的水带苦味，含有机物质的水带有腐败、臭、霉、腥、药味等。为了准确地辨别出水的气味，可以用一个干净的小瓶，装半瓶水，轻摇几下，打开瓶塞后立即用鼻子闻。

地面水（江河、湖泊）的水温，因气温变化而变化。浅层地下水受气温影响较大，深层地下水水温低而恒定。如果水温突然升高，多是有机物污染所致。工业废水污染水源，也会使水温升高。

此外，还可以用一张白纸，将水滴在上面晾干后观察水迹。清洁的水是无斑迹的；如有斑迹，则说明水中杂质多，水质差。

在野外，最好不要饮用杂草丛中流出的水，而饮用断崖缝或岩石流出的清水最佳。饮用河流或湖泊水时，可在离水边一两米远的沙地中挖个小坑，坑里渗出的水较之从河湖中直接提取的水更干净。

饮用水里的悬浮物质和胶质物质越少越好，否则长期饮用容易致病。净化水可以用饮水消毒片、漂白粉精片及明矾等药品。在野外，因条件限制，也可以用一些含有黏液质的野生植物净化浑浊的饮用水。如贯众的根和茎，榆树的皮、叶、根，木棉的枝和皮，仙人掌和霸王鞭的全株，水芙蓉的皮和叶，都含有黏液质，都含有糖类高分子化合物。这些植物与钙、铁、镁等二价以上的金属盐溶液化合，形成絮状物，在沉淀过程中能吸附悬浮物质沉底，起到净化浑水的作用。

上述野生的植物中，仙人掌、霸王鞭是可以食用的植物，而且净水时用量很少，产生的絮状物又能沉淀析出，用其澄净饮用水是最理想的。用野生植物净水，最好挑选新鲜的植物，将其捣碎磨烂，使用时一桶水内放约 4 克的植物糊，搅拌 3 分钟后再静止 10 分钟，浊水即能澄清。

用植物净水，虽然絮状物沉淀时能除去部分细菌和微生物，但是不能起到消毒作用。因此，饮用水最好再加少许漂白粉消毒。如无漂白粉，滴入几滴稀盐酸或碘酒（每一壶水加 2% 的碘液 5 ~ 6 滴摇匀，10 分钟后即可饮用），也能起到消毒作用。

在原始森林里，许多小溪、河流表面看起来清澈干净，实际上却含有多种有害的病菌，人一旦喝下去，就容易染上痢疾、疟疾等严重的疾病。

切记，无论多么口渴，都不要饮用不洁净的水，以防病从口入，这在热带丛林地区尤其重要。万不得已时，一定要将水煮开再喝。

三、苦咸水与海水的淡化

（1）在海边，可以用锅煮海水收集蒸馏水的方法使海水淡化。

（2）在冬天，可以通过结冰的方法取得淡水。

（3）通过植物可以将苦咸水淡化。

（4）在沙漠里，可以用太阳蒸馏器取得淡水。

四、解渴的植物和应急的解渴方法

（1）解渴的植物有：黑桦、白桦的树汁，山葡萄的嫩条，酸浆子的根茎，南方的芭蕉茎、扁担藤，热带丛林中储水的竹子等。

（2）简便的取水方法：①用一个塑料袋套在树枝上，将袋口扎紧，树叶蒸发出来的水分就会聚集在袋里；②早晨收集露水。

（3）应急的解渴方法：在特殊条件下可以通过喝自己的尿液来暂时解渴。

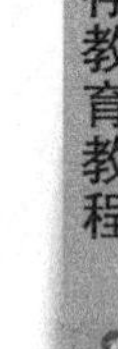

第四节　野外觅食

野外觅食是野外生存的主要手段，包括采食野生植物和猎捕动物两个方面。

在多数环境下，最可能得到的食物来自植物界。但你还得了解如何避开那些有毒的植物，本节列举了一些常见植物的指导性常识。而几乎任何一种野生动物都是富有营养价值的食物源，比如各种易于消化的蠕虫、昆虫等。在捕猎野生动物时，大范围布下有效的陷阱或罗网也许会给你带来好运，而在等待的过程中，你还可以收集饮用水、采集植物或者从事其他求生活动。你也可以狩猎，但狩猎之前你必须自制一些武器，并逐渐掌握、精通它们。肉类在食用前需要预先处理，当有剩余时，还应学会如何保存。鱼类是另一类富含营养的食物来源，本节也将介绍一些简便的捕鱼方法。

一、食物及其价值

人体需要食物提供热能和营养，以保证基础代谢及各种生理需要。而人类是广谱型的杂食性动物，无论是植物还是动物，只要是无毒的种类，我们都可以食用。如果你愿意，投入一些精力去掌握如何烹调食物，则更能增加你在野外生存的信心。

对于要长期在野外生存的人来说，均衡食物中的营养成分是至关重要的。如果长期食用单一食物，会导致营养缺陷综合征。所以食物除能保证机体日常生理活动外，种类还须多样化，营养比例也须合理均衡。如果食物稀缺，那么你应尽可能放松身体并保持心境平和，节省能量，等待救援或设法自救。

二、人体所需的营养成分

1. 碳水化合物

碳水化合物由 C、H、O 三种元素组成，主要存在于植物类食物中，是人体能量的主要来源，而机体的某些生理反应必须依赖碳水化合物供能。碳水化合物在有氧或无氧情况下都能生成能量，且不需要消耗过多的水分。它还可以阻止酮类化合物的生成，避免饥饿状态下体内脂肪过度分解，从而出现消化不良、呕吐恶心等各种不适症状。

2. 脂肪

脂肪也由 C、H、O 三种元素组成，但构成方式与碳水化合物不同，它也是能量的主要来源，完全分解时能提供双倍于碳水化合物的热量。脂肪通常贮存在皮下脂肪组织及分布在器官周围，不溶于水，在被身体吸收之前需要很长的消化过程，需要充分的水分，而分解供能也必须在有氧的条件下进行。脂肪能产生热量以维持身体的正常体温，具有保护器官组织、润滑消化道及贮存能量等功能。它们存在于各类动物、蛋类、奶类、坚果及某些种类的植物和真菌中。

3. 蛋白质

蛋白质由 C、H、O、N 四种元素构成，它是有机体生长和代谢所必需的营养素。蛋白质主要来源于肉类、鱼类、蛋类及植物中的谷类、豆类和坚果等。在某些植物块茎和蔬菜中也含有少量的蛋白质。真菌类是蛋白质的重要来源之一。动物蛋白质含有人体必需的所有氨基酸，但是单一来源的植物类食物则不能提供人体必需的全部氨基酸。一般情况下蛋白质不分解产生热量，只有在饮食中严重缺少碳水化合物和脂肪时，或在极度饥饿的状态下，蛋白质才会分解供能。

4. 矿物质

人体所需的矿物质包括常量元素，如钙、磷、钠、氯、钾、锰，以及一些微量元素，如铁、氟、碘等。钙离子除了是骨骼和牙齿生长所必需外，也参与肌肉运动和血液凝结等生理功能。这些矿物质在维持人体正常的生理功能中，发挥着不可缺少的作用。

5. 维生素

维生素在防治疾病，维持人体正常生理功能中，都具有极为重要的作用。人体所需要的维生素有12种，都必须从食物中摄取。脚气病、坏血病、佝偻病和糙皮病都是由缺乏某种维生素引起的。

三、植物类食物

1. 可食用植物

可食用的野生植物，包括可食用的野果、野菜、藻类、地衣、蘑菇等，如桃金娘、山桃、胡颓子、小果蔷薇、余甘子、沙棘、山荆子、稠李、山樱桃、山柿子、猕猴桃、茅莓、棠梨、坚果等。也可仔细观察猴子都选择哪些野果、干果为食，一般来说这些食物同样对人体无害。下面介绍几种野外常见的可食用植物：

（1）番木瓜：广泛分布于所有热带潮湿地区。小型乔木，高2~6米，茎柔软中空，茎顶簇生羽状叶，叶基部着生大型暗绿色坚果，形似木瓜，成熟时变为橙色或黄色。浆果可生吃，幼叶、花和幼茎煮熟后可食用。煮时至少要换一次水，且注意不要把未成熟浆果的乳汁溅入眼里。

（2）芒果：广泛分布于温暖潮湿地带。中型至高大常绿乔木，长黑色革质叶簇生枝头。卵形浆果，直径7.5~13厘米，绿色至橙黄色不等，可以生吃。但有些人会对芒果及其叶片产生过敏反应。

（3）酸果：分布广泛，高达12米，大型浆果，形似鳄梨，绿色，坚韧，坚果皮上有脊，重可达2公斤，酸味相当浓。

（4）野无花果：广泛分布于热带亚热带，有些种类分布于沙漠地区。茎蔓生，有气生根，常绿革质叶。果实直接生长于枝上，类似梨果，可以生吃。

（5）面包果：广泛分布于热带大部分地区。乔木，高15~20米，大型叶，具深裂。瘤状浆果，外壳光亮，内有乳状汁液。浆果富含淀粉，可以生吃，但首先要剥去果皮及果皮内粗糙的斑块。

（6）花生：广泛分布于热带亚热带地区。果实埋在地下的一种草本植物。盾形小叶对生，黄色花。成熟季节沿茎向下可以挖出表面多皱折的果荚。种仁营养丰富，果荚晾干后也易贮存。

（7）木薯：广泛分布于热带地区。生长在适宜的土壤中，茎高可达5米。叶柄很长，掌状复叶，具5~9片小叶，生长于节状茎上。肥厚块根没有煮熟前含有致命毒素，必须煮熟后才能吃。易于贮存。

（8）芋头：广泛分布于热带潮湿地带，茎高约1.5米，心形或箭形叶较大，生长在基部，橙黄色花。块根味似马铃薯，但生食有毒，必须煮熟后方能食用。

（9）莲：主要分布于亚洲、非洲和北美洲的部分地区。水生植物，茎长，蓝绿色盘状叶，伸出水面。花瓣为白、黄或淡紫红色。幼叶和剥去外皮的茎煮熟后可以食用，种子在除去较苦的胚皮后可以生吃，根茎也可食用。

（10）野山药：分布于热带亚热带丛林及开阔的草地上。藤本，茎扭曲缠绕在木本植物上。有些种类具有可食用的气生块根。地下部分有一至多个更大体积的块根，晾干后很容易保存。有些野生种生吃有毒，为了安全起见，务必煮熟后才食用，块根在沸煮前应剥皮。

（11）野稻谷：广泛分布于热带及温带地区。单子叶草本，高 90 ~ 120 厘米。搓揉稻穗以除去粗糙多绒毛的谷壳，种仁或煮或炒，煮熟后食用，晾干后也很容易贮存。

（12）甘蔗：广泛栽培于热带地区，偶尔也能见到野生种。高而细长的圆茎分成许多节段。剥去外苞叶，茎可以咀嚼，吸取甜美的汁液。

（13）竹类：大型草本，多分布于潮湿地带，竹笋生长迅速，鲜嫩味美，可食用。剥去外包的竹叶，用水煮熟后，再用水泡一段时间后切成片状炒熟即可食用。

（14）番石榴：小型乔木，茎干稍有扭曲，高可达 10 米，树皮淡棕色，卵形叶对生，叶背面有微绒毛。花白色，浆果淡黄色，苹果状，果髓白色至淡紫色，酸甜可口，内有许多种子。生吃或烹煮后食用都可以，富含维生素 C。

（15）柿树：分布于东亚和美国南部温暖干燥地带，各地都有引种。高可达 20 米，小型波纹叶，可制茶，富含维生素 C。浆果类似西红柿，黄、红至紫红色，可以生吃，也可烹煮后食用。

（16）橡树：大量分布于山坡多林地区。许多种类具深裂叶，但裂叶前端均为圆盾形。剥去橡外壳，沸煮几分钟，换水以减少苦涩味，或者在冷水中浸泡 3 ~ 4 天。也可与岑木和木炭混埋在一起烤烧，橡栗烤熟后碾成粉，可作饮料。

（17）山毛榉：多分布于阔叶林区。树型相当高，伸展挺拔，树皮光滑发亮。角质叶尖卵形，具波纹，叶前端盾尖。坚果小，呈三角形。根据种的差异，每个多毛外壳内有 2 ~ 4 个坚果不等。坚果仁富含蛋白质，可以生吃、烧烤或榨油。

（18）甜栗：分布于温带多林地区。高 5 ~ 30 米不等，具大型角质叶，长条形，边缘具齿。坚果 2 ~ 3 个聚在一起，外披球状厚实多刺毛外壳，捣碎后可剥出果实，沸煮并捣成糊状。注意千万不可与马栗相混淆；后者有大的掌形叶，其坚果有毒。

（19）毛栗：高大灌木，分布于山坡野地。卵形至心形革质叶，边缘具齿。棕黄色壳果，富含营养的果实外被叶状多毛外壳。

（20）核桃：广泛分布于温带地区。高可达 30 米，复叶对生，小叶狭长，多齿，树皮多皱褶。成熟的坚果为棕褐色，外披绿色厚壳。每公斤核桃果实含热量 6 600卡路里，富含 18% 的蛋白质和 60% 的脂肪。

（21）松树类：分布于多数温带及其北部地区。为大家熟悉的裸子植物。常绿叶披针形，簇生于短枝上。成熟的松果中含有种子，可以生吃，不过烤熟后味道更香，也便于贮存。幼嫩的松果沸煮后也可食用。嫩叶和树皮煮熟后也可以食用。

(22) 野葡萄：广泛分布于温带地区。蔓生，攀高生长。大型心形叶，多具缺裂。花绿色，浆果成串，成熟时呈亮紫色。幼叶也可煮熟后食用。

(23) 野桑树：广泛分布于温带多林地区。一般高6~20米，卵形叶。叶腋部着生有柔荑花序，浆果红褐色，可以生吃。

(24) 山梨树：常见于森林及多岩地区，高可达15米。树皮灰色，光滑，复叶对生，边缘具小齿，白色花着生于伞房花序上。果实簇生，成熟时呈橘红色，可以食用。具刺激性酸味，烹煮后可以制成果冻。

(25) 山楂类：有刺小灌木，分布于灌木丛林及野外荒地，羽状叶深缺刻，花枝上簇生白或淡紫红色小花，秋季结出亮红色浆果。果肉酸甜，可以生吃。嫩茎顶端也可食用。

(26) 野草莓类：小型匍生，分布于树林草地之中，有些种类分布于高山上。果实类似栽培种草莓小果。翻开叶片，会有鲜嫩甘甜的浆果。浆果富含维生素C，新鲜洗净后生吃最好。

(27) 野洋葱：分布广泛，特殊的气味易于辨识，长条草状叶基生，顶生球状花序，花六瓣，白或淡紫红色。球茎可食用，有时埋在地下约25厘米深处。

(28) 野防风草：分布于荒野草丛中。全株外被多毛，气味刺鼻，平均高约1米。齿形叶，顶端簇生复伞形花序，黄色小花，根可以生吃或煮熟后食用。

(29) 野大黄：南欧大陆至中国东部皆有分布。体形类似栽培种大黄，但叶片更多皱折。大的花茎沸煮后可食用，其他部分则有毒。

(30) 梅树：分布于所有温带地区的灌木丛林地带，种类繁多。多年生小灌木或乔木，形似野樱桃树，但其浆果体积更大，布满绒毛，绛黑色、红色或黄色。有些果实酸味太重，无法生食。

(31) 野当归：分布于阴暗草地或多林地区。高约15厘米，茎中空，部分有髓汁。对生叶序，小叶边缘有齿。顶生复伞形花序，小花白色至淡紫色。沸煮后，根茎叶皆可食用。药用可治疗感冒，外用可治肌肉痉挛。但千万不要把它与水毒芹相混淆。

(32) 蕨类：几乎随处可见，常大群簇生。老的腹叶有毒。幼茎头部可以食用，味道也不错。

(33) 荞麦：多分布于温带野草地中。主茎高可达60厘米，常为红色。戟形叶，花小，白色，生于顶端花序上。种子是很好的可食用谷物。

(34) 蒲公英：几乎随处可见，不同地区形状可能会有所差异。顶端着生黄橙盘花，叶基生。幼叶可以生吃。老叶沸煮，换去锅中的水以去除苦涩味。根既可煮沸也可油炸。蒲公英的汁液富含维生素和矿物质。

(35) 白芥菜：分布于欧洲各地。高可达60厘米，茎多毛，有斑纹，叶深基部着生，苍白黄色小花，嫩叶和花可以生吃，煮熟后整株都可食用。

2. 可食用植物的加工方法

（1）生食：如苦菜、蒲公英、小根蒜等。

（2）直接炒食或蒸食：对已知无毒或无不良味道的野菜可采用这种方法。

（3）烹煮：对一些具有苦涩味并可能具有轻微毒性的野菜可采用这种方法。

3. 常见有毒植物

在野外进行旅行、探险等活动时，多数人在吃了几天方便食品后便会觉得胃口大倒，于是往往利用大自然中众多的野菜来烹调出美味佳肴。在遇到特殊情况时，如粮食补给断绝，野菜就成为主要的应急食物。然而，常常有许多有毒的野菜混杂在可食野菜中，给采食者带来极大的危险。下面介绍一些毒性强且分布广的野菜给大家，以供大家采食时鉴别。

狼毒草：又名断肠草。根呈浅黄色，有甜味。叶片呈线形，花黄色或白色，也有紫红色。全株有毒，根部毒性最大。吃后呕吐、胃灼热、腹痛不止，严重的可造成死亡。

老公银：又名蛇床子、野胡萝卜。根在幼苗时为灰色，长大后呈浅黄色，像胡萝卜。叶柄呈黄色。老公银的臭味很大，叶和根都有剧毒，吃后会造成死亡。

苍耳子：又名耳棵。生长在田间、路旁和洼地上。三四月份长出小苗，幼苗像黄豆芽，向阳的地方又像向日葵苗。长大后粗大，叶像心脏形，周围有锯齿，秋后结带硬刺的种子。全株有毒，幼芽及种子的毒性最大，吃后可造成死亡。

曲菜娘子：冬季根不死，春天出芽，长出小苗。叶狭长，较厚而硬，边有锯齿，大部分叶子贴着地面生长，秋后抽茎，高可达 15 ~ 30 厘米。籽很小，上有白毛。幼苗容易和曲菜苗相混，但曲菜叶较宽而软，锯齿也不明显。吃了曲菜娘子后脸部会变肿。

毒芹：又名野芹菜、白头翁、毒人参。生长在潮湿的地方。叶像芹菜叶，夏天开折花，全株有恶臭。全株有毒，花的毒性最大，吃后会恶心、呕吐、手脚发冷、四肢麻痹，严重的可造成死亡。

野生地：又名猪妈妈、老头喝酒。春天开紫红色花，有的带黄色，花的形状像唇形的芝麻花。根呈黄色，叶上有毛，有苦味。吃后会呕吐、腹泻、头晕和昏迷。

毒蘑菇：其种类很多，常见的有毒伞（又称蒜叶菌、鬼笔鹅膏、绿帽菌）、褐鳞小伞、白毒伞、黑包脚伞、内绿菌、褐脚伞、残托斑毒伞、鬼笔。生长在腐烂的物体上，形状特殊，多像小笔、小伞。颜色鲜艳，有白色、红色、黄色，上述八种都含有剧毒。值得一提的是，蘑菇的颜色、外形、生态等特征与其毒素没有必然的联系。民间有许多关于毒蘑菇和可食蘑菇的识别方法，但经专家鉴别，没有一条完全靠得住。因此在采食蘑菇时，应分外小心，若有疑虑或拿不准是否有毒，坚决不采、不食，以免发生不测。

此外，还有曼陀罗（山茄子）、毛茛（猴蒜）、天南星（蛇玉米）、红心灰菜（落黎）、牛舌棵子、石蒜（野大蒜）等都有毒，不能食用。

四、真菌类食物

真菌类植物烹烧后味道鲜美，但前提是必须能够判断某种真菌是可食种还是有毒种。真菌类植物无法应用品尝方法来确定其有无毒性。有时人体对于某些致命的毒蕈反应也不灵敏，甚至在吃下去几小时内也无任何不适症状。

多数真菌直接生长在地表，单生、线生，有时也群生。在肉质茎干上有一碗盖或杯盖形顶部，孢子着生在顶盖腹面海绵样组织中，这类组织的大小、形态与色彩是辨别某类菌株的重要依据。有些真菌，比如块菌属，完全生长在地表下面，很难找到。还有些种类生长在树上及树桩截面上。有些从形状上可以辨别，如托座菌。还有些种类体型很大，单个分布。而某种真菌是否出现还要取决于季节与气候。

（一）真菌的营养价值

真菌类的营养价值介于肉类和蔬菜之间，比蔬菜含更多的蛋白质，有时也会有更多的脂类。比较好的真菌，如牛肝菌属真菌，其热量值与同质量的蔬菜差不多，而在矿物质含量方面，真菌比菠菜含更多的磷，较少的钙。多数真菌还含有微量维生素 B 复合物，偶尔也含维生素 C，许多可食真菌含维生素 D，而双耳大杯真菌还含维生素 A。

真菌分布面广，夏秋季节时的量充足。采集真菌时应放弃有疑虑的种类，将采集来的无毒真菌洗干净，撕成条状碎片后沸煮。许多托座真菌略带苦涩味，必须彻底烹煮，而鲜嫩的地面真菌类可以直接加入肉汤或与其他食物一起烧煮。

（二）真菌贮存

真菌类富含水分，但也易于晾干。在供应量充足时，应尽可能多收集一些，贮存备用。先分开茎干与菌盖，放在干燥的岩石上晒干，菌盖可腹面朝上晾晒。对于牛肝菌属真菌来说，要先除去菌盖下的海绵组织。彻底晾干后，尽可能放在隔绝空气的密闭容器里。吃前先放入水中浸泡以除去膻味，最好是加入汤中沸煮。

（三）如何确认伞形毒蕈类

有毒的伞形毒菌——尤其是能致人死亡的毒伞，很容易与可食种相混淆。确认真菌时要遵循以下原则：

避开长有白色菌褶、茎干基部有菌托（杯状附着圈）及带菌环茎干的真菌，避开任何发生腐烂的真菌，除非能确认其是可食品种，否则应扔掉。

表2-1 伞形毒菌与无毒伞菌的区别

	伞形毒菌	无毒伞菌
孢子	白色	紫棕色
菌帽与茎干	无变化	有些种类擦伤后变黄
菌帽	黏滑有松散补丁	较干，仅有部分小鳞片
成熟菌褶	白色	灰红色、淡紫色或巧克力色
菌褶	部分或全部隐蔽	无隐蔽
气味	马铃薯或萝卜	杏仁或扁桃
分布	从来不在开阔的草地上分布	开阔的草地

（四）可食用真菌

确认可食用真菌并无统一可靠的规则，不要相信传说中“有毒真菌剥皮后就会无毒；有毒种沸煮时会变色”的说法。烹烧并不能消除真菌的毒性。

学会辨认一些常见真菌，还应记住一些致命的毒菌家族，如伞形毒蕈家族。

1. 树生真菌

树生真菌生长在树干或树桩上，个体常较大，羽状，无毒，分布广。

（1）牛排真菌。常着生在橡树上，顶盖鲜红，肉茎呈紫红色，圆盖形似一条大舌头，红色菌帽含鲜红汁液，菌肉粗糙，略有苦味，幼菌味道更好。浸泡使之发软，然后彻底焖煨。常出现于秋天。

（2）多孔硫菇。菌帽直径可达30~40厘米，菌盖呈亮橙黄色至黄色。海绵样组织，黄色多肉。着生于阔叶乔木上，尤喜橡树及其他常绿林。多出现于夏季。

（3）鳞多孔菇。菌帽直径达60厘米左右，常群生。菌盖背面有黑色条斑，腹面白色。着生于阔叶乔木，尤喜榆树、山毛榉和假挪威槭。春秋都能见到。烹煮时应挑选幼菇，彻底煨炖。

（4）胸膜牡蛎菇。群生，深蓝色贝壳状菌帽，直径为6~14厘米，白色菌褶，菌肉也为白色。常年分布于阔叶乔木上。味道鲜美，可以撕成碎片煨炖，也可晾干保存。

（5）蜜黄环菇。绛黄色或棕色菌帽，直径为3~15厘米，白色菌褶，成熟时逐渐变成棕色。菌肉白色。带状菌根。常分布于阔叶乔木和针叶木上，春夏秋季都可见其集群生菌落。撕碎后煨炖。

2. 地生真菌

地生真菌生长于地面土壤中，种类很多，有些种类毒性非常大。

（1）巨胀球菇。球状，直径达30厘米左右，外表光滑坚韧，白色，随着生命

期的延长逐渐变黄。可重达9千克。分布于夏末秋初时节的丛林草地中。挑选完全纯白色菌肉的菇，味道相当鲜美，也可晾干贮存。

（2）鸡油菌。杏黄或卵黄色漏斗形菌株，直径为3～10厘米。外展折叠的菌褶也为黄色。集群生于树荫下，尤喜山毛榉林。夏季出现。味道相当鲜美，煨炖10分钟左右即可食用。

（3）号角菇。号角或漏斗形外表，菌帽边缘粗糙，下塌，呈棕黑色，直径为3～8厘米。手感光滑，茎干灰色条形。菌株常分布于阔叶林中，尤喜秋季时节的山毛榉林。煨炖后可食用，也可晾干备用。

3. **伞形真菌类**

伞形真菌类中任何裂口处菌肉变黄的种类都不要食用（见黄斑蘑菇）。有些幼生菌株彼此间很难区分，容易与剧毒的伞形毒蕈类相混淆。

（1）地蘑菇。类似相应的其他栽培种，白色菌帽直径达10厘米左右，成熟时略带微棕色。菌褶紫红色，烹煮后变为棕黑色。秋季分布于草地中，周围很少有树。生吃或烹烧都可以。

（2）木蘑菇。分布于森林——常为针叶林中。可以生吃或烹煮。

（3）墨水帽。圆形菌帽上有淡棕色或白色斑纹；菌褶白色，成熟后变为淡紫红色，最终变为黑色墨汁状。夏秋季节群生于开旷的草地之中。采集菌褶仍为白色的幼株。食用这种墨水帽菌时不能喝酒，否则会造成中毒。

（4）蓝帽。菌帽呈淡蓝紫色，成熟时转为棕红色，具波纹状菌边。菌帽直径达10厘米左右，菌褶略带蓝色，菌茎石纤维状，也为淡蓝色。秋冬季常见于混合林中。味道香甜鲜美，有些人对之会产生过敏反应。

（5）牛肝蕈。棕色菌帽，直径达20厘米左右，厚实粗圆柱短茎，菌肉呈白色，秋季分布于森林开旷地带。所有的牛肝蕈类都有一层海绵状微孔或块状菌褶。许多可食种分布于全球各地，可以采集晾干贮存。

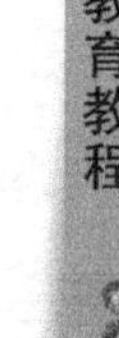

注意应当避开任何带有淡紫色或红色孢子的菌株，除非你能确认其为可食种。因为许多具有这类特征的真菌都是有毒种。

4. **真菌的其他用途**

许多檐状菌是极好的引火物，可用来保存火种——点燃后可以熏烧好几个小时；磨刀皮带菌相当坚韧，可用来磨刀或制作软木塞、硬膏和引火物等；巨马勃菌可用来止血；树菌富含丹宁酸，可治疗烧伤。

（五）有毒真菌

警告：以下介绍五种有毒真菌，如果你无法肯定某种真菌是否能食用，就千万不要冒险。

（1）毁灭天使。整菌白色，菌托不是很明显，茎干有鳞片，菌帽直径可达12厘米左右，幼生株形似松蕈伞菌。夏秋之季分布于树林之中。嗅闻时有甜味，含有致命毒素。

（2）死人帽。菌帽呈橄榄绿色，茎干苍白，菌托大而明显，白色菌肉和菌褶。常分布于橡树或山毛榉林中，是所有真菌中毒性最强的种类之一。

（3）美洲豹帽。棕色菌帽，厚实，有斑点。菌褶呈白色，茎基部有2～3圈菌环。生存于树林荫地，尤喜山毛榉林。毒性强，常致人死亡。

（4）飞伞菌。菌帽呈亮红色，上着生白色斑纹，菌帽直径可达22厘米左右，秋季常见于针叶林中。

（5）黄斑蘑菇。外形与其他伞形真菌相似，但菌株破损处会出现黄色污斑。基部有很显眼的亮黄色斑。毒性强，味若木炭，夏秋之季于草地及森林中都有分布，不可食用。

（六）中毒症状

误食有毒真菌后的中毒症状各异，以下介绍一些典型症状：

（1）死人帽/毁灭天使。中毒症状发展缓慢，在误食8～24小时内会出现呕吐、腹泻、极度口渴、盗汗和痉挛等症状。一天后症状明显缓解，然后又会重新加剧发作。90%的中毒者在2～10天内死于肝功能衰竭。目前尚无解药。

（2）蕈毒碱毒素。好几种毒菌都具有该毒素，会引起神经系统受毒害。

（3）飞伞菌。误食后引起严重肠胃不适、精神错乱、非自主性扭动身体及痉挛，随之会昏睡不醒。患者通常可以通过治疗恢复。

五、动物类食物

1. 狩猎

从保护动物的角度出发，一般不到面临生存危机的时候，不可采用这些方法来猎取动物，特别是受保护动物。只有到可能因饥饿而危及生命时才可以捕食动物。

（1）陷阱及其布置。对付大多数野生小型动物，设置陷阱比追逐狩猎要有效得多。即便猎枪已瞄准一只小动物，可是由于其体型过小，很难一击即中。因此，设置陷阱反而更容易一些，同时也可省出时间搜寻其他食物。对于求生者而言，需要掌握的是相对容易记牢和构造简单的实用型陷阱。由于每种动物都有各自独特的习性，因而必须设置有针对性的独特陷阱。如果某种陷阱不适用，可以再尝试其他的，这是一个从失败和错误中不断获取经验的过程。

但是，某些很简单的陷阱会给动物带来相当大的痛苦。某类为捕获特定类型动物而设置的快速死亡型陷阱，比如勒死型，要是碰巧套住了其他种类动物的翼或肢腿，可能会使它们痛苦好几个小时。因此，定时查看是必需的，否则会无端延长猎物的痛苦，也增加了被其他肉食性动物偷食的可能，还有可能使猎物在经过长时间的痛苦挣扎尝试后重新获得自由——动物会本能地咬断一翼或肢，或用其他自我伤残法成功地逃离陷阱。

仔细研究动物的身体特征及生活习性可以避免许多错误。诱饵和设置位点的选择都是至关重要的，要不断尝试、耐心等待。猎物初次遇到新鲜事物时会很狐疑，慢慢便会逐渐接受，这时也就更容易上当了。

即便是在行走途中，设置一些简便的过夜陷阱也可能会有收获。如果准备在某地露营较长的时间，那么就可以很好地策划和设置了。陷阱设置得越适当，数量越多，成功的概率也越高。

应尽可能设置大范围且能控制的陷阱线，早晚各检查一次，收集猎物后重新布置好陷阱。必要时要加以修复，重复不起作用的可以移往别处。为了提高效率，设置陷阱时必须考虑有足够的反应灵敏性，使得“弹无虚发”。一次成功可能是好几次失败的结果，没必要因此而失望。如果陷阱没被触动，但诱饵却已不见，这可能是由于诱饵没放准位置，或者是由于触动机制不灵，重新设置时这两方面因素都应考虑。

在进行规律性查看过程中，你可以同时巡查该地区，留意各种蛛丝马迹，扩充或修正已有的有关周围环境的知识。同时也可搜集植物及其他有用资源，使以后采集时心理上有所准备。

（2）地点选择。查找猎物的踪迹，奔跑时留下的足印可能是它们从巢穴至饮水或进食处经过的路线。可沿着这条路线找到任何自然形成的隧道，在动物必须经过的位置设置落石阱。猎物穿过障碍物之下的通道，通常也是布置陷阱的好地方。

陷阱设置别太靠近猎物的巢穴，因为这里常是它们静伏聆听及嗅探气息之地，有点风吹草动就会引起它们的狐疑，从而静伏不动，或改变行走路线。也不要把陷阱设置在动物饮水之处，这里它们也会很警觉，稍有异味就会引起注意。

如果将陷阱设置在动物自然通过之地，也许它们会避开并改变行走路线。但惊慌失措时，动物会慌不择路，本能地选择最短的捷径逃跑，这常是那些很明显也很粗劣的陷阱也能时常成功的原因。受到惊吓的兔子很容易就会落入陷阱之中。

（3）陷阱的设置。设置简单的陷阱需要绳子或金属线。金属线可以很容易地保持绳索的张开状态。更复杂的装备也不过增添一把利刃，用来加工必需的木块。材料的选择至关重要。材料要选择弹性强而且坚韧耐用的木材，不要选择枯死的树木。榛木易于弯曲，富有弹性且很有力量，是很理想的首选材料。

（4）设置陷阱的材料。陷阱设置需要以下材料：轧刀、扼绳、吊架、缠网、落石、圈套等。利用弹性幼树设计的吊架可以把上当猎物吊在空中。幼树越高，承受力越强，就越有效。有些陷阱可以综合运用两种或两种以上的方法。

2. 捕鱼

在野生动物当中，或者至少在淡水动物中，鱼类大概是最难捕捉的。但是如

果知道在何时、何地及如何捕鱼的话，即使没有现代化的工具，也还是可以捕到鱼。

（1）钓鱼。渔钩和渔线很容易制作，而且在靠水的多数地区，鱼饵也很容易找到。

制作渔钩：可以用大头针、缝衣针、金属线、小钉子或者其他任何金属品制作渔钩；也可以用木头、椰子壳、骨头、荆棘、燧石、海贝、海龟壳等制作渔钩；还可以将这些东西组合起来制作渔钩。

制作渔线：可以用吊绳做渔线，也可以用植物纤维或者衣服中的纤维做渔线。树的内皮是最好用的纤维之一。用纤维做渔线的步骤如下：

将两根线的一端结在一起，结一定要牢固。一手拿一根线，按顺时针方向拧；然后将拧好的两根线按逆时针方向搓在一起。如果有需要，可以增加纤维以增加渔线的长度。

注意：从大麻、荨麻、普通地区及沼泽地的马利筋、丝兰及芦苇中获取的纤维都是很好的制线材料。

寻找鱼饵：通常来讲，鱼会咬那些和它们生长于同一环境中的饵食，因此可以在靠近岸边的水里寻找螃蟹、鱼卵及小鱼，在岸上寻找蠕虫和昆虫来当鱼饵。当捕到鱼之后，剖开鱼的胃和肠子，检查一下它吃什么东西，然后试着找一份相同的食物来作诱饵。此外，羽毛、颜色鲜亮的布、发亮的金属或贝壳均可用作人工诱饵。

钓鱼的时机：一般来说，钓鱼的最佳时机是在黎明、黄昏、暴风雨前、月圆或月亏的夜晚。鱼儿不停地跳出水面表明它们需要进食了，这时也是钓鱼的好时机。

钓鱼地点：选择钓鱼地点时，要考虑到水域、水域所在地区、季节及时间等诸多因素。在湖泊或比较大的溪流里，鱼在清晨和夜晚喜欢靠近河岸或浅水区域。

溪流里的鱼经常聚集在水坑或深而平静的水流中、浅滩或小湍滩的底部、水槽尾部、岩石或圆木下面的旋涡中、河岸深陷处、悬于河面的矮树丛投射的阴影处及被淹没的岩石或圆木附近。

当河流的主干道水位高涨或变浑浊时，鱼会到支流入口处寻求庇护。

炎热天气的浅水中，鱼会聚集在最深的水坑里，或者有地下水渗出的泉眼处，或者藏身于岩石下面。

温带地区，在凉爽的春季，鱼会游到有太阳照射的浅水区，因为那里的水比较暖和。

（2）其他钓鱼方法。如果用渔竿、渔钩、渔线及诱饵没有钓到鱼，那也不要灰心，还可以试试其他方法，比如下面这些方法：

安放渔线：如果你需要在湖泊、溪流附近待一段时间，那么这个方法是很实用的。在渔线上绑几个渔钩，渔钩上串好鱼饵，然后将渔线系在低垂的树枝上，鱼上钩时树枝要能弯曲。定时检查渔线，取下已经上钩的鱼，然后重新布置鱼饵。

障碍渔钩或叉状渔钩是安放渔线时最好的渔钩。做障碍渔钩时，将一小截骨头

或木头的两头削尖，在中间刻一圈凹槽，将渔线绑在凹槽上，然后在渔钩上放好鱼饵，使得渔钩入水后能把渔线往后拉。将渔线固定在水里，当鱼吞下鱼饵后，渔线装置和渔钩交叉摆动，渔钩会卡在鱼的食道或者胃里。

立桩监视：这是一种可以秘密进行的捕鱼装置。你可以设很多机关而不被其他人发现。设计机关前，将两根芦苇固定在溪流或湖泊的底部，两根芦苇之间拉一根渔线（渔线可以在芦苇上上下滑动），在这根渔线上再系两根装有渔钩的渔线，要确保两根渔线不会纠缠在一起，也不会缠到两边的芦苇上。

天黑前，将蠕虫、蜜蜂幼虫或者其他合适的鱼饵装在渔钩上。天黑后，将渔线放到水中，一至一个半小时检查渔线一次，如果有鱼上钩，取下鱼，重新布置鱼饵，过了一个小时后再次检查渔线。天亮的时候也要立即检查渔线。

假饵钓钩：这个方法在夜间特别有效。需要一根柔软的2.4~3米长的棍子或竿子，一根约3米长的渔线，一个渔钩，一小片发亮的金属片——形状类似市场上出售的匙状假饵，一小条白肉或者鱼的肠子。将渔线绑在竿子的一端，然后把匙状假饵和渔钩系在渔线上，使渔钩在假饵下面，把鱼饵装到渔钩上，把渔钩放入靠近荷叶或水草的水中，使得匙状假饵稍稍低于水面。间或用竿子的顶端拍打水面吸引大鱼来咬饵。

（3）徒手抓鱼方法。这种方法在河岸下部凹陷的小河里，或者在河水退后留下来的水坑中很有效。将双手放入水中，慢慢靠近河岸的下面，手尽可能贴近水底。手指慢慢移向鱼直到触摸到它，然后沿着鱼的腹部移动，不要太用力，当手移到鱼鳃部位时，从鳃后面紧紧抓住。如果你对付的是鲶鱼，或者脊背多刺的鱼时，要小心不要被鱼刺刺到。

浑水摸鱼。河水泛滥退后形成的小水坑里常常有很多鱼。在水底踩两脚，或者用一根棍子搅动水底的泥土，水就会变得浑浊，然后鱼就会跑到水面上来透气，这时你可以用棍棒打，或者用手抛，把鱼弄出水面。

（4）渔网捕鱼方法。用渔网捕鱼比上面提到的任何方法都有效得多，但是要做一个大一点的渔网需要花不少时间。不过捞网很快就可以做成，用捞网可以捕捉小一点的鱼，小鱼既可作饵也可食用。在湖泊、溪流的边缘或者其支流的入口处有大量小到无法用渔钩或渔叉捕捉到的小鱼。找一根分叉的小树枝、一块布，例如衬衣，将小树苗的两个分支弯曲，紧紧连在一起，形成一个圆形的框架，把衬衣的领口、袖口都打结扎紧，将衬衣下部固定在圆形框架上，可以用大头针、金属线或其他合适的东西把衬衣固定住。

（5）陷阱和篓筐。这些捕捞方式对淡水鱼和咸水鱼都适用。不过陷阱制作起来比较费劲，要花很长时间，而且很难随身带走。

在淡水中设置陷阱时，记住前面介绍的鱼的生活习性。

你也可以设置陷阱捕捉海水鱼，因为鱼群会定期随着涨潮涌向岸边，它们经常平行于海岸线活动。在海水涨潮时选择好设置陷阱的地点，退潮后就去设置陷阱。

在多岩石的海滨，可以直接利用岩石间的水坑。在珊瑚岛上，可以利用珊瑚礁表面上的水坑。退潮时，堵住出口。在沙质海滨，可以利用沙洲以及沙洲围成的沟渠，或者围一圈较低的石墙，朝着水的方向向外延伸，和海岸形成一个角度。

（6）叉鱼。如果你身处的水域不深（大概齐腰深），而且那里的鱼又大又多，那么你可以用渔叉叉鱼。用手边的材料制作渔叉很容易。叉杆可以用一根长且直的小树或者一根竹子来做，如果小树茎干够硬，可以将其一头削尖，如果木质不硬，可以绑一个刺刀、一片尖利的金属、一根削尖的骨头、一把小刀或者荆棘在上面。如果叉杆是竹子，可在竹节下方削两个箭头。

在有鱼群经过的水边耐心、安静地等候，夜晚在手电筒的帮助下，叉鱼的成功率会更高一点。灯光会将鱼吸引过来，光线照射到鱼时，会从鱼的眼睛反射回来，而且手电筒能照亮溪流底部，你可以发现并采集其他水生生物。

如果你需要下水去鱼群聚集的地方，那么应当慢慢地涉水过去，动作必须足够缓慢，以免引起水面的震动。将渔叉放入水中，等几分钟，让鱼适应你的出现。尽量靠近目标，渔叉要一直在水下。将渔叉置于目标上方，要尽可能靠近，迅速朝鱼刺过去，并且使渔叉紧紧抵住河底，然后用手去把鱼抓上来。

（7）药鱼。另一个抓鱼的方法是使用毒药。这种方法见效很快，而且可以暗中进行，并且可以一次获得大量的鱼。有些温暖地区的植物含有鱼藤酮，该物质可以麻醉或杀死冷血动物，但是对食用该动物的人类并无影响。可以使用鱼藤酮或含有鱼藤酮植物的地方是水塘或小溪的上游。在21摄氏度或以上温度的水里，鱼藤酮很快便会起效，鱼会马上失去活力，浮出水面。如果水温为10～21摄氏度，鱼藤酮的效果比较慢，而当水温低于10摄氏度时，鱼藤酮就会失去效用。下述植物，如果按照说明使用，也能使鱼类昏迷或死亡。

防己属植物：这种木本藤蔓植物生长于南亚及南太平洋岛屿上。可将其豆状种子碾碎，然后撒到水中。

巴豆属植物：这种灌木或小型乔木生长在南太平洋岛屿开阔的荒地上，它的种子长在呈三角形的豆荚里。碾碎其种子，然后撒到水中。

玉蕊属植物：这些高大的乔木长在马来西亚及玻利尼西亚部分地区的海边，它们长有单种子的肉果。剥去种子的外皮，碾碎其种子，然后撒到水里。

鱼藤属植物：这种热带灌木或木本藤蔓植物是商业生产鱼藤酮的主要来源。将该植物的根部磨成粉，或者浸泡使其变软，然后和水混合在一起，将混合溶液大量撒入水中。

灰叶属植物：这是一种小型灌木，生有豆荚，几乎遍生于热带地区。将其叶子和茎干碾碎后撒入水中。

石灰：石灰也可以毒杀鱼类。可以通过焚烧珊瑚或海贝来获得石灰，将石灰撒入水中。

往水里投放毒药之前要先设计好捞鱼的方法，捞网就很好用，你也可以在下游

建一道围堰来捕捉鱼。

(8) 砍鱼。如果你在水滨地区，并且不担心光线不够会导致你不安全，那么你可以在夜间退潮的时候试试砍鱼这种方法。你需要一支火把及点火的工具，还需要一把砍刀。

一手拿着点燃的火把，一手拿着砍刀，走到约 0.6 米深的水中，亮光会把鱼吸引过来，用砍刀刀背把鱼打昏然后捡起来。

(9) 冰上钓鱼。冬天你可以在冰上挖一个洞来钓鱼。为使洞口不再冻上，可以在洞口盖上一些树枝，然后堆一些雪在树枝上。

警告：一定要确保冰层能够承载你的重量。带一根长约 3 米、直径约 5 厘米的竿子，这样，万一冰层裂开了，可以帮助你离开水里。

3. 捕鸟

在一般情况下不要轻易去捕食鸟类，特别是国家级的保护鸟类。

(1) 扣捕。用柳条、草茎、树枝、芦苇等编制一个浅口筐，选择一个鸟类出没的地方，把筐用短棒顶住，下面放好鸟食，木棒用绳系好，远远地监视。等鸟进入筐下取食时，拉绳即可将鸟扣住。然后在筐底活口处伸手捉住猎物。

(2) 钓捕。可以用钓鱼的方法及工具来捕鸟，用谷物或虫子作饵，做好伪装。

(3) 套捕。用细绳线做成活套，将套子固定在有弹性的小树上，向下拉弯，将有套的一端拉到地上做成一个机关。在套内放上饵，当鸟取食时触动机关，小树向上弹起，活套将鸟套住。

(4) 射杀。用弹弓或弓箭射杀鸟类，这需要进行多次的练习以提高准确度。

4. 捕食昆虫

很多昆虫在世界上大多数地方都能大量繁殖，可以成为重要的食物来源，而且大多数昆虫用手就能捕捉到，包括大的蛴螬（昆虫的幼体）、蝗虫、蚱蜢、蚂蚁及白蚁。你可以将其煎、炸、煮，或者烤来吃，也许你可能更喜欢把它们和其他食物放在一起炖，这样味道会更好一点，你甚至可以生吃。蚱蜢可能带有对人体有害的寄生虫，切勿生吃，不要吃蚱蜢的大腿，因为上面长有倒钩，可能会卡在喉咙里。

你可以在腐烂的圆木中、地底下、枯死的树皮下面找到木蛴螬。蝗虫、蚱蜢、蚂蚁生活在温带和热带地区，白蚁通常生活在丛林里。

5. 捡捞甲壳类动物

这一类动物包括生活在淡水和咸水里的螃蟹、小龙虾、龙虾、小虾及对虾等，这类动物都可以食用，不过淡水甲壳类动物食用前要煮一下，因为它们可能携带对人体有害的寄生虫。

热带溪流中有很多淡水小虾，特别是在滞缓的溪流中。它们或游于水中，或吸

附在水中的树枝或植物上。

咸水小虾生活在海底附近的水域中，你可以把它们搅动上来，或者在晚上的时候，用灯光把它们吸引上来，然后用网捕捉。

淡水螃蟹和小龙虾有时栖息在岩石底下长满苔藓的地面，有时在溪水或浅水里游泳。可以用手直接抓，也可以用捞网捞。很多螃蟹和龙虾是在夜间活动的，所以夜间捕捉会更容易。螃蟹横着行走，还会挖洞。用捞网很容易就能捞到，你也可以设置陷阱，用鱼头或动物内脏吸引它们。

6. 软体动物

这一类动物包括生活在淡水和咸水里的贝类，如蜗牛、蛤、贻贝、牡蛎、玉黍螺、石鳖及海胆等。牡蛎和淡水贻贝很像，陆生及水生蜗牛分布于世界各地，只要是有水的地方都会有。

北部针叶林地区的河流、溪水、湖泊中有很多蜗牛或淡水玉黍螺，这些蜗牛的形状可能是尖头的，也可能是圆头的。

在淡水中寻找软体动物时，要在浅水处寻找，特别是河底为沙质或淤泥的浅水中。寻找它们在泥上留下的细细的痕迹，或者隐秘的椭圆形的裂口，那是它们的藏身之处。

在海边，等到退潮时，检查潮汐留下的小水坑和潮湿的沙子。在海边的岩石上，或者再深一点的海水中的珊瑚礁上经常会黏着许多贝类。蜗牛和帽贝黏附在岩石水位较低的部分，大一点的蜗牛，也叫做石鳖，则紧紧地依附在岩石水线以上的部分。

贻贝通常大量聚集在布满碎石的池塘中、圆木上，或者巨石的基部。

警告：在夏天，热带地区的贻贝是有毒的。

食用软体动物前，应该先将其蒸一下或煮一下，或者带壳烘烤。将它们和绿色植物及块根一起炖，味道十分鲜美。

警告：不要吃那些即使水位很高时也没有被水覆盖的软体动物。

第五节 野外定向

一、学会阅读地图

一张地图所包含的信息比一张航拍照片所包含的信息要多得多，应选用最新的地图，以便了解实地的最新变化，尤其应该注意地图的精确度。

1. 地图的比例尺

地图的比例尺在地图下方的图例中注明，为图上距离与其所表示的实际距离之比，地图的最佳比例尺为1:50 000。

2. 地图的等高线和等高距

等高线是指地形高度的差距。它们表示哪里有山、哪里有坑谷及地形的陡缓。在很多公园图中，等高线较少；但也有很多其他公园和森林图中，等高线较多，且高度各异。因此，读懂等高线很重要，因为它在很大程度上影响你的路线选择。相邻两条等高线之间的距离在地图上用等高距表示，通常为2~5米。不同地图，等高距不同，同一幅图上采用同一等高距。等高线显示地貌的特点：一是在同一条等高线上的各高度相等并各自闭合。二是在同一幅图上，等高线多山就高，等高线少山就低。等高线间隔大的坡度缓，间隔小的坡度大。三是图上等高线的弯曲形状和相应实地地貌的形状相似。

等高线按其作用不同，分为以下四种：①首曲线，用以显示地貌的基本形态。②间曲线，用以显示曲线所不能显示的局部地貌。③助曲线，用以显示间曲线还不能显示的局部地貌。④计曲线，便于在图上计算高程，从高程面算起，每逢等高距五倍处的首曲线描绘成粗实线。

3. 在地图上识别地貌

在地形图上，通过等高线和地貌符号来识别地貌的各种形态。

山顶：以等高线中最小环圈表示，有时用示坡线表示斜坡方向，绘在环圈外侧（如图2-45）。

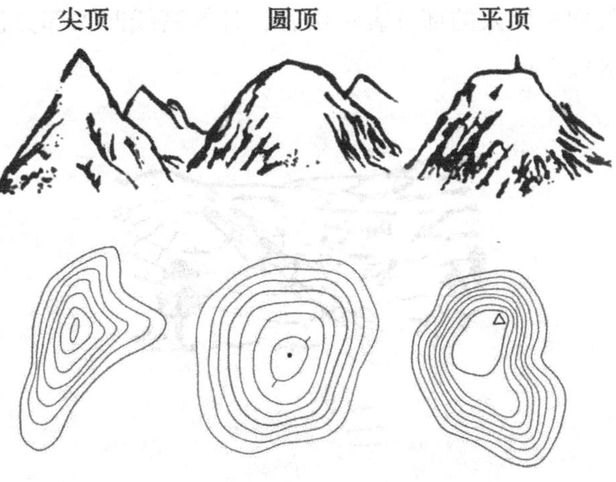

图 2－45　山顶

凹地：除用环圈形等高线表示外，还在环圈内侧绘有示坡线，示坡线在等高线内侧（如图 2－46）。

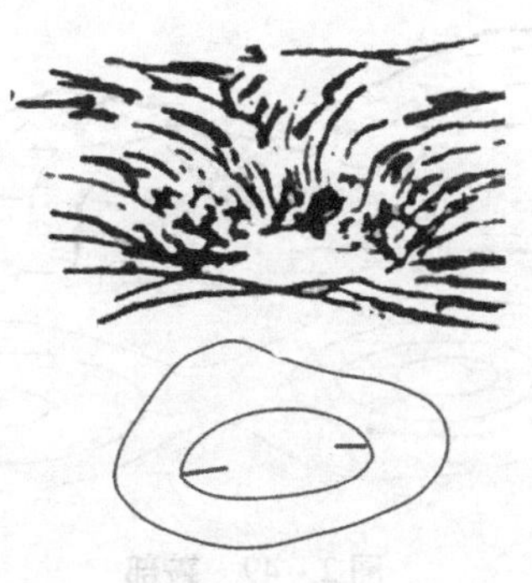

图 2－46　凹地

山背：等高线向外凸出部分表示山背，各等高线凸出部分顶点的连线为分水线（如图 2－47）。

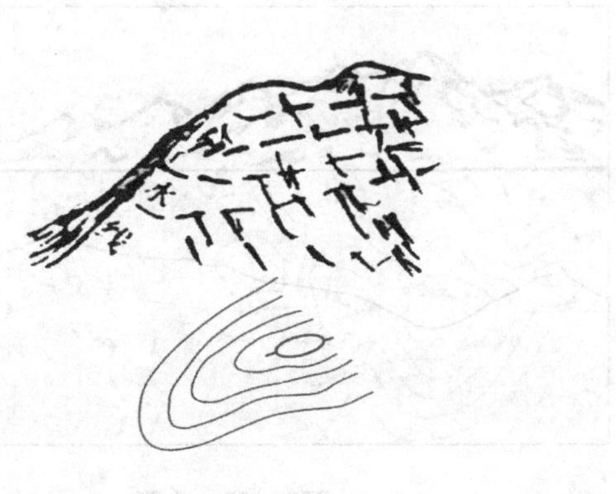

图 2－47　山背

山谷：等高线向里凹入的部分表示山谷，各等高线凹入部分顶点的连接线为合水线（如图2-48）。

图2-48　山谷

鞍部：用一对表示山脊和一对表示山谷的等高线表示（如图2-49）。

图2-49　鞍部

山脊：由若干山顶、鞍部连接的凸棱部分，山脊的最棱线为山脊线（如图2-50）。

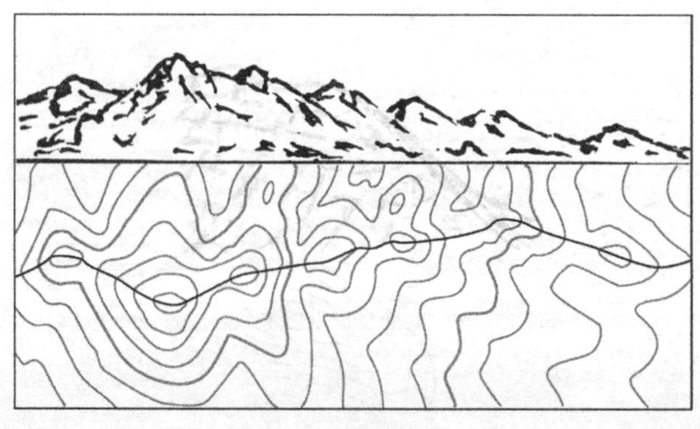

图2-50　山脊

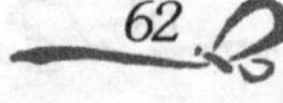

二、野外辨别方向

在自然界中，某些动物是具有辨别方向的本能的，例如鸽子。有关专家经过测试证明，少数人也具备这种能力，但绝大多数人都不具备，或者仅仅是潜在地具备。因此，人们要在野外确定方向，主要还是依靠经验和工具。

1. 利用地物特征

下列地物可以帮助我们辨别方向：

树木：树木通常朝南的一侧枝叶茂盛，色泽鲜艳，树皮光滑；向北的一侧则相反。同时，朝北一侧的树干上可能生有青苔。

凸出地物：例如墙、地埂、石块等，其向北一侧的基部较潮湿，并可能生长苔类植物。

凹入地物：例如河流、水塘、坑等，其向北一侧的边缘（岸、边）的情况与凸出地物相同。

2. 利用太阳与时表判定

上午9时至下午4时，按下面这句话去做，就能较快地辨别出大概的方向："时数折半对太阳"，此时表盘数字"12"指的即是北方。若在上午9时，应以4时30分的位置对向太阳；若在下午14时40分，则应以7时20分的位置对向太阳，此时，"12"指的方向即为北方。为提高判定的准确性，可在"时数折半"的位置上竖一枚细针或一根草棍，并使其阴影通过表盘中心（如图2－51）。

图2－51　手表看方向

需要注意以下四点：①"时数"是按一天24小时而言的，例如下午1时，就是13时；②在判定方向时，时表应平置（表面向上）；③此方法在南、北纬度20°30′之间地区的中午前后不宜使用；④要注意时差的问题，即要采用以标准时的经线为准，每向东15°加1小时、每向西15°减1小时的方法将标准时间换算为当地时间。

3. 利用指北针

当指北针的磁针静止后，其N端所指的方向即为北方。利用指北针辨别方向是

十分简便快捷的，但是需要注意以下三点：①尽量保持指北针水平；②不要距离铁、磁性物质太近；③不要错将磁针的S端当作北方，以免造成180°的方向误判。

4. 夜间利用星体

（1）利用北极星。北极星位于正北天空，观察时，其距离地平面的高度约相当于当地的纬度。寻找时，通常要根据北斗七星（即大熊星座）或W星（即仙后星座）确定。北斗七星是七颗比较亮的星，形状像一把勺子，将勺头甲乙两星连一直线向勺口方向延长，约为甲乙两星间隔的五倍处，有一颗略暗的星，即北极星（如图2-52）。

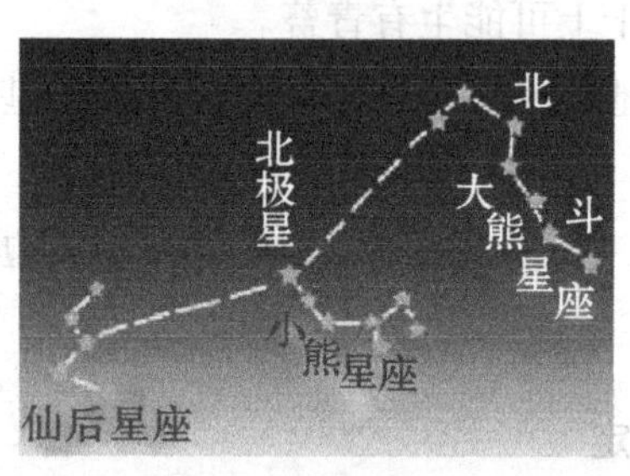

图2-52　北极星

当地球自转，看不到北斗七星时，则可利用W星寻找。W星由五颗较亮的星组成，形状像个"W"字母，向"W"字母缺口方向延伸约为缺口宽度的两倍处，就是北极星。

（2）利用南十字星。在北纬23°30′以南的地区，夜间有时可以看到南十字星，它也可以用于辨别方向。南十字星由四颗较亮的星组成，形同"十"字。在南十字星的右下方，沿甲乙两星的连线向下延长约该两星的四倍半处（无可见的星），就是正南方（如图2-53）。

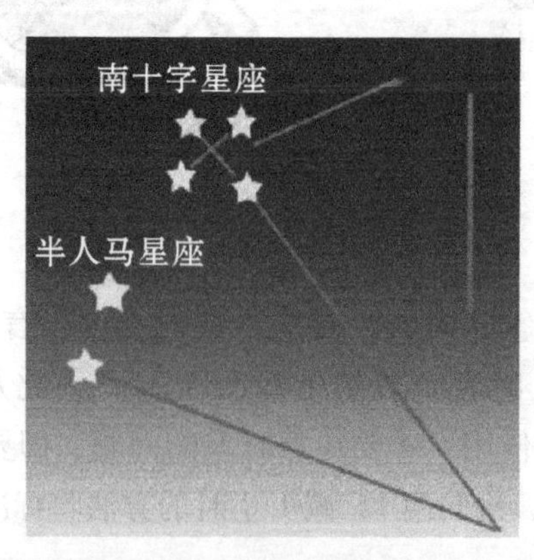

图2-53　南十字星

（3）利用月亮。月亮自身并不发光，它反射太阳光。当它以28天多一些的周期沿地球公转时，由于相对位置不同，从地球上看去，月亮的形状也会有圆缺之变。当月亮与太阳位于地球的同一侧时，会看见部分月光，称之为“新月”，然后随着逆时针的公转，逐渐反射太阳光，月亮渐圆变满。满月与太阳分别位于地球的两边，这时月亮看上去又大又圆，接下来又逐渐变亏，周而复始。这可用来确定方向。

月亮的起落是有规律的。月亮升起的时间，每天都比前一天晚48～50分钟。例如，农历十五的18时，月亮从东方升起。到了农历二十，相距5天，就迟升4小时左右，约于22时于东方天空出现。月亮“圆缺”的月相变化，也是有规律的。农历十五以前，月亮的亮部在右边；十五以后，月亮的亮部在左边。上半月称为“上弦月”，月中称为“圆月”，下半月称为“下弦月”。每个月，月亮都是按上述两个规律升落的，可利用月亮测定方位（如表2－2）。

表2－2　利用月相测定方位

时间 / 位置 / 月相	16时	21时	24时	3时	6时
新月	西				
上弦	南	西南	西		
满月	东	东南	南	西南	西
下弦			东	东南	南

此外，还可以根据月亮从东转到西，约需12小时，平均每小时约转15°这一规律，结合当时的月相、位置和观测时间，大致判定方向。例如，晚上10时，看见夜空的月盘是右半边亮，便可判明是上弦月，太阳落山是6时，月亮位于正南；此时，10时－6时＝4时，即已经过去了4小时，月亮在此期间转动了15°×4＝60°。因此，将此时月亮的位置向左（东）偏转60°即为正南方（如表2－3）。

表 2-3 利用月相测定方向

月 / 时间 / 方位与升落	月相						
	位置	新月	上弦	满月	下弦	残月	朔
	农历	初四	初八	十五	二十三	二十七	初一
月升时间	东方	9 时	12 时	18 时	0 时	3 时	看不见
月过中天时间	南方	15 时	18 时	24 时	6 时	9 时	
月落时间	西方	21 时	24 时	6 时	12 时	15 时	

5. 利用植物定向

即使没有指北针或者阳光，你也能从植物的生长情况中得出有关南北方向的信息。植物一般都趋向阳光生长，因而它们的花儿和大多数生长充裕的叶片在北半球时朝南，在南半球时则朝北。

树干上苔藓朝着阳光的一面会更绿、更充裕一些（对应面可能会变成黄色或棕色）。独立的树木，在树南面的果实也会更密集一些。

一些植物具有很明显的方向性，如生长于南非的北极针，向北方倾斜生长，以获取充足的阳光。

6. 自制简易指北针

用一截铁丝（缝衣针也可）与丝绸在同一方向反复摩擦，会产生磁性，将其悬挂起来或把磁针平放在一小块纸或草叶上，让它们自由漂浮在水面上，可以指示北极。简易指北针的磁性不会很强，隔段时间需要重新摩擦，以增加磁性。

7. 影钟法

在一块平地上，竖直放置 1 米长的垂直树干。注明树影所在位置，顶端用石块或树棍标出 a 点。15 分钟后，再标记出树干顶端在地面上新的投影位置 b 点。两点间的连线显示的是东西方向——首先标出的是西方。南北方向与连线垂直。这种方法适用于任何经纬度地区及一天中的任何时间，只是必须有阳光。如果有充裕的时间，可以将两点的时间间隔延长点，得出的方向更准确（如图 2-54）。

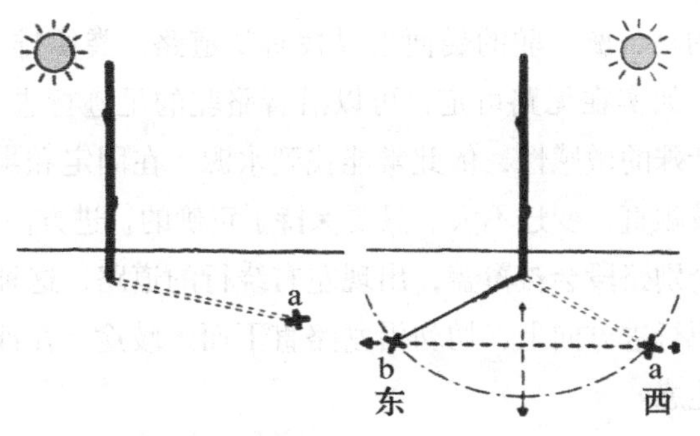

图 2-54 影钟法

三、野外迷失方向的处理方法

在野外行进中，从开始就没有确定路线，只是依赖地形及方位行进，结果找不到位置，这就是迷失方向了。

当发现自己迷失方向后，切勿惊慌失措，应立即停下来冷静地回忆一下所走过的道路，想办法按一切可以利用的标志重新定向，然后再寻找道路。最可靠的方法是“迷途知返”，循着自己的足迹退回至原出发点，切勿盲目乱撞。返回原来的路线，有时需要下很大的决心。尤其是已经登上了山岭，临时决定改道，走艰辛的回头路，要比前进更需要勇气和毅力。

当发现迷失方向时，应先登高远望，判断应该往哪儿走。在山地尤应如此，先爬上附近的山脊观察，然后决定是继续往上爬，还是向下走。通常应朝地势低的方向走，这样易于碰到水源。顺河而行最为保险，这一点在森林（丛林）中尤为重要。俗话说：“水能送人到家。”因为道路、居民点常常是临河而建的。

在山地，若山脉走向分明、山脊坡度较缓，可沿山脊走。因为山脊视界开阔，易于观察道路情况，也容易确定所在位置。山脊还有一定的导向方位物，只要沿山脊前进，通常可达到某个目标。

在广阔平坦的沙漠、戈壁滩或茫茫的林海雪原上行进，因景致单一，缺乏定向的方位物，人们在上述地区一般不会走直线，通常向右偏。一般人的右步较之左步稍大0.1~0.4毫米，因而行进中会不知不觉地转向右方。步行者通常以3~5千米的直径走圆圈，即俗话说的“鬼打墙”。为了避免走弯路，在沙漠戈壁或密林中行进时，依照一个确定的方向做直线运动非常重要。在上述地区行走时，可利用长时间吹向一个方向的风或迅速朝一个方向飘动的云来确定方向。迎着风、云行走或与其保持一定的角度行进，可在一定时间内保证循着直线前进。也可使用“叠标线法”，即每走一段距离，在背后作一个标记（如放石头、插树枝，或在树干上用刀斧刻制标记），不断回头看所走的路线上的标记是否处于一条线上，便可以得知是否偏离了方向。

沙漠地区景物单调，容易使人迷失方向。沙漠地因风的作用，沙丘移动，道路不

固定，可根据地上的马、驴、驼的粪便来寻找辨认道路，粪便排布一般是有规律的，是人畜走过的路线。如实在无路可走，可以沿着骆驼的足迹行进，在干燥的沙漠中，骆驼对水源有一种特殊的敏感性，依此常能找到水源。在固定和半固定的沙丘或草原地区，道路少但比较顺直，变迁不大。只要保持了正确的行进方向，便可一直走下去。在有流沙的地区，个别路段会被覆盖，出现左右绕行的道路，这种绕行距离一般不会很远，应及时回到原行进方向上，切勿沿岔路直下而入歧途。在沙漠地区，还应注意不要受海市蜃楼的迷惑。

在森林中行进时，高密的树冠遮天蔽日，根本看不到日月星辰。进入森林时，为避免迷失方向，特别要注意行进方向两侧可作为指向的线形地物，如河流、公路、山脉、长条形的湖泊等。注意其位置在行进路线的左方还是右方，是否与路线平行。如发觉迷失方向，应立即朝指向物的方向前进，一直走到指向物后，再行判定方位。

在森林中迷失方向后，应先估计从能确定方位的地方走出了多远，然后寻找身边便于观看的树干，用刀斧刮皮作环形标记（即把树干周围的皮都刮掉，以便从任何方向上都能看到），再根据自己的记忆往回走。如果找不到原来的地点，折回标记处再换一个方向重新试行，最后总能找到目标。

在森林中，稍不留神就分辨不清所走的路是林中小径还是树木间的缝隙。人们常走的小径，因路面经常被践踏而变得坚硬踏实。但须注意，并非所有路面坚实的小径都是人行的路。如上半身常碰到草藤枝条，而下半身却不受这些杂物的缠绕，则可能是野兽出没的路径。黑夜中，这种感觉判断较白天更为敏锐准确。遇到这种情况，应立刻返回人行道路上去。没经验或不熟悉道路的人，夜间穿行森林一般都会迷路，因而，没有特殊情况尽量不要夜行。

在我国西南边疆丛林地区，居住着许多少数民族，他们习惯砍光附近山上的树木。如发现某座山上没有树木，那座山的附近往往会有人家。此外，傣族等少数民族的住房多用竹子搭制，他们习惯在寨子边上种大篷竹。因此，在种有大篷竹的地方，也容易找到山寨。

迷途时无路可走令人沮丧，如果遇到岔口，也大多令人无所适从。此时，首先明确要去的方向，然后再选择正确的道路；若几条道路的方向大致相同，无法判定，则应选中间那条路，这样把握较大，即便走错了，也不会偏差得太远。

迷路后，如果天色已晚，应立即选址宿营，不要等到天黑，否则将非常被动。若感到十分疲乏，也应立即休息，不要走到精疲力竭才停止。这一点在冬季尤应注意，过度疲劳和流汗过多容易冻伤或冻死。

迷失方向，对一个沉着坚定的人来说并不足畏。有诗云："山重水复疑无路，柳暗花明又一村。"迷途时，只要冷静分析，并根据日月星辰等自然界的一些特征判定方位，坚定信心，一定会突破"山重水复"的包围，进入"柳暗花明"的境地。

第六节 野外活动常识及经验

背上背包，带上装备，徒步走在密林中，穿越于山间，蹚过河流，登上山顶，围着篝火，过一过露营生活，可以远离烦嚣的都市，还可以改变一下单调而乏味的休息方式，虽然野外没有自来水、天然气，却也别有一番野外生活独有的情趣。

虽然这种行走在荒郊野外的旅行途中不会花费太多的金钱，但一些必需的装备还是需要投资的，例如帐篷、睡袋、背囊、登山靴等。

当然，出行之前最好先学习借鉴一些野外生存的常识和经验。这里给大家介绍一些基本常识。

一、野外行走原则

在野外长时间行走，要把步幅放小，最好能以均匀速度前进。因为有规律、有节奏的步伐不容易使人感到疲劳，而且迈开大步走上坡路，身体会左右摇晃，容易失去平衡。如果坡面很陡，则最好向左向右交替走上去。下坡路一般会觉得很轻松，但千万不可又跑又跳，并注意系紧鞋带，以免脚尖撞到鞋顶，弄伤脚趾。中途休息时间不宜过长，避免活动开的身体机能变得迟钝，加重疲劳感。休息时不要直接坐在地上，而应坐在高一些的石块上，避免血液完全聚集在臀部。休息时和出发前，可做些简单的伸展运动，有助于血液流动。

1. 步行前脚部的准备工作

有经验的登山者在出发前，一定会先做好脚部的准备工作，使自己的脚处于良好的状态。鞋子是决定脚部状态的重要因素。鞋子不好或不合脚都会极大地影响步行技术，所以首先要选择合适的登山鞋。选择登山鞋时应考虑它的防水性、鞋底的硬度、鞋子的重量及软垫的缓冲能力等。好的登山鞋应能使行动中的身体保持平衡，并有力地支撑躯体的重量，更能保护脚踝、脚跟与脚趾。须注意鞋子的松紧，鞋子太紧会引起血液循环不良，造成脚太冷而容易冻伤，若鞋子太松则容易磨出水泡。选择比平常大一号的鞋子，试穿时应穿一双厚袜子或两双袜子，站立时，将鞋带松绑，脚趾向前推至鞋子的最前端，此时脚趾应能摆动，而脚跟与鞋后端之间以能放进一根手指的空隙为准。

2. 保持身体的稳定平衡

脚是人体负担最重的部分，它承受着全身的重量。如果没有好的步行方法，双脚就很容易疲劳，所以行走的技术是很重要的。人体最舒适的姿势与最稳定的平衡是两脚完全着地，重心分散在两脚上，但当步行时，重心是移动的。一般重心会由脚跟移到脚尖。身体前倾，脚轻松、自然地向前移动，才不会容易疲劳。因此长距离的徒步，

登山者应充分运用脚跟、脚尖、脚掌，保持身体的稳定平衡，才不容易疲劳。

在行进时，登山者要利用两臂的自然摆动，保持重心的平衡。脚迈出后，上身微向前倾时，宜侧手向前摆来维持身体平衡。

腰部的平稳对维持身体平衡也很重要。特别是登山者都背有比较重的背包，一定要使背包很好地与背连为一体，不要让背包左右晃动影响身体的平衡，行进时也可利用背包的重量来维持腰部的自然平稳。

登山时要保持稳健的步伐，走山路不能像在平地那样轻快，否则会引起步伐不稳。登山时只将重心置于脚尖或脚跟是很容易疲劳的，所以登山步行时，首先要稳定腰部以支撑膝关节和脚底，再将重心置于整个脚掌，配合上半身的倾斜及手臂的摆动，稳健缓慢地移动脚步。

3. 保持适合的步幅和步频

步幅大小因人而异，不要太大也不要太小，更不要时大时小，而要根据自己的情况保持一定的步距。步频要保持一定的节奏，不要时快时慢。步伐保持一定的速度，是走山路最基本的要素。保持肌肉的收缩与关节伸屈的规律性，是长时间徒步最需要注意的。最忌讳的是一会儿走得快，一会儿走得慢。即使爬陡坡时也不能乱了步伐。

如要加快脚步，则需加大上身的倾斜度，并使膝关节稍加弯曲，且加强手臂的摆动，以缓和两脚所受的冲击和保持身体的平衡。在凹凸不平的山路行走时，要利用脚踝、膝关节、腰部缓和脚底所受的冲击。

4. 保证深而有效的呼吸

走山路时，应尽可能采取深缓的呼吸，并要使呼吸和步伐的快慢保持一致。呼吸太快不但徒增疲劳，而且会使有规律的登山步伐失调。特别是背着重负时，深缓的呼吸对走山路很重要。

初学登山者应借着负重训练，在经验丰富的登山者的指导下再进行山路行走。经过一段时间后，自然能学会正确的登山步行方法。

登山时要做到“肩膀微晃两手摆，腰部平稳缓步移”。

5. 下山步行法

正所谓“上山容易，下山难”。下山时消耗的能量虽然较少，但下山发生意外的情形却比上山时多。

由于重力加速度的关系，下山时速度加快，脚会自然向前伸出。因此，下山行走时应随时看清前路的情况，做好脚步应踏在哪里的判断。切勿一味地向下冲，这样不仅容易滑倒，脚跟和膝关节也容易受伤。

应将身体微微前倾，头、腰稍后仰，身体重心保持平稳，与地面平行地移动。鞋底须贴紧地面，让重量平均分散在整个脚底，以避免滑倒与疲劳。

鞋带一定要绑紧，膝关节微屈，一步步踏稳下山的步伐。

利用手杖进行支撑，可以减小对关节的冲击。另外，还可以用手杖支撑来稳定身体，以避免滑倒。

下陡坡时，应侧着身体下，这样不容易滑倒。即使滑倒，也容易进行自我保护。

6. 上山步行法

上山步行法与平地步行法基本上没有太大的区别，但上山却远比平地耗费体力。因此，需考虑各种条件，如登山者本身的身体状况、登山时的气候条件、团体及个人的能力与装备等。

第一，保持合适的步伐。初学登山者，大都不知道自己在山上要保持怎样的步行速度才是恰当的。可以尽量向体格与自己相当的有经验的登山者学习，以他们的步行速度为准，就可知道自己该以什么样的速度前进了。

开始登高时，需特别注意的是步伐不要太快。在低洼的地方行走时，除溪谷外，大体上不会有困难，但开始登高后，不时会有突出的岩石或树根挡住去路，山路也就显得崎岖不平。因此，开始登高时步伐要小，但速度则要保持和走平地时一样，不要因岩石或树根的阻碍而踌躇不前。

不习惯走山路的人，往往一开始登高就拉长步伐，将腿抬得很高，用脚尖急速地走，这正是加速疲劳的原因。正确的步行法也不是拖着脚步走，而是将脚适度抬起，尽量节省体力，再配合手臂的摆动，以及肩、腰的平衡，不急不慢地往上爬。

登陡坡时，不要直线登高，如路够宽时可蛇行蜿蜒而上，山越高越陡，就越需如此。如果陡坡的山路太窄而无法蛇行，就需渐渐降低速度，不慌不忙地以深呼吸调整步伐。

第二，合理利用登山手杖。登山者一定要有手杖，因为它有时可以救你一命。特别是在负重爬陡坡时，手杖等于你的第三只脚，通过手杖可减轻脚的压力。另外，上坡时手杖应较短。

第三，学会休息。休息也是登山步行法中很重要的一环，登山者不能单纯地因疲劳而休息。通常情况下，登山者下车后就需要休息。休息就是为开始走路做准备。整理一下着装，将该脱的外套、毛衣等脱下，做一下脚部的准备运动，整理一下鞋、袜等各项装备。休息时应将背包放下，做一些放松运动，特别是在肩部和脚部。

休息时间及休息间隔可视情形而定，一般休息间隔不可小于 1 小时，特别是刚开始行走的两个小时内都不应安排休息。但在登顶时，特别是在爬比较陡的长坡前，则要在 1 ~2 个小时内休息几次。

第四，合理安排队伍及行进速度。登山时注意保持良好的队形是很重要的，在安排队伍顺序时也应讲究科学。通常，除了领头队员外，应该让体力较差者走在前面，有经验者次之，收尾队员应是经验丰富且体力好的。一开始不能走得太快，要有 30 分钟的慢走让大家适应，等适应后才可用正常的速度。一开始登陡坡，尽可能以队伍的前进速度为准，调整自己的呼吸与步伐，并尽量保持走平地的速度。如果前面的队员速度太快致使自己无法赶上，不要勉强去赶，可通知前者走慢点。如果自己感觉痛苦、疲劳或体力不支，应该即刻通知同行的人。注意：千万不可硬撑，否则容易造成大的损伤，对后面的行程带来不利。

7. **团队行进法**

野外活动大多是以团队方式进行的，这样要考虑的事情就会很多，如何组织才能使行进效率更高，如何更好地发挥团队精神，这些都是要考虑的事情。

合理组队是成功的前提，要作周详的登山计划（不管大家如何熟悉都必须有一个计划）。首先要指定领队，领队必须具有卓越的登山能力。应由一个对路线很清楚的队员带头，并且由一个比较强壮、体力好、对路线清楚的队员收尾。领队应严格审查参加人数与参加者的能力是否符合此次登山的条件，千万不能忽视参加者的能力而来者不拒。

在行进过程中要注意保持间距，最少相距三、五步之遥，给前后队友留一点空间，不要如影随形。特别是在上下有松散石头的陡坡时，更要注意拉开距离，以防滚石。切勿落后太多，以免和队友失去联络，或老是让前面的人等你赶上来。如确实难以坚持，则可要求休息。另外，如队中有足够的有经验的及清楚路线的队员，则也可分成两队。体力好的组成一队，先到达目的地做好扎营准备，体力差一点的组成一队随后跟上。值得注意的是，每一队都应安排领头和收尾。穿越灌木丛时要注意前面回弹的树枝，尽量不要跟得太近。当推开挡路的树枝要放手时，务必先回头看看，切勿打到后面的队友，并应该提醒："小心树枝!"

停下来系鞋带、调整背包、照相或欣赏风景时，要尽量让到路边，不要阻碍队伍行进，事后要加快跟上。在路窄的地方要超过队友时，须先征得对方的许可，并注意不要发生碰撞，切勿用手肘硬挤上前。

遇到岔路口，一定要做好标记，可画箭头，或在树上做记号，也可用石头做记号，标记要明显易懂。

步伐的快慢由按计划顺利到达终点的时间而定，但不可勉强动作慢的队友。如果有人赶不上，须调整队伍的步伐，以免他人落后太多。调整步伐的快慢亦需考虑山径难易和天气状况。千万不可让队友掉队，不论是队伍第一个或最后一个都一样。在休息处要等最后一位队友赶上来，并给他时间休息。千万不要最后一个队友一到，前面到的队友就走。如果遇到队友速度太慢，会影响到整个团队的行进计划，可考虑请一位有经验的队友陪他回头，或在安全的指定地点等候。让速度最慢的队友带头走在最前面，由其设定步伐，这种激励的方式可令其加快脚步。

对于路线比较安全，不易迷路的长途行进或下山，应指定集合地点，并且要求最资深的队友领头和收尾。

和迎面而来的登山队交会时，要有礼貌。依据传统，下山队伍须礼让到一边，让上山队伍先行。但是地形若是十分陡峭，或是下山队伍人数较多，上山队伍暂让一旁也是比较妥当的。

队友间要互相信任，互相帮助，注意言行举止，发扬团队精神。另外，途中可讲讲笑话，大家开开心心，疲劳就会无影无踪。

山路行进的四种错误方式：①步幅太大，无节奏。②弯腰，面朝下，只看脚面。③一手插在裤兜里，一手提东西走路。④重心全部放在脚跟或前脚掌。

8. 雪地行进法

冰面和积雪山坡交界的地方，雪往往很深。行进时必须用绳子把队员串成一组，要两脚站稳后再移动。向前跨步时，要用前脚掌踏雪，踩成台阶再移动后脚，不慎跌倒时要立即俯卧，以防止下滑。体力较强的队员在前，后面的队员沿着前面踩出的脚印行进。

二、野外保护

我们在野外活动时，经常会遇到陡峭的冰雪坡和岩壁、湍急的河流、冰雪、岩石裂缝等难以越过的地形。你将如何确保安全地通过？这就需要你初步掌握自我保护和相互保护的技术和方法。在野外活动必备品中，一根直径 8 毫米以上的尼龙绳是必不可少的，这条绳索是你和同伴越过困难地段的保障。别小看这条绳索，在紧急时刻它不但可以救你的命，有时还可以挽救你同伴的生命。

保护，首先是保护者自己要确保安全。要利用地形、地物，用绳索把自己和固定物（如树木、岩石等）或固定点连接在一起，保护者可采取坐式或立式两种姿势。一般保护分为上方保护和下方保护两种方式。上方保护是指保护绳索通过被保护者上方的固定物或固定点，保护者在下方进行保护；或保护者在被保护者的上方（如岩顶、冰雪坡的上部）直接进行保护。下方保护是指保护绳索通过被保护者下方固定物或固定点进行的保护。

另外，在野外登山、探险活动中经常采用结组保护，一般一个结组为 3～4 人。通过一条 40～50 米长的保护绳索连接在一起，在通过困难、危险地段时相互保护通过。一个结组必须有两个以上有攀登和保护经验的人。如果全是没有经验的初学者，结组保护有时不但不能起到保护作用，反而会造成更大的事故损失。在进行岩壁攀登时，有经验的攀登者可采取下方保护方式，即向上攀登过程中，攀登者自己将保护绳索挂扣在保护支点上，保护者在下方进行保护。对没有经验的攀登者，保护者应尽量采用上方保护方式。

三、涉水

由于光的折射，在岸上看上去不深的河水（感觉不及膝盖），实际上可能会没

及胸部或头部，所以遇到河流时，不要草率入水。须待仔细观察后，再确定渡河的地点和方法。

（1）渡浅水河（水深及腰）。①若水流十分湍急，涉水渡河时可用一根杆子，支撑在水的上游方向，或手持一块15～20千克的石头，垂手将石头从水下搬运过去。②集体渡河时，应当三人或四人一排，彼此环抱肩部，身体强壮的应在上游方向。③若河底多石块，应穿鞋渡河，以免尖石划破脚底，同时也更有利于保持身体平衡。

（2）渡深水河。用圆木或防潮垫制成“竹筏”，木筏的载重量的计算方法：载重量（kg）＝圆木长（m）×0.75×圆木小头直径（cm）×圆木数量。

四、过桥

一般的公路桥，靠边走即可，不可并排行进，以保证交通安全。许多山野的小溪上总是铺架着独木桥，这些独木桥一般是用一至两根木头并排架起来的，走起来感觉有点悬。过独木桥时可以借助一根竹竿来调整重心，像杂技演员般慢步而过，脚成外八字，眼看前方一米处或桥头，不要看脚下，尤其是在溪流湍急的情况下。如果带有绳子，且队员比较多，可以先过去两个人（同时将绳子带过去），系在溪流两岸的树上，就可以大胆地通过了。如果有女队员，可以由一名男队员在后鼓励，并帮她背背包。队员须单独按次序过桥。

五、攀岩

攀登岩石最基本的方法是“三点固定法”，要求登山者的手和脚能很好地配合。两手一脚或两脚一手固定后，再移动其他一点，使身体重心逐渐上升。切忌蹿跳或猛进，并避免两点同时移动。

（1）利用支点的徒手攀登方法。伸展双臂，分开双腿，使身体呈“大”字形，双腿在岩壁上寻找支点并支撑住，然后用双手在身体上方寻找抓手点，再按照三点固定法攀登。

（2）反向支撑的徒手攀登方法。这种方法比较适合攀登1米左右宽的裂缝和间隔适当的建筑物。先将双脚蹬踏在对面的岩壁上，再用身体的臀部和背部紧贴后面的岩壁，如果摩擦力不够或裂缝较宽，也可以用双手来辅助支撑。如果裂缝较窄，而双脚又没有足够的力量，双手也可以撑向对面与双脚在同一个岩壁上。注意：四肢不可以同时有两个点离开岩壁。另外，也可以靠四肢支撑在裂缝的两边岩壁上进行攀登。

（3）借助撑竿的攀登方法。找一根略大于陡坡长度的木杆，大头固定在陡坡下的小坑里，并掌握好小坑与陡坡的距离，攀登者抱住木杆，两脚分开蹬住坡面，交替移动双脚和双臂使身体逐渐上升。这种方法适宜攀登不是很高的陡坡。

（4）利用绳索的攀登方法。首先要将绳子固定在上端，然后直接拉着绳子攀登。

（5）简易梯子的攀登方法。找两根比较长的竹竿，制作成梯子辅助攀登。

第七节　特殊地区的野外生存

一、海上生存

海上的生存状况或许比其他环境显得更为恶劣，要求更为苛刻。飞机与船舶一般都携带救生设备，但在深海之中，即使拥有救生筏仍是困难重重。一旦救急用的食品与淡水储备告罄，不采取必要的措施而坐等救助，无异于束手待毙。因此，必须利用各种可能的途径，从茫茫大海中获取食物与淡水，尽可能地维持自己的生命。

（一）落水及自我保护

1. 如何防溺水

防止溺水的最好办法是利用救生器材，如救生船、简易救生筏、充气汽艇、救生带、救生衣等。当遇上轮船即将沉没、飞机发生故障在海上迫降等紧急情况时，要在有关人员统一的安排指导下，学会使用救生器材和登上救生船只。救生衣、救生圈、救生带不仅能防溺水，还能帮助你节省体力，防止漂流时体力消耗过大。

如果无法登上救生船只或没有救生器材，也不要恐慌，只要学会在水中放松，就暂时不会产生溺水的危险，因为人体的密度小于海水，容易在海洋漂浮。但应注意划水时要缓慢有规律，若海面起火，要潜泳通过火焰区，再浮出水面。如有可能，应尽量利用水中一切可用的漂浮物，包括船板、木头、塑料等；如看到有人前来救援，应拍击水面或用一只手挥舞，以引起救援者的注意。

2. 如何防寒冷

水温的高低与死亡率有极大关系，水温在 20 度以上时不易死亡，水温在 10 ~ 20 度时死亡率为 6% ~7%，水温在 10 度以下时死亡率为 20%。

水温越低，人的体温则下降越快。当体温降至 34 度时，脑部会供血不足。低于 26 度时，心肌不能正常地跳动输血。体温过低会导致精神紊乱，反应迟钝，动作僵硬。因此，在寒冷的海水中漂浮时，应注意减少运动量以保存体能。在水温不高的海中漂浮时，要采取多种保温措施，以防冻僵。在寒冷的海水中，绝不能脱去衣服，因为湿透的衣服仍能起到保持体热的作用，以延长在海水中生存的时间。人员较多时，应尽量集中，面对面地围在一起，可以互相取暖。若单独一人，应双腿并拢向

腹部屈膝，两臂交叉贴在胸前，并经常活动手足和颈部，但活动量不宜过大，以防过度疲劳和加快散失体内的热量。

落水后，抵御寒冷的最好办法就是尽快脱离水面，并尽快穿上干燥的衣物。如果没干燥的衣物，也要把湿衣服拧干、烘干或用其他御寒物包裹自己的身体，也可用帆布、雨布、塑料等制作窝棚遮挡寒风冷水的侵袭，并适度活动身体，增强身体的抗寒能力。如有条件，可生火取暖。

3. 如何防风浪

海上的狂风巨浪具有极大的破坏性，但只要意志坚强，措施得当，仍能战胜它。遇到大风浪时，要穿上救生衣，撤下风帆，并对救生筏进一步进行检查和加固。风浪来时，要抓紧木筏上的木条，当木筏被卷入浪底时，应屏住呼吸，直到木筏越出水面时再张嘴呼吸。也可用绳子捆在腰上，将一头紧系在木筏上，当人被风浪卷入大海时，用力将其拉回筏上。

4. 如何防海洋动物袭击

海洋中有许多动物具有毒性和攻击性。如梭鱼喜欢向发光、发亮的目标发起攻击。箭鱼能轻而易举地击穿木船；水母毒性大，人被蜇后一般五分钟内即会丧命。有的海蟹、海蜇也有毒性。章鱼会缠绕住人。海洋中对人有危害的动物达3 000余种，可分为食肉性动物、有毒性动物和食用时能引起中毒的鱼类。对人危害较大的是鲨鱼和海蛇。

（1）鲨鱼。鲨鱼是海中霸王，很凶残。为减少和避免鲨鱼攻击，应从多方面加以注意和防备：①不要将带有血的东西和其他废物抛入海中，因为鲨鱼对血特别敏感，只要有少量的血腥，便可将它从远处引来；②避免在肮脏的水域游泳，不要将手臂和腿垂放在筏的边缘外面和水中，停止在鲨鱼活动的区域内钓鱼。如果鲨鱼攻击救生筏，可用叉、棍、杆等打击鲨鱼的眼睛、鼻子。另外，顽强抵抗也可使鲨鱼不敢贸然进攻。

（2）海蛇。海蛇是生活在海洋中的毒蛇，它的头部和身体前段比较细瘦，后一段较粗，尾部侧扁。海蛇一般不主动攻击人，只有面临危险时才伤人。被咬时好像被刺扎了一下，没有疼痛、出血的现象，但半小时后即会出现说话、行动困难的症状，三小时后会出现身体瘫痪、脉搏微弱、呼吸衰竭直至死亡。被海蛇咬伤后，要立即进行急救，方法与陆上毒蛇咬伤一样。

（二）寻找饮用水

海水含盐度很高（3.5%），人体肾脏排泄盐的浓度不能超过2%，如果只喝海水，没有淡水补充，人体细胞中的水分就会被吸出来，从而造成脱水。因此，一般情况下不能喝海水，更不能只靠海水解渴。但科学实验表明，喝少量海水不会损害人的身体，

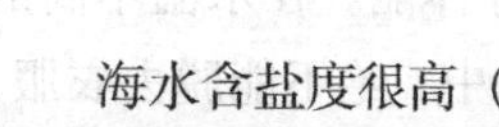

如果以2份淡水掺和1份海水一起饮用，就不会有生命危险。但注意，只有在生死关头，在严格控制饮量的情况下才能喝海水，以延续生命，争取获救的机会。

（1）接收雨水。雨水是很好的饮用水，收取雨水的方法很多，如用锅、盆、碗、桶直接接收，也可将塑料布或帆布展开接收，更能获取更多的雨水。

（2）利用海上的冰块。海上漂浮的冰山、冰块融化后多为淡水，可充分加以利用。刚结成的冰块里面通常含有盐分，饮用前要先尝尝它的味道，如苦涩，表明含盐度较高，不宜饮用。

（3）捕鱼取水。海鱼的脊椎及鱼眼处一般有水状体，可将鱼切成两半，取出脊椎处的水状液体饮用，或者吮吸鱼眼、鱼血来补充水分。

（4）喝尿自救。人尿的气味虽极其难闻，但喝了后，仍能润滑干焦的舌头和冒烟的喉咙，并能逐渐恢复口水和缓解窒息的感觉。因此，喝尿也是一种自救方式。

（5）蒸馏获取淡水。可用煮烧蒸馏法或阳光蒸馏法从海水中获取淡水。用锅煮海水，使蒸汽在锅盖冷凝后顺着边缘流入边上的槽，再滴入容器里。如没锅盖，也可用毛巾盖在锅上，蒸汽会吸附在毛巾上，然后拧在容器里。

（三）获取食物

在海上获取食物比较困难，主要依靠捕鱼、捕鸟、捞取海藻等方法来取得食物。捕鱼主要可通过钓鱼、叉鱼、网鱼来获得。有些海鱼有毒，应区分后再食用。救生筏是海上难得的栖身之地，鸟类有时因长时间飞行而力气衰竭，会自动飞到救生筏上，待其安定后设法抓住它。有的水鸟还会自投罗网，只要设下圈套，就非常容易捕捉。也可用鱼钩挂上鱼饵后抛在水面上或拖在筏后吸引海鸟，当海鸟食鱼饵时，就能将其钓住。海藻通常生长于浅海近岸区域，但有些海藻在远海区域也有漂浮繁衍，可制作简易的工具捞取海藻食用。

（四）登陆

到达陆地时，首先要选好着陆点，使船只易于靠岸或可以弃船游到岸上。放下船帆，观察岩石，海锚指向海岸以放慢船速。不要迎着太阳光登陆，这样寻找岩石会相当困难，而利用岩石则可以有时间调整方向。

如果存在多种选择，在拍岸浪之下的倾斜海岸是比较理想的登陆点。把握好机会，随着波浪前进，防止被迎面扑来的浪峰压倒或打转方向。用力划桨，但不要穿越正携带你前进的浪头。如拍岸浪过大，应将船头掉向海洋，波浪涌来时，划桨插入波浪。

如果到达一个港湾中，要尽一切努力登岸，因为一旦潮汐变向，又会将船拖入大海。要尽快到达岸边，抛弃一些东西使船变轻，舀出船舱中的积水，最大限度地给皮筏充气，这样才能更好地利用潮汐的力量。如果落潮了，船又会被推向深海，使船进水加重，此时要放出海锚，注意将自己系在筏上，那样即使船被打翻，你受伤或昏迷不醒时，也仍有一线生机。而孤零零地身处波涛中，如果被波浪冲向岩石，

则很有可能丧命。

如果不得不弃船游泳上岸，在汹涌的海面很容易碰上岩石。此时应多穿一点衣服缓冲，如果有救生衣更好。冲向岩石时，将脚抬在身前，使岩石冲击的力量落在脚底，然后弯曲膝盖，缓冲撞击力。

二、高原生存

1. 高原特点

高原地区有着和其他地区不同的特点。去高原之前，应该对其特点有所了解，做到有备而来，才能在高原中很好地生存下去。总结高原的特点，主要有以下六条：

（1）海拔高，气压低。海拔越高，空气越稀薄，气压越低。一般海拔每升高100米，气压下降约5毫米汞柱。由于大气压降低，氧分压和水的沸点也呈规律性的降低。在高原上煮食物，必须用高压锅，在高原上烧开水，其沸腾时的温度是无法达到100℃的。

（2）气温年差小，日差大。用“年无炎夏、日有四季”八个字来形容这一特点是最恰当不过了。高原地区的日夜温差可达30℃～40℃，因而午间燥热，早晚严寒。在背阴及向阳地区，室内与室外，日光直射与斜射地区温差很大，因此到高原地区旅行，对温度的变化要有充分的准备，带好御寒衣物，包括鞋、围巾、帽子、厚手套。只有准备充足，才能抵御严寒。

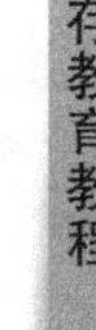

（3）降雨少，风速大。高原地区的年降雨量在110～1 140毫米，多数地区在300～400毫米。降水多集中在6－9月，自东南向西北雨量逐渐减少。风速年平均3米/秒，一般在每天14点到15点起风，晚上19点左右停止。风速也随地形高度的增加而增大。在西藏，海拔3 658米的拉萨，风速平均为2～4米/秒。西藏地区最大风速可达40米/秒，风力大于八级的天数达160多天。山区的风还有一个很大的特点，就是风向昼夜不同，白天风沿山坡吹上山顶，夜晚风由积雪的山顶吹向山谷，所以夜晚更冷。

（4）气候干燥。空气绝对湿度随高度增加而降低，在3 000米高度时，空气中水蒸气的绝对含量不到海平面的1/3，而到6 000米时，只有海平面的5%。而且高原地区年降雨量少，日照时间长，水汽蒸发快，蒸发量一般是降雨量的5倍。因此，高原地区气候干燥。再加上风大，人体由体表丧失的水分很多，会引起口渴、皮肤皲裂等症状。

（5）地形及高度对气候影响大。草原多风，峡谷多雨；山顶冷，山下暖；宽谷日照时间长，气候多变。尤其是在草原，时晴时雨，时风时雪。走上高原的人们，就必须有足够的思想与物质上的准备，以面对此地忽阴忽晴、忽雨忽雪的天气。即使在夏季进入高原，也不能像理解平原上的夏天那样理解“高原之夏”。实际上高原是无炎夏的，只有不时来袭的风风雨雨。在内蒙古一望无际的草原上，6月天刮起白毛风照样能冻死人！

（6）日光辐射强。在高山和高原上，积雪时间长，而雪面反射率高，加上空气稀薄，水蒸气含量少，大气中含杂质也少，日光辐射的透过率也大大增强。因此，随着高度的增加，日光辐射，特别是紫外线也不断增强。皮肤在强烈的日照下，会出现光照性皮炎、皮肤水肿，眼睛受到强烈的照射时也会引起雪山性眼炎，也即雪盲。为了防止雪山性眼炎，在高原的人需要拥有一副质量较好的墨镜。

一个人在出门之前，应该有充足的准备，与此同时，还须抱有最坏的打算。为什么不是抱有最好的打算呢？因为一个人如果对可能面临的危险没有任何心理准备，而一味在心里想着“旅途肯定一帆风顺”“什么事也不会有的”，那么一旦出现突发事件，必然只会心慌意乱、手足无措。但事先已想到最坏处境，倘若真有危险事来临，就会镇定万分，并能用事先想好的办法加以应付。

2. 高原疾病

在你走上高原之前，必须了解高原对人的身体会产生哪些不利影响，从而一一加以防备。

人必须不断地从空气中吸取氧气，才能维持各种生命活动。在高原地区，由于大气压随海拔高度的增加而不断降低，海拔越高，空气越稀薄，空气中的氧分压也越低。因此，吸入肺泡的空气中氧分压也随之下降，从而使动脉氧张力和动脉血氧饱和度随之降低，造成组织缺氧，影响身体的组织氧化过程。如果长期或反复处于这种缺氧环境中，就会使身体产生一系列生理功能的适应性改变，如血液供应重新分配、组织对氧的利用率提高等。如果身体不能完全适应这一系列改变，就会出现高山病。高山病也称为高山适应不全症，它的典型症状是头痛、头昏、恶心呕吐、呼吸和心跳加快，甚至失去知觉，乃至昏迷。

由于存在着个体差异和不同的致病因素或诱因，故高山病对不同人体各系统器官的影响各有不同，因此出现的症状也不同。根据症状的轻重，可以分为急性高山反应和慢性高山反应两类。

第一类：急性高山反应。

（1）高山生理反应。由平原进入高原，或由海拔较低的高原地区进入海拔较高的高原地区后，特别是在短时间内进入海拔3 000米以上的高原地区时，多数人会有一些缺氧表现，如头痛、头昏、眩晕、胸闷、心慌、气促、食欲减退、恶心呕吐、腹胀、疲倦、失眠、嗜睡、鼻出血、手足发麻、两手抽搐等。这些症状出现的多少及严重与否，往往与海拔高度、登山速度和个人体质等密切相关。这些症状往往在进入高原数小时或一至两天内出现，逐渐适应高原环境后，多数人的症状在数天到一两周内会自行消失。如果持续停留在海拔4 000米或5 000米以上的地区，某些症状会持续较久，一般要几个月后才会消失。

在进入高原地区时，要选择恰当的方式，使身体对高原有个适应期。比如由北

京至拉萨可以有两种选择，其一是乘飞机直飞拉萨，全程只用几个小时，方便、快捷，于是很多人都把飞机视为最佳选择。另一种方式是由陆路，从青藏线入藏，即从西宁经格尔木，乘坐长途汽车由青藏公路抵达拉萨。加上从北京乘火车到西宁的时间，全程需要4至5天。有人视此路为畏途，认为乘车时间太长身体会吃不消。其实仔细权衡利弊，从青藏公路入藏，有着诸多好处。最重要的一条，是可以使身体逐步适应高原气候，不致发生严重的高原反应。从海拔2 000多米的西宁开始，逐步进入高海拔地带最终抵达海拔3 658米的拉萨时，身体出现的各种高原病症状已在路途中逐渐消失，会很快进入“角色”。而乘飞机直抵拉萨，从海拔较低的北京一下子蹦到近4 000米的海拔高度，身体的不适可想而知。

（2）高山肺水肿。短时间内进入海拔4 000米以上的高原地区，或生活于高原地区，由于严寒、感冒、饮酒、过度体力劳动等原因，易诱发高山肺水肿。病症主要是头痛、胸闷、气促、咳嗽，痰量较多，为粉红色或血性泡沫状，口唇、指甲发绀，面色青紫，咳嗽频繁，呼吸困难，两肺可闻湿罗音。

（3）高山昏迷。脑细胞对缺氧十分敏感，在急速进入海拔4 000米以上的地区时，由于急性缺氧往往容易导致昏迷。典型的症状是，患者在昏迷前头痛、头昏、胸闷比较严重，口唇发紫明显，呼吸急促，精神萎靡，表情淡漠，嗜睡，逐渐丧失知觉，进入昏迷状态。症状严重时，不仅意识丧失，且皮肤及黏膜发紫，大小便失禁，甚至抽筋。

同步案例

穿越稻城亚丁　自贡驴友高原反应死亡

38岁的马某生前是一名律师，四川自贡人。在这树叶开始金黄的秋季，他与另外13名自贡的驴友相约“洛克路”。“他们一行14人，9男5女，是在2号晚上抵达的亚丁山‘长海子’。”亚丁景区管理局办公室工作人员余光荣介绍，14人均来自自贡市，几人在国庆前通过网络相互邀约，定于国庆期间前往凉山、甘孜等地进行穿越式旅行。

29日，在当地向导的协助下，穿越队伍朝甘孜州境内的稻城亚丁方向徒步旅行，并于2日晚8时许抵达甘孜州稻城亚丁景区“长海子”（湖泊名）。抵达“长海子”当晚，穿越队伍在湖边扎帐篷露营，而马某当晚便有了缺氧、头昏、胸闷等高原反应症状，稍作休整、服药后，马某自称症状略有减轻，遂继续休息。其他人建议改道未被采纳，向导轮流背驴友继续穿越。其间，有另一支经过此地的驴友团队建议他们选择低海拔的区域行走，避免出现危险，不过，这个建议仍未被采纳。

10月3日，4名向导轮流背着马某，带领队伍继续穿越。其间，一行人还翻越了海拔4 600米的松多垭口。当天上午，马某再次感觉身体不适，且情况更为严重。当即，队伍停止前行，开始对马某进行救助。“手机在那边没有信号，他们把伤者朝‘牛奶海’转移。”

3日上午10时20分，景区管理局及派出所接到求助电话称，一名38岁男子马某在旅途中出现高原反应呈休克状态，现已被护送至“牛奶海”，急需医疗救助。2分钟后，一支由医务人员、民警、景区工作人员十余人组成的救援队伍集结后赶往事发地。20多分钟后，两名救援人员一路小跑率先抵达马某所在地，并将马某小心抬上担架朝山下跑，并尽快与后续救援队会合。“队员在舍身崖会合，医务人员对马某进行人工呼吸、心脏复苏等急救措施。”据余光荣介绍，接到马某的时候他已经休克，后医护人员抢救无效，马某于当日上午11时30分许死亡。

——总结：在到达海拔2 700米以上的高原地区后，旅游者不要过度劳累，避免剧烈的体能活动。做好预防准备，最好带上氧气瓶，以备缺氧时使用。另外，注意保暖，尤其要防感冒。假如出现剧烈的高原反应，切勿继续到更高海拔的地方，应停留在原海拔位置，直到症状消失。假如病情进一步恶化，应及时就医。

（资料来源：穿越稻城亚丁　自责驴友高原反应死亡．成都商报．2014-10-06）

第二类：慢性高山反应。

（1）慢性高山反应。许多来到高原的人，长时间在这里劳动、生活，他们中的一部分人有着不同程度的由于高原缺氧引起的各种临床表现。如原因不明的肝大，但肝功能正常；血尿、蛋白尿、浮肿，肺部持续存在湿罗音；经常鼻出血、腹泻、月经不调等。一般药物治疗效果不显著，医生检查起来又找不到其他确切的病因。这些症状常时轻时重，时有时无，时多时少，往往随季节气候及健康状况等因素而反复不定。

（2）高山心脏病。此病多发生在海拔3 000米以上的高原地区。儿童发病较多，成人发病多是在高原地区居住3~6个月以后。病情多呈慢性发展，表现为惊慌、气促、胸痛、咳嗽，特别在运动后更为明显，有时胸前区还会出现紧压感、憋气感或剧痛等症状。患者的口唇和颜面常常发绀，面部或全身浮肿。

（3）高原血压异常。生活在低海拔地区的人进入高原后，特别是登到3 000米以上的高海拔地区时，由于人体对低氧环境发生不适应反应，血压往往发生改变。一般在初进高原时多出现血压升高，特别是舒张压升高，而返回平原时血压又恢复正常，这种反应称为高原高血压。当在高原居留一定时间后，随着人体对低氧环境的适应，血压又会出现不同变化，有些人血压恢复到原来水平，有些人血压持续性降低，这种现象医学上称为“高原低血压”。还有一些人表现为收缩压无明显改变，而舒张压相对较高，甚至收缩压和舒张压之差低于20毫米汞柱——正常为34~40

毫米汞柱，这种现象称为“高原低脉压”。

（4）高原红细胞增多症。当我们进入高原，特别是到达海拔 3 000 米以上地区时，在适应低氧环境的过程中，机体内部要进行一系列适应性改变，血象的改变就是其重要标志之一。具体表现为红细胞和血色素适当地增加，这本来是适应环境的好事，但是由于红细胞增加后，会引起血液黏滞性也增加，致使血流速度减慢，从而出现经常头昏、头痛、困倦无力、失眠或嗜睡、记忆力减退、食欲减退，鼻腔、牙龈经常出血等症状。

（5）慢性高原病混合型。高原适应不全症是一种全身性疾病，但由于各人的体质和代偿能力不同，因此反应也不一样。多数人开始表现为一种类型，如高原红细胞增多症或高原血压异常，但随着病情逐渐发展，有些人可逐渐出现几种反应同时存在的现象，医学上称之为慢性高原病混合型或高原红细胞增多症与高原高血压混合型等。

3. 高原疾病的救治

出现以上所述高山病症状的人，反应轻者一般不需要治疗，适应一段时间或经休息后症状多数能自行消失。对反应重的则要采取一系列的治疗措施。

治疗的原则是对症下药。头昏、头痛者可服用去痛片、安乃近、复方阿司匹林、氨非加等镇静止痛药物；恶心呕吐者服用颠茄片、阿托品、奋乃静、维生素 B_6 等药物止吐；烦躁不安者可给予苯巴比妥、安定等镇静剂；明显水肿或反复出现水肿者，可进低盐饮食，服用钾盐及双氧克尿塞。

除了西药治疗，还可以通过中医中药或藏医藏药予以治疗。根据不同病情，高原心脏病可分别选用八味防风丸、八味沉香丸、二十味沉香丸等；对于高原高血压，则可选用一味降压丸、二十味沉香丸；高原红细胞增多症可选用十八味沉香丸等；高原高血压还可用青葙子 30 克、夏枯草 15 克，水煎服，连服一周。

针灸也是治疗高原病的好办法。头痛、头昏者刺内关、合谷、印堂、公孙等穴，反应严重者可刺高原反应点，位置在足三里和阳陵泉连线中点，向阳陵泉方向进针，进针不超过 2 寸，以不穿过对侧皮肤为度。高原昏迷患者可针刺少商、中脘、高原反应点、内关、大冲、百会、人中、合谷、涌泉、十宣等穴。

出现高原肺水肿、高原昏迷及高原心脏病、心力衰竭的患者，是相当危险的，应绝对卧床休息，并及时进行抢救。有条件的话可将患者尽快送至低海拔处，中转途中不可中断治疗，并应做到以下六点：

（1）氧气吸入。最好用面罩给氧，无罩时亦可用鼻管给氧。为减少痰液泡沫破裂，使痰液易于排出，吸氧时可使氧通过 50% ~70% 的酒精，并应持续给氧，氧流量控制在每分钟 3 ~6 升为宜。

（2）为降低肺水肿患者体循环和肺循环的压力，改善心脏功能，解除支气管痉挛，可应用氨茶碱，成人使用 1/4 克氨茶碱加入 25% 的葡萄糖液 30 毫升，缓慢静脉注射，必要的情况下可每日静脉注射 2 ~3 次。

（3）对高原昏迷和肺水肿患者为减轻肺水肿、脑水肿，降低颅内压，可以用50%左右的葡萄糖液 40 ~ 60 毫升缓慢注入静脉，并用 20% 甘露醇 200 毫升快速滴入，同时配合双氢克尿塞、安体舒通或速尿等利尿剂。

（4）出现休克时，可选用去甲肾上素、阿拉明、多巴胺、新福林等药物，进行抗休克治疗。但肺水肿患者不宜用肾上腺素，因为此药可加重肺水肿。

（5）出现心力衰竭时，可应用西地兰等强心药物。

（6）在治疗过程中，要加强护理，注意营养，密切观察病情变化，及时应用抗菌药物，预防和控制感染。

高原地区，除了前文述及的各种高山病之外，还有一种特殊的病症——雪盲。雪盲学名雪山性眼炎，是在高原积雪地区长时间野外行进时易发生的一种急性眼病。

雪盲发生的原因其实非常简单。日光中含有紫外线，人的眼睛能吸收绝大部分照射到眼睛里的短波紫外线。紫外线被吸收后，可使眼睛的组织细胞的氧化过程发生障碍，细胞核肿胀，染色质凝集，以致坏死、脱落。在高原地区，日光中的紫外线照射到雪面时，大部分被反射出来，如果角膜和结膜过度吸收这种从雪面反射出来的紫外线，就会引起损伤而产生急性角膜炎和急性结膜炎，并常导致双眼发病。

雪山性眼炎的症状多出现在眼睛被照射几小时后。初起时，两眼有异物感，似有沙粒摩擦，随后出现刺痛或灼痛、严重怕光、流泪、视物不清、眼睑痉挛等症状，在眼前有闪光幻觉，在视力减退的同时伴有头痛。发病后数小时至两天内症状最重，一般患者会在 2 ~ 7 天内基本恢复，严重者会延续数周。

雪山性眼炎的治疗并不复杂：①要戴有色眼镜或风镜，以避免光线再度刺激。②注意消炎，局部可用消炎眼膏或溶液，如金霉素眼膏或四环素眼膏。③剧痛时可滴 0.5% 狄卡因止痛，每 3 分钟一次，共滴 3 ~ 4 滴，滴后闭眼休息。④为减轻眼部充血症状，局部冷敷或滴 1% 肾上腺素，每天 2 ~ 3 次，以收缩血管。⑤如角膜损伤严重或有瞳孔缩小，局部可滴 1% 阿托品溶液，以减轻虹膜刺激症状，预防虹膜炎。

4. 高原禁忌证

并不是任何体质的人都适宜进入高原地区，患有某些特殊疾病的人就不宜进入高原。这些特殊疾病是指：

（1）患有器质性心脏病，如风湿性心脏病、冠心病等；显著心律不齐或安静休息时脉搏每分钟 90 次以上者。高血压和各种血液病患者。

（2）患有各种呼吸系统疾病，并有呼吸功能障碍者，如支气管哮喘、支气管扩张、肺气肿和活动性肺结核患者。

（3）曾患过高原心脏病、高原肺水肿、高原昏迷及有明显症状的高原高血压和高原红细胞增多症者，均不宜再到相当于原发病高度的地区。

（4）患有癫痫、消化道溃疡症、胃肠炎、严重的神经衰弱和肝、脾、肾、内分泌等器官疾病者。

如果已知自身患有上述疾病，那么不必再进行体检即可确定不能进入高原。对自己的身体状况并不太了解的人，应进行一次全面的体格检查。对于曾做过体检但离开高原时间较长，需重返或进入海拔更高地区者，需要重新做检查。

5. 进入高原前的准备和高原注意事项

（1）进入高原前的准备。前文已经提到，即使是身体健康可以进入高原的人，对高原环境也有个适应过程。如果条件允许，应该适当延长这个过程，这样可以减少高原反应的发生。初次进入高原的人，可以在海拔2 000 ~3 000米的地区多停留几日，在停留期间，进行短跑、体操、爬山等训练，然后再进入海拔3 000 ~4 000米的地区，分别停留一段时间。

在高原地区进行野外探险或是旅游，尤须注意饮食。应该采取高糖膳食，以降低耗氧量。在白天，特别是上午，饮些酥油茶会有非常好的效果。在行进途中，以多食米饭、大米粥或甜食为好，可以抑制恶心呕吐、减少腹胀。饮食中还要注意增加维生素A、B、C、E等的供给。在行走途中，应随身携带一些糖果、饼干、点心供饥饿时食用，这样可以减少急性高原反应的发生。

（2）高原注意事项。身处高原地区要节制饮酒，尤其是烈性酒应尽量少喝。饮酒过多可加速血液循环，使新陈代谢和耗氧量增加，这对尚未能很好地适应高原环境或有慢性高原反应的人是极为不利的。

在高原地区，尤须注意对疾病的防治。在平原地区被视作小毛病的感冒在高原地带却是相当危险的，因为许多高原肺水肿就是由感冒诱发的。在昼夜温差较大的高原，注意增减衣服是预防感冒的良方。

大部分高原地区穿棉衣的时间为7个月，而在其余5个月的早晚和阴雨天，也要穿棉衣。在海拔4 000米以上的地区更是常年棉衣不离身。

在高原地区行进时，因为地形多变、地势复杂，体力消耗较大，故应注意在途中作多次短暂休息，以恢复体力。睡眠要保证充足，睡时可把枕头垫高。

夏天高原地区光照强烈，应戴上有檐的帽子，避免中暑，同时可减少日光性皮炎的发生。在这样日照强、雨量少、相对湿度低的环境中，人体由肺及皮肤蒸发的水分多于平原，因此每人日平均饮水量应不少于3.5升才适宜。

6. 雪崩

雪崩被称为“白色魔鬼”，具有非常巨大的破坏力。其一，它神出鬼没，突如其来，防不胜防。其二，雪崩的巨大重量和其引起的气浪冲击力极强。据学者们计算，雪崩的重量超过300万吨，而其引起的气浪甚至比雪崩本身更具破坏力，它与巨型炸弹爆炸时产生的冲击波几无差异。雪崩的防范措施详见第五章。

高原上的艰难险阻很多，只有不畏艰险，并且拥有顽强的意志，你才可以去高原上闯荡！

三、沙漠生存

要进入沙漠地区旅行，首先要做的工作就是尽量多地了解有关的信息，包括路径、有特点的地形地貌、气候变化特点、动植物等，特别重要的一点是有关水源的信息：在你的旅途中哪里有绿洲，哪里有水井与水坑，哪里有季节性河流且什么季节有水等。一定要根据这些信息事先做好详细的行动计划。

一旦因车辆故障或迷失方向等原因而在沙漠中遇险，在沙漠里求生的机会大小，很大程度上取决于能否及时补充水和避免在阳光下暴晒而使汗水大量流失。

1. 寻找水源

（1）可以在干枯的河床外弯最低点、沙丘的最低点处挖掘寻找地下水。

（2）沙漠植物的根部含有一些水分，可以挖出榨取汁液饮用。

（3）由于沙漠地区的昼夜温度差别很大，可以采用冷凝法获得淡水。具体方法是在地上挖一个直径 90 厘米左右、深约 45 厘米的坑。在坑里的空气和土壤迅速升温时，会产生蒸汽。当水蒸气达到饱和时，会在塑料布内面凝结成水滴，滴入下面的容器，可使我们得到宝贵的水，在昼夜温差较大的沙漠地区，一昼夜至少可以得到 500 毫升以上的水。用这种方法还可以蒸馏过滤无法直接饮用的脏水。

（4）根据沙漠中的动植物来寻找水源。

大部分的动物都要定时饮水。食草动物不会远离水源，它们通常在清晨和黄昏到固定的地方饮水，一般只要找到它们经常路过踏出的小径，向地势较低的地方寻找，就可以发现水源。

肉食动物可以从它们的猎物体内得到水分，所以它们可以在较长时间内不饮水，因此在肉食动物活动的区域内不一定能找到水。

肉食性鸟类如老鹰和水鸟类可以在很长时间内不饮水，所以它们周围不一定有水。

在沙漠和干旱地区，看到爬虫类动物时，不能表示周围地区有水。因为它们很可能靠吸取露水或从猎物身体内得到水分，可以长期不喝水。

昆虫是一个很好的水源标志。尤其是蜜蜂，它们离开蜂巢不会超过 6.5 千米，但它们没有固定的活动时间规律。大部分种类的苍蝇活动范围都不会离水源超过 100 米的范围，如果发现苍蝇，表明有水的地方就在你附近。

2. 减少身体内水分的流失

根据已知的实验结果，一般人在缺水的情况下，如果一直在能遮挡阳光的地方休息，在气温 48℃以上能坚持两天半，在 21℃以下能生存 12 天。

如果被迫要行走到安全的地方，能走多远就完全要看有多少水了。如果没有水，在白天气温 48℃的情况下，采取白天休息、夜里行军的方法，可以走 40 千米。如

果必须在白天阳光暴晒的时候走下去，则不能超过 8 千米。在同样条件下，如果有 2 升水，则可以走 56 千米，并坚持 3 天。如果每天有超过 4.5 升的水，存活的机会才会大幅度增加。

为了防止身体内水分的流失，要尽量做到以下八点：①多休息，少用力。②勿抽烟。③尽量待在阳光直接照射不到的阴凉处。如果找不到，可以自己做一个遮挡阳光的东西。④不要直接躺在燥热的地面上。⑤尽量不要吃东西，或尽量少吃。因为身体在缺水的情况下，会从各个器官组织中吸取水分来消化食物。⑥千万不要喝酒，酒精也必须从身体的各个器官中吸取水分才能分解。⑦不要用嘴呼吸。尽量用鼻子呼吸且不要多说话。⑧在长时间没有水喝，最后终于找到水时，千万不可拼命大口猛喝。快要脱水的人如果猛喝水，将会导致呕吐，致使体内失去更多的水分。

衣物：在沙漠中遇险，千万不可脱去衣物，衣物不仅可以防止皮肤被强烈的阳光灼伤，还可以有效地减少身体的水分流失。最好穿着宽松的衣服，使衣服和皮肤之间保持一层隔热的空气。注意最好将头和脚都遮盖起来。

遮盖物：如果是白天在沙漠中遇险，首先要采取措施，找一个阳光不能直接照射到的地方躺下来休息。可利用岩石的突出部分和干沟的岩壁所提供的阴影迅速躺下休息，等到天黑以后再想办法。

火：在沙漠中，火和烟既是醒目的信号，又可用来烧煮食物或在夜间用来取暖。在沙漠或干旱地区的灌木和杂草都是干燥易燃的，可以用作燃料，动物如骆驼等的粪便也可用作燃料。如果找不到天然燃料，可以用容器装入沙土掺入一些汽油和机油，点燃后也可燃烧很长时间。

食物：在沙漠里，炎热的天气肯定会影响食欲，因此不要勉强吃东西。高蛋白食物会增加身体的热量，加速体内水分的流失。消化任何食物都要消耗体内的水分，如果缺水，最好不吃食物或只吃含有水分的食物，如水果、蔬菜等。

还有一点，在沙漠地区，食物极易腐烂，任何食物都要争取尽快吃完。千万不可吃变质的食物，以免影响身体健康。

3. 沙漠里的健康问题

在沙漠里，因极度干燥或暴晒会引起许多疾病。持续大量排汗会导致体内盐分大量损失而引起肌肉痉挛；排汗和衣物的摩擦会导致汗腺堵塞，使皮肤上长痱子。因过热而导致的痉挛会引起热衰竭；便秘和小便疼痛也很常见。

只要随时注意遮盖好头部、身体和手脚，白天待在阴凉处休息，太阳落山后再出来活动，就可以有效地避免这些疾病的发生。

知识点小结

1. 野外简易刀、容器、绳索等的制作。
2. 绳索的整理及常用的几种基本绳结。

3. 寻找水源的方法及水的处理方法。

4. 各类野外食物及其处理方法。

5. 学会看野外地图及辨别方向，掌握迷路自救的方法。

6. 野外行走、涉水、过桥、攀岩的方法。

7. 特殊地区的野外生存方法。

项目综合实训

简易工具制作与阅读地图评比

一、实训目的

通过在户外活动中的实践活动，让学生学会野外简易工具制作；学会阅读地图及野外辨别方向；掌握野外行走方法。

二、实训内容

在野外活动中，进行简易工具制作和野外阅读地图的评比。

三、实训要求

(1) 选择合适的地方，进行地图与现地对照。

(2) 在野外完成简易工具制作，并进行评比。

四、实训步骤

(1) 对班级学生进行分组，教师布置实训任务。

(2) 各小组明确实训任务，讨论并进行任务分工。

(3) 各小组在规定时间完成实训任务。

(4) 教师和各小组组长组成考评组，对各小组的具体操作状况和最终完成情况进行考评。

(5) 教师现场归纳总结。

五、组织形式

以小组为单位进行实训操作，对考评结果进行现场点评、分析和交流。

六、考核要点

序号	考核点	考核要求	分值	备注
1	团队合作能力	各小组成员在评比活动中的分工协作能力	40分	小组自评
2	地图与现地对照	考查学生对地形图的读图能力及与现地对照能力	30分	教师评分
3	制作简易工具	考查学生制作简易工具的能力	30分	教师评分 小组互评

思考题：

1. 简述一种称人结的打结方法。
2. 如何鉴别水质的好坏？
3. 简述几种野外确定方向的方法。
4. 简述野外行走原则。
5. 高原活动应注意哪些事项？

参考文献：

[1] 陈小蓉. 定向越野与野外生存训练. 广州：中山大学出版社，2003.

[2] 孙喜庆. 遇险生存与营救. 西安：第四军医大学出版社，2001.

[3] 休·麦克曼纳斯. 图解野外求生. 雪飞，译. 汕头：汕头大学出版社，2007.

[4] 张惠红. 野外生存生活训练手册. 李斌，倪明，译. 北京：人民教育出版社，2002.

[5] 约翰·怀斯曼. 生存手册. 北京：华文出版社，1999.

[6] 严时. 旅行安全知识手册. 北京：金盾出版社，2001.

[7] 梁传成，梁传声. 野外生存教程. 北京：高等教育出版社，2003.

第三章　野外露营

学习目标

理论目标：了解野外露营的相关组成内容，掌握露营选址的原则；了解野外生火的方法并掌握1～2种方法，了解野外用火的注意事项；了解野炊食物准备的原则，掌握必需的烹调方法；了解帐篷的选择，掌握搭建帐篷的方法；了解寻找、搭建临时庇护所的方法。

实务目标：能够在野外选择合适的露营地，并能合理规划功能分区；能够在野外生火和烹调食物，做好用火安全防范；能够搭建帐篷，知道如何寻找或搭建临时庇护所。

导入案例

女青年露营被山洪卷走遇难　众“驴友”遭巨额索赔

2006年7月，21岁的骆某参加一次大明山赵江露营活动时，不幸被山洪冲走死亡。为此，骆某的父母将组织者及一同出游的梁某、陈某等12名“驴友”告上了法庭，请求法院依法判令被告支付给原告人身损害赔偿费15万元，赔偿原告精神抚慰金20万元；以上被告负连带赔偿责任。

缘于2006年6月底，被告武鸣县人梁某在时空网上发布召集组团到武鸣县境内的大明山赵江进行露营活动的消息，被告陈某得知此消息后，便邀请原告的女儿骆某（21岁）一起参加此次户外露营活动。同年7月8日，在被告梁某的召集下共有13名成员前往武鸣县两江镇赵江露营地。参加队员按被告梁某的要求向其交纳了60元的费用。当晚该团队在赵江河床裸露的石块上扎帐篷露营。

7月8日晚至9日凌晨，该团队露营一带连下几场大暴雨，9日清晨7时许赵江山洪暴发，与被告陈某同住一个帐篷的骆某尚在熟睡，在毫无防备的情况下，被山洪冲走。险情发生后，在当地政府组织的搜救队的搜寻下，在下游离事发地约3千米的河床找到骆某的遗体。原告认为，此次出游的组织者兼领队被告梁某未持有任何经营旅游业的合法证照，亦未考虑7月正值雨季等气候灾害因素，且未安排人员守营，被告陈某是一个具有较丰富经验的户外活动者，此次邀请骆某同团出游理应对骆某的随队出游负安全防范义务，其未提醒和要求骆某撤离危险地带，最终导致悲剧发生。作为同行的其他被告，由于同一团队，他们之间应形成一个相互关照、相互救助的义务关系。然而，他们竟无一人告知骆某紧急撤离。为此，此次出游的组织者兼领队被告梁某以及其他参团成员负有不可推卸的责任。

——总结：雨季千万不能在河床和河岸边宿营，不但有暴发山洪等危险，且夜晚时兽虫也较多。

（资料来源：蒙丽嫦．女青年露营被山洪卷走遇难　众“驴友”遭巨额索赔．中国法院网．http：//old.chinacourt.org/public/detail.php？id＝213613，2006－08－11）

野外露营，简称露营、野营，是指不依赖房屋、旅社等现有设施，而是用自己准备的工具，在野外中生活休息，度过长夜。

野外露营，在过去是只见于童子军运动及军队活动上的名词，但随着城市化的不断发展，更多的人愿意走出城市，远离烦嚣，投身野外，享受自然，野外露营也就逐渐走进了人们的生活。

如要在野外度过长夜，只要不是万不得已，就不要选择露宿。这是因为：

（1）在生理上，当人入睡后，人体的血液循环速度变得缓慢，皮肤松弛，毛孔舒张，对外界的抵抗力就会降低。而在野外，昼夜温差较大，夜晚时温度低而容易形成露水，在人体皮肤上的露水蒸发时又将带走一部分热量，很容易使人受寒着凉，关节酸痛，不利于体力恢复和健康。

（2）在心理上，当我们处在一个陌生的地方时，周围没有人烟，黑漆漆的一片，远处还时不时传来一些未知动物的声音。这时候，如果选择露宿，无疑会加重我们的心理负担，让人难以安寝。

（3）野外的蚊虫鼠蚁很多，特别是夏季，这些害虫的滋扰会让没有准备的露宿者难以安眠。

（4）野外的天气变化不是我们所能准确预测和左右的，露宿者遭遇刮风、下雨、冰雹等恶劣天气时，将会十分狼狈，有时甚至会危及生命。

所以，当我们进行了一天的野外活动后，如果能有一个安全舒适的营地、燃烧着的篝火、独立的帐篷空间、温暖的睡袋，会给我们带来放松的心情，更好地享受大自然。

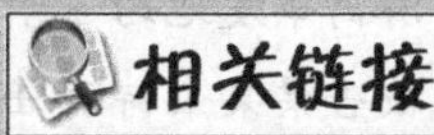

“露营”一词可追溯到早期人类在游牧、狩猎、迁徙、军事等活动中临时搭建的野外场所中住宿。露营本身与人类的生产活动是紧密联系的，是人们在野外各种目的的活动中必不可少的组成部分。直到现代社会，一些少数民族还沿袭着这种古老的住宿方式，例如我国的蒙古族、藏族等少数民族还在使用的蒙古包、毡房。人类社会早期的露营是以生产活动或军事活动为目的，被动地露营。

现在所说的露营是指近代的“娱乐露营”。娱乐露营起源于1853年，当时英国人霍丁（Thomas H. Holding）同300多人的四轮马车队伍一起跨越了美国1 200英里的大片草原。后来他又用独木舟和自行车做交通工具在美国和苏格兰高地进行露营旅行，并在1908年出版了世界上第一本《露营者手册》。1907年，世界上第一个露营俱乐部由原来的“自行车露营者组织”和其他几个俱乐部合并在英国成立。1909年，该俱乐部由著名的南极探险家斯科特（Robert Falcon Scott）船长任主席。另一件标志近代娱乐露营开端的事件是在1861年，美国华盛顿州的弗雷德里克夫妇为男孩子们开办了一所家庭学校。当年夏天，夫妇两人带领孩子们进行了为期两周的野外徒步旅行。孩子们在旅行中露营、划船、钓鱼和捕猎。后来这一学生野外教育活动作为传统延续了12年。以基督教女青年会（YWCA）和基督教男青年会（YMCA）为首的宗教团体在19世纪70年代相继开展了以休闲和教育为目的的露营活动。20世纪10年代后，以宗教背景创立的男童子军（BOY SCOT）和女童子军（GIRL SCOT）以及他们的露营地相继在美国出现。

从以上这些早期的有组织的露营活动中我们可以看出，现代娱乐露营活动是人类社会发展到一定阶段的产物。当人们不再为吃饱穿暖和自身安全等这些生存基本要求而奔波奋斗时，当社会生产力达到一定水平后，人们对精神和知识的追求，以及对旅游休闲和户外运动的需求就逐渐显现出来。而交通工具的发明、更新又为人们的这些需求提供了更为便利的条件。

第一节 野外活动营地选址

一、营地选择的基本原则

在野外，很多意外都有可能随时发生，因此，选择合适的地点进行扎营是很重要的，安全、舒适而又景色优美的地方是最佳的选择。但在野外，并不是经常能找到如此理想的扎营地点。因此，必须遵循营地选择的四个基本原则：安全、近水、避风、平整。从客观条件出发，因地制宜，尽力寻找一个安全、舒适的营地。

（一）安全

保证营地的安全是最为重要的，其关键是要做好避险和防兽工作。

1. 避险

营地上方不能有滚石、滚木及风化的岩石。若选择在靠岩石壁较近的地方扎营，则更要留意，一旦发现有岩石散落的迹象，就绝对不可在该处搭帐篷。

我们还可以根据岩石壁下的堆积石块状况，来判断该处发生滚石时间的远近。若堆积石块的表面经风化后比较浑圆或长有苔藓等低等植物，说明该处已有较长时间没有发生滚石了，是较稳定和安全的旧滚石区；若堆积物棱角锐利，表面新鲜，则为比较危险的新滚石区。

避免在河流边及山谷地带建立营地，特别是在雨季的时候。因为有些河流上游有水电站，在蓄水期间河滩宽、水流小，一旦放水将涨满河滩；而有一些溪流，平时水流小，一旦下起倾盆大雨，就有可能发大水或暴发山洪，淹没河岸。在这些地方扎营，很容易被突如其来的山洪围困或冲走，尤其是夜晚熟睡时，将更加危险。

不要在泥石流多发地扎营。在地球吸引力的作用下，高山湖或冰川湖的湖岸有时会塌方或出现湖底泄漏，此时湖水就会夹杂着大量泥沙和石块呈泥浆状流泻下来，形成泥石流。人若处在清醒状态下，要躲避泥石流并不太困难，但当我们入睡或休息的时候，警惕性不高，一旦被泥石流掩埋，将极易发生窒息，危及生命。所以，我们一定要避免在泥石流多发地扎营。若我们发现某处许多石块有被泥土包裹的痕迹，则可判别该处是泥石流的多发地。

雷雨天不要在山顶或空旷地上建营。雷电是高山区阴雨天气时常见的自然现象，在雷雨天的时候，千万不要选择在山顶或空旷地上建营，也不要选择在孤零独处的高大树木下扎营，因为这些地方容易遭到雷击。

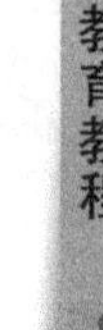

2. 防兽

建营地时要仔细观察营地周围是否有野兽的足迹、粪便和巢穴，不要建在多蛇多鼠地带，以免受伤或损坏装备设施。也不要将营地建在通向水源的山道上，因为这些地方常为野兽饮水的必经之路。我们都不希望遇见正在觅食的野兽，更不愿意看到一群前去饮水的野兽在瞬间踏平我们辛苦搭建的帐篷。

此外，还要有驱蚊、虫、蝎的药品和防护措施。比如，在营地周围遍撒草木灰、生石灰或者雄黄粉就可有效防止蛇、蝎等毒虫的侵扰；在营地熏烧艾草、青蒿、柏树叶、野菊花等，或在身体的裸露部位喷涂防蚊水，可有效驱赶蚊虫。

（二）近水

营地是野外活动人员过夜、生活的临时场所，选择接近水源的地方，可以带来很大的方便。因为这样既能保证做饭、饮用的水源充足，又能提供洗漱用水，如果远离水源则会产生诸多不便，有时甚至是危险的。但在深山密林中，紧靠水源可能会遇到野生动物，因而要格外小心；而当你选择在河流两岸设营时，必须充分考虑水流的涨落；若准备在河流拐弯处建营，则要选择在其内湾侧（沉积侧），不要选择其外湾侧（冲刷侧）。

（三）避风

在野外，风会增加点燃篝火的困难，还会迅速带走人体的热量，增加患病的概率。而野外的强风更可将帐篷扯破、吹起，甚至卷跑，所以营地最好选择在自然屏障的避风处，如山丘或巨石的背面，林间或林边的空地、山洞、山脊的侧面，岩石的下面等。

山谷里的风向一般是与山谷的方向相一致的，所以当你选择在山谷扎营时，应将帐篷垂直于风向开门，可避免风直接灌入帐内，并将帐篷四周固定好，以防帐篷被吹走。

（四）平整

野外露营的主要功能是保证睡眠的质量，使我们最大限度地恢复体力。因此，营地的地面要尽量平整，不要存有树根、草根和尖石碎物，也不要有凹凸或斜坡，若必须选择在斜坡上扎营，只要斜坡的坡度不超过10°，还是可以接受的，而软土则是更为理想的建营场所。

若地面有碎石或荆棘，应小心予以清除；若在高山地区的冰碛物地形上建营，应把地面铺平，把有棱角的石块搬开，最好铺上一层包装箱或包装布；若在冰雪地上建营，首先要将浮雪铲平，然后将雪踏平踩实之后，再搭建帐篷。

同步案例

2004年深圳驴友英德遇难案

2004年8月14日，一行16人的深圳探险队一同进入了英德的中峪峡谷。傍晚时分，他们来到一个美丽的水潭边。大家被这里的美景深深吸引，于是队员们在靠近潭边的空地上支起帐篷准备过夜。

当天21：15开始下雨，大家回到帐篷里躲雨。十多分钟过去了，雨越下越大。突然，“轰隆”一声巨大的闷响从空中传来，容不得大家反应过来，凶猛的山洪就从几百米高的瀑布口重重地砸下潭底，紧接着激起的大浪又砸向了探险队的帐篷。大家好不容易逃出帐篷，摸索着爬上了岸。凌晨3：00多，队员们终于安全地转到一个可以躲雨的山崖下。领队清点人数时，发现一名23岁的女队员不见了。

由于地点偏僻，手机信号微弱，队员们无法与外界取得联系，直到天亮他们才想办法赶到20千米之外的波罗镇派出所请求帮助。接到报警后，波罗镇政府和派出所立即组织群众进入出事峡谷搜救。当天下午，在水潭底下发现了该失踪队员的尸体。警方将幸存队员们带到派出所协助调查，最终确定这是一起意外事故。

——总结：营地的选择，“安全”应为第一位！

二、营地选择的其他注意事项

野外建营地点的选择除了要遵循以上四个基本原则外，还有一些细节是需要注意的。注意好了这些细节，会让我们的营地更加安全和舒适。具体如下：

（1）营地要尽可能地选在日照时间较长的地方，如山丘的南面，这样会使营地比较温暖、干燥、清洁，便于晾晒衣服、物品和装备，也会使我们的心情更为舒畅。当然，如果我们是在夏季或秋季野营，在同一地点要居住两天以上，那么我们也可以考虑选择背阴的地点，因为这样在白天休息的时候，就不会感觉太热。

（2）营地不要选择在溪底或谷底，因为那里是冷空气的聚集处，会让人感觉不舒服，也不利于健康。

（3）夏季的时候，露营地点应选择在干燥、地势较高、通风良好、蚊虫较少的地方。通常情况下，湖泊附近和通风的山脊、山顶是夏天较为理想的设营地点；冬季的时候，设营地点则应视避风及距燃料、设营材料、水源的远近等情况而定。一般来说，森林和灌木丛内的空地是理想的设营地。

（4）如果有可能，营地可以选择靠近村庄的地方，这样如果发生了什么紧急情况，可以及时向附近村民求救，而在没有柴火、蔬菜、粮食，或发生疾病、损伤等情况下，这一点就更为重要。靠近村庄也意味着接近道路，方便队伍的行动和转移。

三、营地的区域划分和布置

当确定了合适的营址后，应根据营地的地形地势、水源的位置、营员的人数等合理规划营地，尤其是有一定规模的露营地，整个营地的规划建设显得尤为重要。

遵循下列的营地建设步骤，可以有效地使我们的营地分配更合理、更安全、更舒适。具体如下：

（一）营地分区

一个完善齐备的营地应划分为帐篷宿营区、用火区、就餐区、娱乐区、用水区（盥洗）、卫生区等区域。而简单的营地也应划分为帐篷宿营区、用火区和卫生区。

首先，要选择一块相对平整的区域作为帐篷宿营区，然后将在其下风处10～15米的区域作为用火区，这样可有效防止火星烧破帐篷。其后，应靠近用火区确定合适的就餐区，以便烧饭、做菜及就餐。用火区与就餐区不要离水源太远，以便清洗、炊事及防火。活动及娱乐区应选择在就餐区的下风处，以防活动的灰尘污染餐具、食物等，并应与帐篷宿营区保持15～20米的距离，以减少对早睡同伴的影响。

用水区的正确划分对我们的健康是十分重要的。建立一个固定的饮用水收集地点，确保大家不要在此洗浴、清洗壶罐或洗衣服等。如有河流或小溪经过，则要将饮用水取水地点固定在上游，下游用来清洗食物、厨具、个人洗浴或清洗衣物。也可将其简单地划分为上下两段，上段为食用饮水区，下段为生活用水区。

卫生区应设在宿营区的下风处，与就餐区、活动区保持一定的距离，但也不要离开宿营区太远，以防大家不方便。厕所应建在营地的下风处，并远离水源，保证不会因粪便渗出而造成污染。

（二）帐篷宿营区

1. 平整场地

将已经选择好的帐篷区打扫干净，清除石块、矮灌木等各种不平整、带刺、带尖物的易刺穿帐篷的任何东西，不平的地方可用土或草等物填平。前面也提到过，如果你选择的是一块坡地，只要其坡度不超过 10°，一般还是可以作为宿营地的。

2. 建设帐篷宿营区

合理安置帐篷的入口方向，依次搭建帐篷是建设帐篷宿营区的关键。应注意以下三点：

（1）帐篷的入口要选择背风的位置。

（2）依次搭建帐篷时要注意：所有帐篷入口都应是同一个朝向的，即帐篷门都向一个方向开、并排布置；帐篷之间应保持不少于 1 米的间距；在没有必要的情况下尽量不系帐篷的抗风绳，以免绊倒人。

（3）其他注意事项：为避免下雨时帐篷被淹，可在帐篷四周挖一条排水沟；围绕帐篷区外围，用草木灰、生石灰或雄黄粉等刺激性物质画一道圈，可有效防止蛇等爬行动物的侵扰；必要的时候，可围绕帐篷区设置警戒线或使用电子报警设备，防止野生动物的侵入。

（三）用火区与就餐区

用火区和就餐区一般选择相邻比较近的地方，或直接选用同一地方。进行炊事的地点最好是有土坎、石坎的地方，以便挖灶建灶；拾来的柴草应堆放在用火区外或炉灶的上风处，以免引起火灾；就餐区最好能有一块大家可以围坐的草地，这样就餐的气氛会比较活跃；“餐桌”可以用一块大平石，或者就在地上，最好能铺上一块塑料布。

（四）娱乐活动区

娱乐活动区千万不要选择靠近悬崖的地方，如果有一块避风、平坦、远离枯草和干柴的空地，面积大小还能容纳所有营员，那就最好不过了。如果没有这么理想的地方，仅要求场地平整，以便开展各项集体活动即可。活动开始前，应注意清理场地里绊脚、碰头的东西；清理场地里易燃的干草枯枝，最好能在准备点燃篝火的地方清理出一个隔火圈；必要时，可在活动区外围拉上保护绳，以免发生意外事故。

（五）卫生区

保护好野外的生态环境是很重要的。如果队员在野外随地大小便或乱扔垃圾，不仅会影响其他人感受大自然的心情，还会让苍蝇有机可乘，传播疾病，甚至会破坏野外的生态环境。

卫生区应设在宿营区的下风处，与主要活动区保持一定的距离，并远离水源，其中包括厕所和垃圾收集处理区，多数情况下仅指厕所。只要扎营住宿，即应当搭建临时厕所，以避免蚊蝇传播疾病和破坏环境。

1. 临时厕所的搭建及注意事项

临时厕所应建在营地的下风处稍低一些的地方，与营地保持一段不太远的距离，注意一定要远离营地的用水区（至少20米以外），保证粪便不会渗出而对水源造成污染。

厕所应建在树木较密，或刚好有障碍物的地方，这样就算没有围帘，也可以有很好的隐蔽效果。如果没有天然的屏障，我们可用塑料布或树枝把厕所的三面围住，固定好，注意厕所开口的一面应背风，并在厕所外设立一个明显的标志牌，使别人在远处即可判定厕所是否正在被使用。

（1）厕所的修建方法。深坑厕所：挖一条深约80厘米、宽约45厘米的壕沟。沟底下可铺以小量石块或树叶，有助于防臭，也可撒上一些草木灰使其形成一个薄层，以阻止苍蝇的侵扰。在壕沟上用岩石或木材垒起一个高度合适、使用舒服的“座位”，“座位”的一部分埋入泥土之中。在“座位”上放一些木棒，仅留下一个洞口以供使用（如果人多，建成的是公共厕所，可留几个洞口）。用一块宽大平滑的石板、木板、纸板或一片大树叶作盖，如果使用的是纸板或树叶，则在上面压上小石块，以防被风吹走。

小便坑：挖一个深约50厘米的小坑，其中3/4的空间用石头填起，然后在上面堆放一些泥土，再用树皮卷起成一锥形孔，安置在泥土上，作为尿液下渗的通道。小便坑的位置离营地尽可能近一些，以便使用（如图3-1）。

简易厕所：如果觉得上述方法太繁杂，也可以修建简易厕所。选择在营地的下风处，地势要比营地稍低一些，挖一个宽约30厘米、长约50厘米、深约50厘米的长方形土坑。坑底铺上石块和杉树叶以消除臭味，坑旁准备好沙土和铁锹，再准备好一块木板或纸板。便后用沙土将排泄物及卫生纸掩埋，并用木板或纸板将便坑盖住，以消除异味，保持卫生。

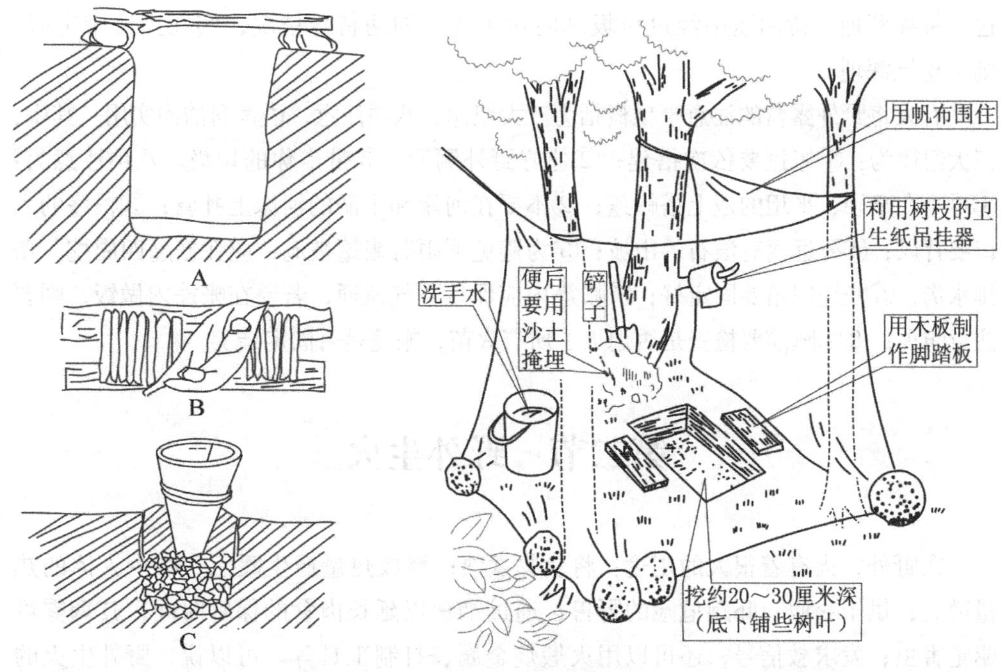

图 3－1　野外制作厕所

（2）注意事项。不要在厕所中使用石灰或其他消毒剂，因为这样会杀死粪便中分解粪便的有益细菌，使粪便散发出恶臭味。我们可以在厕所旁边准备好一堆松散的泥土、一小桶水和一把铲子，解手后，用泥土将粪便覆盖住，并添加少量水，这有利于粪便中有益细菌的存活，加速粪便分解。

厕所一定要覆盖好，并记住要经常更换盖子，以避开苍蝇及避免传播疾病。

当厕所使用一段时间，开始散发异味时，则应该修建新的厕所，并把旧厕所用沙土掩埋好，做好标志，以提醒后来人。旧厕所使用过的木材和覆盖物必须焚毁。

2. 垃圾处理区的设置和垃圾处理

去到野外，一定要牢记一点：保护好我们的大自然，尽量不要在营地留下一点垃圾。

在营地活动的时候，我们可以在营地的下风处设置专门的垃圾收集处理区，并将垃圾进行分类。离开营地前，还应仔细收拾营地的垃圾，与之前的垃圾一并分类处理。

垃圾的分类和处理方法有以下三种：

（1）菜根菜叶、果皮果核、动物内脏等垃圾是可分解的，可采用挖坑深埋的方式处理，也可将其投入临时厕所中，一并掩埋。

（2）纸皮纸屑、棉花、纱布等可燃烧的垃圾则要焚烧处理，特别是处理伤口用过的物品一定要彻底焚毁。

（3）塑料瓶、易拉罐、一次性塑料品等难以降解的垃圾，则要用垃圾袋装好打

包，带离营地，待回途中经过垃圾站时再丢弃。如遇特殊情况，实在无法带走时，则可挖坑深埋。

有人将野外露营的注意事项概括为三大纪律、八项注意，语言简洁而实用。其中，三大纪律为：①帐篷要依次搭建；②建好野外厕所；③带走你的垃圾。八项注意为：①尽量在坚硬、平坦的地上搭帐篷；②不要在河岸和干涸的河床上扎营；③帐篷的入口要背风；④要远离有滚石的山坡；⑤为避免下雨时帐篷被淹，应在帐篷四周挖一条排水沟；⑥帐篷四角要固定好；⑦帐篷内应保持空气流通，若要在帐篷内做饭，则要注意防火；⑧临睡前要检查是否熄灭了所有火苗，帐篷是否固定结实。

第二节　野外生火

在野外，火有着很大的用途：将食物煮熟；释放热量产生暖意，减少人体的热量散失；烘干衣服；吓跑危险的野兽；通过烟熏以延长肉食的保鲜时间；其烟雾可驱走害虫；发求救信号；还可以用火煅烧金属、打制工具等。可以说，野外生火的能力高低可决定一个人在野外生存能力的强弱。所以，我们在向野外出发前，一定要准备好生火的工具，并掌握好生火的方法和技能、炉灶的搭建、野外煮食的要领、篝火的点燃等，并谨记野外用火的注意事项。

一、生火方法

（一）生火步骤

1. 准备火种

火种泛指仅需一点热量就可以点燃的材料，优质火种只需一点火星即可引着。桦树皮、干草、细木屑、鸟绒、蜡纸、衣服上露出的蓬松棉花、汽油等都是很好的火种；烤焦的棉花和亚麻，树黄蜂等昆虫钻孔打洞留下的粉末，鸟巢里鸟儿落下的羽毛等都易于点燃，适合作火种；也可将干燥的真菌、鸟类和蝙蝠排泄物精研细磨成粉末用作火种。注意必须使火种保持干燥，可随身携带防水容器，将火种收集在里面，并要在平时多注意采集火种，以备不时之需。

2. 寻找易燃的引火物

引火物是用来引烧燃料的，生火之前必须准备好，因为一般的嫩树枝、大树杈及湿柴草是很难直接用火种点燃的。

以下方法有助于我们寻找引火物：

（1）干草、小树枝、枯树叶、小木块都可用来引火。如果是雨天，可在树底下或岩石下寻找干燥的引火物。

（2）针叶松的干果和落果通常是多树脂的，是极好的引火物。枯死的松树的节子上常有“松树油”或树脂。有时，在枯死的老树根上，也可挖到树脂。即使是雨天，桦树皮仍是很好的引火物，因为里面含有易燃的油脂。

（3）在没有树的地区，同样有天然燃料，如拧成绳的干草、枯死的灌木、干煤泥、油页岩、含油的沙土、动物的干粪便和动物油。

（4）如找不到干燥的天然引火物，可利用棉衣里的棉絮、药箱里的绷带、口袋里积聚的绒毛等。

3. 捡拾足够的干柴

干柴要选择干燥、未腐朽的树干或枝条，要尽可能选择松树、栎树、柞树、桦树、槐树、山樱桃、山杏之类的硬木，因为这些硬木燃烧时间长，火势大，木炭多。干枯的竹子也是一个不错的选择，但在燃烧前最好能使竹子开裂，以免竹节在燃烧中爆炸。有时也可使用动物干燥的粪便。不要捡拾贴近地面的木柴，因其湿度大，不易燃烧，且烟多熏人。

4. 选定和清理用火区

用火区要求避风、平坦、干燥，并将其周围直径 2 米以内的枯草和堆积物清理干净，直至露出土壤。如果地面潮湿，则要先用树木搭建一个平台，上面铺上一层沙子或石子，再在上方生火。用于点火的枯草和干柴留下稍微多一点的分量，其余的则放在离点火地点稍远的空地上。

5. 做好防火措施

在野外生火，容易引致山火，特别是在干燥的季节里，所以我们一定要做好防火措施。除以上提到的清理用火区和将多余的木柴放至安全的地方外，还要在火堆旁边准备好一桶水、一堆沙子或一堆湿润的泥土，以备火势难以控制时能及时灭火。

6. 点火

将引火物放置在中间，上面轻轻放上细松枝、细干柴等，然后用火柴或打火机点燃引火物，随后根据火焰的情况，适当添减干柴；也可利用石块支起干柴，或把干柴斜靠在岩石壁上，在其下面放置引火物后点燃生火。

（二）其他的生火方法

使用火柴、打火机等工具生火当然是最好的方法，但如果没有火柴、打火机等工具，则必须使用一些特殊的生火方法。学会和掌握这些生火方法，将有助于提高我们在野外的生存能力。

1. **钻木取火法**

（1）古典式钻木取火法。这是被了解得最广泛，但同时也是最困难的一种方法。首先，要找到合适的木材作钻板，干燥的白杨、柳树等是不错的选择，因为它们的质地较软；再找到合适的树枝作钻头，相对较硬一些就可以了；然后，把钻板边缘钻出倒“V”形的小槽（如图3－2）；最后，在钻板下放入一个易燃的火绒或者枯树叶，然后双手用力钻动，直到钻出火来为止。

图3－2　古典式钻木取火法

（2）双人钻木取火法。除了这种是两个人合作外，其他步骤跟第一种方法相同。一个人用带凹槽的木头盖子把钻轴固定在钻板上，另一个人用摩擦力较大的绳子或藤条在钻轴上缠几圈，然后快速来回拉动。这种双人合作的效率比第一种方法高得多（如图3－3）。

图3－3　双人经典钻木取火法

（3）简易刨子取火法。将软质木板挖一长槽，槽的前方放置易燃火绒，用较硬木条向前推动，直到火星将火绒点燃（如图3－4）。

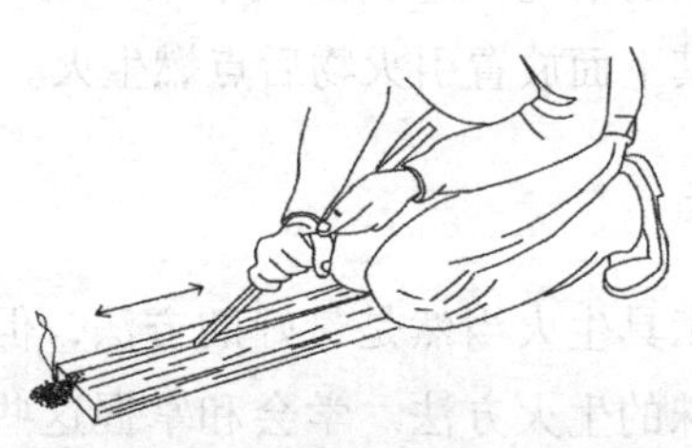

图3－4　简易刨子取火法

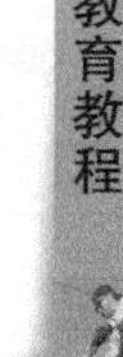

（4）易洛魁族式取火法。由易洛魁族发明的这个装置取火效率相当高。钻轴的一端用两根绳子缠绕，绳子的另一端分别固定在一个硬质横板上。钻轴的中间部位用一个硬质木轮作加速器，当把绳子缠好后用力向下压横板，就能使钻轴产生极快的转速，然后钻出火花（如图3－5）。

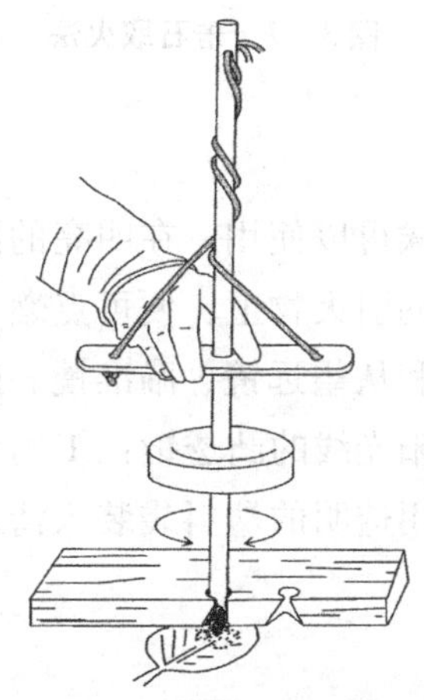

图3－5　易洛魁族式取火法

（5）弓弦钻木取火法。与双人钻木法类似，只不过可由一人完成。钻轴上方同样覆盖一个有凹槽的盖子，然后用弓弦一样的工具快速拉动（如图3－6）。

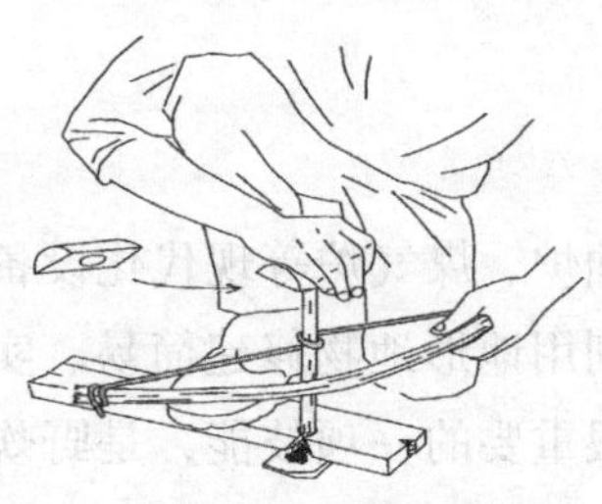

图3－6　弓弦钻木取火法

2. 击石取火法

这是人类最早发明的取火方法。找一块坚硬而棱角锋利的石头作“火石”，上面垫上引火物，用小刀的背或小片钢铁向下敲击“火石”，使火花落到火种上。或使用两块这样的“火石”相互敲击。当火种开始冒烟时，缓缓地吹气或扇风，使其燃起明火。应当注意的是，石头击出的火花必须有一定的热量和持续的时间才能点燃火种；越是有棱角的石头，其打击引火的效果越好，当一块硬石边缘太圆滑时，需要把它在大石上摔碎，这样就能现出尖锐的棱角（如图3－7）。

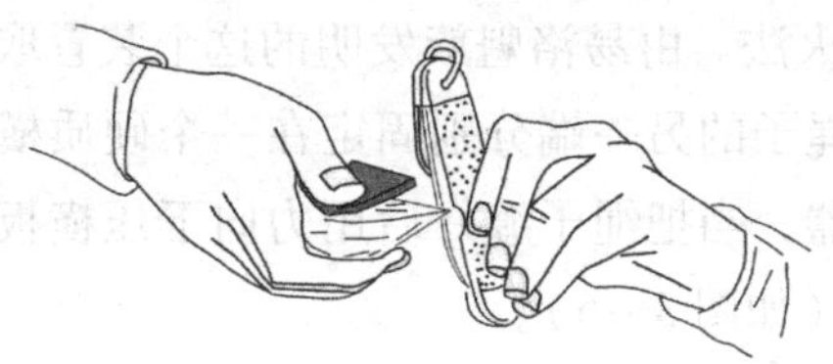

图 3－7　击石取火法

3. **凸透镜取火法**

这种方法在阳光猛烈的时候可以使用。在明亮的阳光下，可使用凸透镜聚集太阳的光线，使之照射在准备好的引火物上，便可点燃引火物。常见的凸透镜为放大镜，也可使用深度的远视镜片和从望远镜、瞄准镜、照相机上取下的凸透镜。还可采用下面的方法，获得聚集太阳光线的凸透镜：①用小刀把晶莹剔透的冰块加工成中间厚、周边薄的凸透镜。②用透明的塑料袋装入清水，扎好袋口，使其成一球状凸透镜。

4. **火种保留法**

如果我们所处的环境恶劣，每次都用上述方法取火，将耗费大量的时间和精力。因此，我们在一次成功取火后，可采用火种保留法，想方设法地确保得之不易的火种不会熄灭。特别是在密林中，晚上如能确保有一支始终燃烧着的火把，对你的安全也是很重要的。

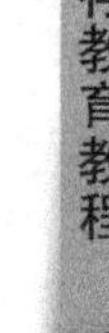

二、修建炉灶

如今，我们可以携带汽油炉、煤气炉等现代化设备到野外开展生活体验，但当不具备这些条件时，则需要利用地形地物修建简易、实用的炉灶，用以烧水、做饭等。修建炉灶是野外生活中很重要的一项技能，是野炊的基础和必备条件。各种炉灶要根据我们所能寻找到的燃料、所处的地形地势和当时的风力情况进行修建。

1. **三石炉灶**

三石炉灶是最简单且历史最久远的一种炉灶。取三块高度相同的石块呈三角形摆放，锅或壶架放在当中，一般情况下锅底或壶底需距地面 20 厘米左右（高度需视所用燃料确定，如用牛粪燃料高度不宜超过 20 厘米，如用木柴则可适当加高）。

其优点是：简单易操作，通风性好，适合各种地形。其缺点是：热能利用率比较低（如图 3－8）。

图 3－8　三石炉灶

2. **吊灶**

找两根上方有杈的树枝平行插在地上，中间横一木棍或树枝、帐篷杆等，将锅或壶吊挂在横木上，下方生火。也可用石块垒一道 U 形墙，在其上架一木棍或树枝，锅或壶吊在木棍上，下方生火。U 形的口应向吹风方向，以利于燃烧。

吊灶的缺点是：火焰不稳定，防风性能差，热能利用率低。

3. **木架灶**

在森林地区有时找不到合适的石块建灶，可找 4～6 根长 30～40 厘米的粗树枝（最好是新的或湿的），一端用刀削尖，按所用的锅或壶的底面积，呈方形或六角形钉在地上，将锅或壶架在木桩上，下方生火。

木架灶的缺点是：防风性能差，不能较长时间使用。

4. **坑灶**

在既无合适的石块又无树枝的情况下，也可在地上挖一坑灶。在地面上挖一深 20～30 厘米、长约 120 厘米、宽 30～40 厘米的斜形穴坑，坑口向风吹方向，用木棍或帐篷杆架在坑的两边用土堆起的土包上，将锅或壶吊挂在木棍或帐篷杆上（一般锅底、壶底和坑底之间的距离需在 20 厘米以上）。

坑灶的优点是：热能利用率高，安全性能好。其缺点是：挖灶的操作比较复杂。

5. **火塘灶**

火塘是篝火的一种，应选择坡坎下避风处，挖一方形或圆形深约 20 厘米的塘坑，上支三脚架以供烘烤食物、烧水、做饭。火塘坑可以较好地保存火种，还可以将食物埋在火塘中烘烤。

此外，野炊灶还有很多种，例如垒灶、散沿灶、避光灶等，可根据人数多少，就地取材修灶。

三、篝火

1. 准备工作

点燃篝火应选择在背风的地方，与帐篷保持一定的距离，以免火星损坏帐篷或引起火灾。最好能接近水源，或在篝火旁预备些水、泥土、沙石、青苔等用于及时灭火。

点燃篝火前，可先挖一个直径 1 米左右、深约 30 厘米的坑。如果地面坚硬无法挖坑，也可找些石块垒成一个圆圈，圆圈的大小根据火堆的大小而定。如在湿地或雪地生火，则要先用石头或木头垫地。

2. 篝火的点燃

为了便于点燃篝火，可在与风向成直角的地方放置两根枕木，将用作燃料的干柴与枕木成直角并排放在上面，然后，在这些木柴上面和中间顺着放些用刀斧砍成斜茬的细木头。最后，放上引火材料点火。如果引火物将要燃尽而干柴还未燃起，则应从干柴的缝隙中继续添入引火物，直到把干柴燃烧起来为止。

3. 篝火的种类与选择

煮烤食物时应选择小篝火，而作为夜间取暖、活动及防兽的篝火则要大一些。根据篝火搭建方法的不同，可将其分为不同的种类。具体如下：

（1）密林篝火。密林篝火，也称窝棚式篝火。把一根较粗的圆木两端用木柴或石块垫高，上面呈“人”字形斜搭较细的木柴和树枝，在背风面点燃。这种篝火燃烧面积宽，会产生较多的木炭，可供几个人围火取暖，较适用于冬季无遮棚的露营。

（2）星形篝火。星形篝火，也称放射式篝火。把 5 ~ 10 根圆木的一头并拢如星形，从中心点燃，然后一边烧一边把圆木向里推。这种篝火热量大，燃烧时间长，可供几个人围绕着它在雪地上宿营。

（3）框架式篝火。将木柴交互成 90°搭成“井”字形框架，层层上叠，然后从底部点燃。这种形式的篝火火焰旺盛、均匀，适合做饭取暖。

（4）长条形篝火。用两段约为人体长的圆木顺风叠放，边上打入湿木楔，防止圆木滑落，两木之间加撑子，留出空隙，以利燃烧。这种篝火燃烧时间较长，几乎无须调整，适于冬季露营时取暖。

4. 反射器

为增强篝火的取暖效果，减少风的影响，可选择适当的反射器。既可寻找天然的岩石作为反射器，也可以在篝火的背风面斜着打入两根木桩，靠着木桩排放若干潮湿的圆木，做成防风反射墙。

5. **燃料的分配**

夜间取暖、防兽用的篝火火势较大，燃烧时间长，不但需要储备较多的燃料，还应将一夜的燃料合理分配，其比例为前半夜用燃料的1/3，后半夜用2/3。

撤离营地时，必须确保篝火彻底熄灭，特别是林区和草原，以免引起火灾。

四、野外用火的注意事项

在野外用火时，一定要注意安全。应注意的事项有以下五点：

（1）一般情况下，不要在"防火期"生火。

（2）在野外行进过程中，不要吸烟；在途中休息或在营地里吸烟时，应将烟头熄灭后带走。

（3）点火应选择在周围没有可燃物的地方，并密切注意风向火势。

（4）火堆要始终有人看守，确保火苗熄灭后方可离开。

（5）火堆附近要有灭火条件。例如，离水源不远，或在火源旁边准备好灭火用水、泥沙、湿青苔等。

同步案例

山东森林公安局局长刘得：严禁"驴友"林区用火

2015年4月29日上午，山东省林业厅召开新闻发布会，山东省森防指办公室副主任、省森林公安局局长刘得在发布会上介绍了山东省进入防火期以来森林防火有关情况及"五一"节前后省森防指所采取的具体措施。

森林火灾是受自然因素和人为因素双重影响的自然灾害，突发性强、破坏性大、影响面广。一旦处置不力，不仅会对森林资源、生物多样性、生态建设成果造成破坏，而且会威胁人民群众的生命财产安全，造成较大社会影响。

据了解，从2014年秋季开始，山东省持续干旱，近期虽有降水，但重点林区旱情没有得到完全有效缓解，特别是胶东地区（烟台、威海等市），降水比鲁西和鲁南明显偏少，仍然十分干旱，林内可燃物含水量低，加之物候期比内陆晚，植被返青慢，现在仍非常容易燃烧蔓延形成火灾。

据统计，3月份以来，山东省共发生有林木损失的森林火灾9起，其中，济南市2起、青岛市1起、烟台市3起、淄博市1起、泰安市1起、威海市1起。烟台市昆嵛山管委昆嵛镇"3.24"、济南市历城区西营镇"3.25"、泰安市岱岳区黄前镇"3.30"、烟台龙口市东江街道办事处"4.16"、烟台龙口市七甲镇与招远市阜山镇交界处"4.17"五起森林火灾形成了过夜火，造成了较大影响和林木损失。

刘得局长介绍说，据预测，“五一”节前后，山东省气温仍将较往年偏高，大风等极端天气过程将频繁出现，重点林区风干物燥的大趋势不会改变，火险等级会持续偏高。另外，随着林区经济和森林旅游的快速发展，全省每年进山旅游度假人数超过2亿人次，“驴友”户外运动接近1亿人次，今后一段时间又逢农事用火、旅游用火和林区生产用火“三峰叠加”，相互交织，点多、面广、线长，管控十分困难。

据悉，山东省森林资源集中的泰山、蒙山、崂山、鲁山、沂山、徂徕山、昆嵛山、艾山、牙山、大泽山等山区地形复杂，山势陡峭，道路交通状况差，林地连片面积大，一旦发生森林火灾，很难有效控制扑救。

4月11日，淄博市博山区发生了一起火情，经调查火灾为三名外地“驴友”进山烤野兔引发的。由于“驴友”们比较喜欢有挑战的地方，而这些地方往往也是普通人群很难到达的地方，因此给救火工作增加了难度。刘得局长呼吁，广大“驴友”要文明出行，严禁林区用火。

“五一”节前后，山东省森林防火指挥中心将不定期组织对重点单位的森林防火工作进行督导检查，及时发现并消除火灾隐患。同时，要求全省各级森林防火部门采取得力措施，坚决防止林缘、林内燃放烟花爆竹、焚香祭祀和点放“孔明灯”等用火行为，根据火险天气预报情况，及时发布高森林火险天气预警，抓好火源管理。充分做好各项防扑火准备工作，确保一旦发生森林火灾，能立即启动预案，快速进行处置，重兵实施扑救，最大限度地减少火灾损失。

（资料来源：山东森林公安局局长刘得：严禁“驴友”林区用火．新浪山东．http：//sd. sina. com. cn/news/b/2015 - 04 - 29/detail - ichmifpz0237929. shtml，2015 - 04 - 29）

第三节　野　炊

在野外活动中，吃是一件头等大事。食物的准备在出发前是比较考究的，最好是轻便、美味又富有营养的食物。现在市面上有较多的方便食品可供选择，如各色各样的方便面、罐头、饼干、面包等，这些都是比较理想的野外活动食品。但是，如果我们在野外能喝上冒着气的热汤，嚼上香喷喷的米饭，那会让我们觉得这次的野外之行更加完美。在遇险情况下，最好能保证每天吃一顿热食，这对我们虚弱的肠胃来说，有着莫大的调理作用。

一、准备食物的原则

野外活动出发前，可参照下列原则准备食物：

（1）美味。当你疲劳、食欲不振时，可增进你的食欲。

（2）营养。在冬天或能量消耗大的时候，特别要注意碳水化合物的补充，因其可迅速地增加血糖的浓度，对体力恢复很有效。所以，我们应随身携带一些糖果或者巧克力，以便随时补充体力。如需长时间在野外生活，则应补充蛋白质，携带一袋奶粉会是一个不错的选择。

（3）容易清洗和烹调的食品，如瓜果、番茄、紫菜、罐头等。

（4）食物的分量应计算好，能吃饱又不至于有太多剩余，以免造成浪费和耗费体力。

二、利用炊具烹调

在野外煮食，虽没有家中那样齐备的炊具，但我们同样可以煮出美味可口的饭菜。

1. 利用饭盒烧饭

在野外利用饭盒烧饭，既方便又好吃。将米盛入饭盒，加上适量的水，盖上饭盒盖，烧饭时可增加盒内的压力，并可避免热水喷出，烧出来的饭更好吃。吃剩的饭，第二天还可加水煮稀饭。需要注意的是，火苗只能对饭盒底部加热，不能普及饭盒。

2. 用锅烧饭

用锅烧饭，要特别注意锅盖是否紧密盖住。如果锅盖松动，锅内水分不断蒸发，那么米就不容易煮成熟饭，可在锅盖上放石头增加锅压。野外负责炊事的人，烧饭时不要离开现场，随时注意倾听锅声，以便调节火的强弱。用锅烧饭，容易把锅底烧黑。因此，野外活动时带家中的旧锅即可。

三、无炊具的烹调方法

在没有炊具的情况下，可尝试用下面的方法烹煮食物。

1. 器皿煮食法

将铁脸盆、军用水壶、罐头盒、钢盔等架在三石灶上，或用铁丝吊挂，用火加热，烹煮食物、烧水等。

2. 烧烤法

可将食物穿插、缠裹在铁丝或木棍上，放在火边烧烤熟化。

3. 石板煮食法

用火将石板烧烫，然后将切成薄片的食物放在石板上烙熟。也可将若干拳头大小的石块放在火中烧热，随后用棍拨到一个40厘米深的土坑内铺成一层，上铺一层大树叶，放上食物，上面再铺一层树叶，将剩下的热石头铺在树叶上，然后再铺上厚厚的树叶并压住，三四个小时后即可取食。

4. 黄泥煮食法

用和好的黄泥在地上摊一个3厘米厚的泥饼，上面铺一层树叶，将野鸡、兔子、鱼等动物去内脏、脱毛刮鳞，放在泥饼上，用泥饼将食物包裹成团，放在火中或炭中烧两个小时即可食用。

5. 土坑烤食法

先在泥地上挖一个30~40厘米深的坑，在坑内放上绿色植物的叶子、青草或能保持食物清洁的布，放入肉块、鸡蛋或贝类食物，再盖上绿叶、青草等，然后在小坑上盖一层2厘米厚的沙子或泥土，把火堆设在上面。但是不可把肉块放在树叶堆里烧，因为这样会产生烟熏味。

6. 竹筒煮食法

如附近有粗壮的苗竹、毛竹等，则还可选用这种竹筒煮食法。将竹子砍倒，每2~3节竹筒砍成段，将竹节的一端打通，将米和水灌入竹节里，米约占2/3，然后将竹节放在火中烘烤，约40分钟即可做成熟饭。

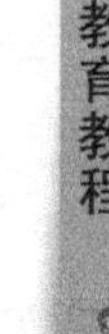

第四节　帐篷的使用

帐篷露营是野外旅行、登山探险等各种户外活动的主要宿营方式，也是值得提倡的宿营方式。

一、帐篷露营的特点

1. 贴近自然

没有什么方式比睡帐篷更加贴近大自然了，你身下就是大地而不是席梦思、钢丝床及水泥地，打开帐门就是自然界的一切，没有任何混凝土建筑遮挡你的视线，这才是真正的回归自然。

2. 随遇而安的家

帐篷是随遇而安的家，只要脚下有3平方米的平地，就可以扎下一顶足够两人而居的“家”，而一顶最轻的帐篷仅1千克左右，只要有它在身旁，就有了遮阳、避风避雨的“房子”，还可以躲避风雪、寒流等。它是野外旅行的亲密伴侣，有了它就可以安心地旅行。

3. 经济的宿营方式

在外旅行时，最节省住宿费用的就是住帐篷，可以算一下：一顶好的帐篷应当是四五百元一顶（可住3人），爱惜地使用至少可用50次（晚）以上，那么算下来的房费不是很便宜吗？因而，住帐篷非常划算。

二、帐篷的选择

帐篷是野外露营的必备装备，最好能够选择抗风性、保暖性和防雨性都较强的帐篷，此外，还必须根据露营的人数选择帐篷的大小。

三、帐篷的搭建方法

（1）平整地面：将地面打扫干净，清除石块、矮灌木等各种不平整、带刺、带尖物的易刺穿帐篷的一切东西，不平的地方用土或草等物填平。

（2）取出帐篷，铺开，四人分立于四角，两人联结并推送帐篷杆，两人在对角线方向负责疏导。当帐篷杆两边外露长度相等时（约一节半），四人同时用力，撑起帐篷，将帐篷杆插入内孔中，然后打地钉固定帐篷。

（3）搭防雨布：将防雨布的门与帐篷门对正，四人同时拉住拉环，拉紧防雨布，同时打地钉，然后用力将防雨布向外拉紧，保证防雨布与帐篷之间留有空气层，起到防雨、保暖的作用。

（4）及时将帐篷门窗拉上，以防止蚊虫和沙尘进入。

（5）在帐篷四周挖好排水沟。

四、使用帐篷的注意事项

（1）搭建帐篷时，帐篷进出口必须处于关闭状态。

（2）进帐篷休息时，应把鞋子鞋尖向外摆放好，除夜晚露营所需要的睡袋、枕头等物外，其他的物品必须收拾整齐放于背包里，摆放在帐篷出口的外帐帐檐里。

（3）注意防火，无特殊情况不要在帐篷内用火。

（4）进帐篷睡觉前，养成良好习惯，把头灯放在身边随手可取的位置，贵重物品压在枕头底下。

（5）严格按照领队安排的作息时间值夜与休息。

（6）晚上（包括值夜交班时）在没有轻声唤醒帐篷内休息的队友前，不允许拉开队友的帐篷。

（7）原则上把综合防御能力比较差的队员尽量安排在帐篷区的中心位置。

第五节　建立临时庇身所

如果正面临着生存的挑战，缺乏现成的帐篷，则要根据现有的工具和材料情况，搭建必需的临时庇身所。

一、简易帐篷的搭建

架设简易帐篷可使用方块雨衣、毛毯、帆布等器材。

1. 支撑帐篷的方法

临时简易帐篷主要利用现有的自然条件，借助一些简单设备进行搭建。支撑帐篷的常用方法有：①用树枝插入泥土来支撑帐篷。②利用斜挂的树枝吊起帐篷。③利用树干撑起帐篷。④利用树的枝叶来避风（如图3－9）。

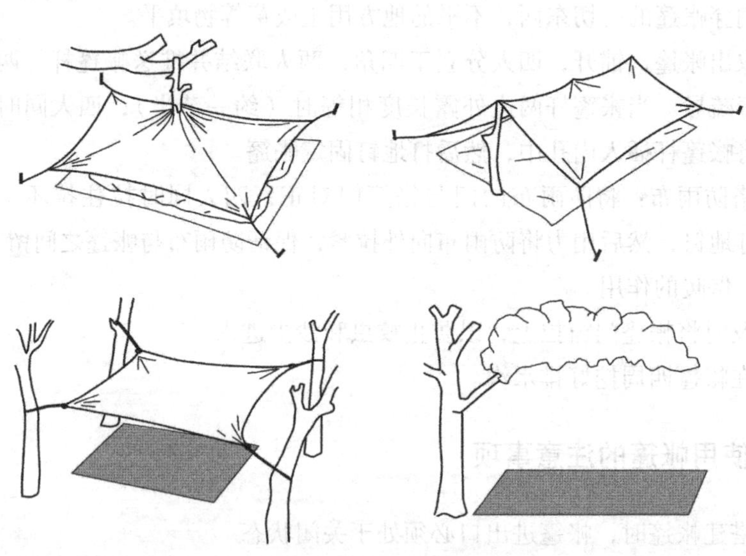

图3－9　临时简易帐篷

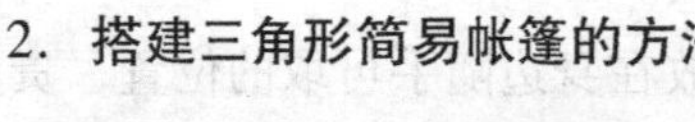

2. 搭建三角形简易帐篷的方法

搭建三角形简易帐篷的步骤如下：①把绳子的两端绑在两棵高度合适的树上。

②在帐篷的四个角钉上木桩。③利用木桩和树干把四角斜拉的绳子绑好拉紧。④用塑料布或帆布拦腰搭在横拉的绳子上面。⑤帆布多余部分沿下坡的方向折向内面。⑥再在帐篷里面铺上一块塑料布隔潮。⑦帐篷四周用石头压好。⑧根据条件，因地制宜搭成各种形状的三角形帐篷（如图 3－10）。

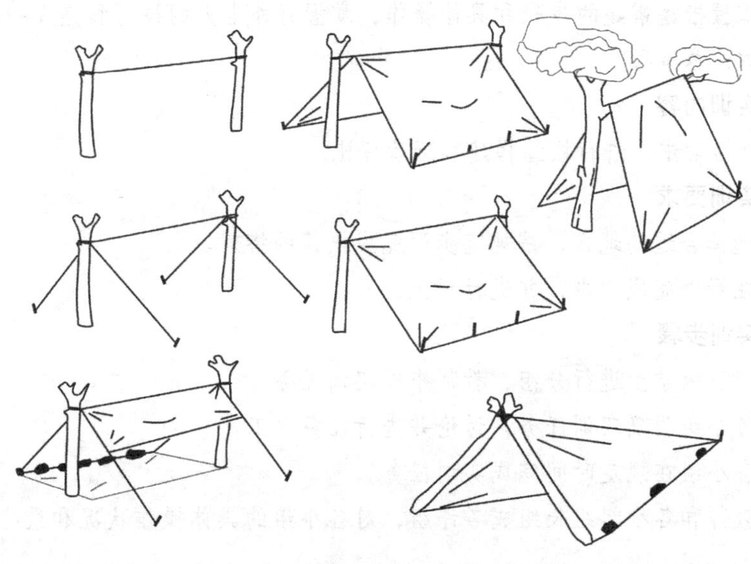

图 3－10　各种形状的三角形帐篷

二、寻找临时庇身所

如果缺少搭建简易帐篷的材料，则可以因地制宜寻找临时的庇身所，例如悬崖下的突出物、斜坡、天然凹坑、山洞等有利地势。如果身处大片的开阔地带，可背风坐下休息，在背后堆集各种物品防风。也可以利用宽大的树叶、倒地的树干、挖土坑、建雪屋等各种材料和方法，建立临时的庇身所。

知识点小结

1. 露营营地选择的四个基本原则：安全、近水、避风、平整。

2. 完善齐备的营地应划分为帐篷宿营区、用火区、就餐区、娱乐区、用水区（盥洗）、卫生区等区域；而简单的营地应划分为帐篷宿营区、用火区和卫生区。

3. 野外露营的注意事项——三大纪律、八项注意。

4. 野外生火的步骤：准备火种、寻找易燃的引火物、捡拾足够的干柴、选定和清理用火区、做好防火措施、点火。

5. 帐篷的搭建方法：平整地面、按序配合搭建帐篷、搭防雨布、拉好帐篷门窗、挖好排水沟。

项目综合实训

帐篷搭建和野炊评比

一、实训目的

通过在户外活动中的帐篷搭建和野炊评比活动，让学生学会选择合适的地方搭建帐篷，掌握帐篷搭建的步骤和具体操作，掌握野外生火的技巧和完成一定的炊事，明确其中的注意事项。

二、实训内容

在野外活动中，进行帐篷搭建和野炊评比。

三、实训要求

（1）选择合适的地方，按规范步骤完成帐篷的搭建。

（2）在野外完成炊事，并进行评比。

四、实训步骤

（1）对班级学生进行分组，教师布置实训任务。

（2）各小组明确实训任务，讨论并进行任务分工。

（3）各小组在规定时间完成实训任务。

（4）教师和各小组组长组成考评组，对各小组的具体操作状况和最终完成情况进行考评。

（5）教师现场归纳总结。

五、组织形式

以小组为单位进行实训操作，对考评结果进行现场点评、分析和交流。

六、考核要点

序号	考核点	考核要求	分值	备注
1	团队合作能力	各小组成员在评比活动中的分工协作能力	40分	小组自评
2	营地选择、帐篷搭建及分布	考查学生对营地选择、帐篷搭建及分布的规范性和合理性，明确其对相关知识的理解程度和应用能力	30分	教师评分 小组互评
3	野炊评比	考查学生对野外生火、野炊的技巧及食物营养搭配、野外用火安全等知识点的理解程度和相关的应用能力	30分	教师评分 小组互评

思考题：

1. 简述野外露营营地选址的要求。

2. 野外露营营地区域该如何合理划分？

3. 野外生火的方法有哪些？

4. 在野外，在没有炊具的情况下如何煮食？

5. 简述简易三角形帐篷的搭建方法。

参考文献：

［1］约翰·怀斯曼．生存手册．李斌，倪明，译．北京：华文出版社，1999.

［2］马红宇，王斌．登山、攀岩与野营入门．南京：江苏科学技术出版社，2001.

［3］陈小蓉．定向运动与野外生存训练．广州：中山大学出版社，2003.

［4］罗比．户外运动现在进行时．济南：山东友谊出版社，2003.

［5］柳萍．野外旅游生存自救．北京：中国旅游出版社，1999.

第四章　野外活动的保健与损伤急救

学习目标

理论目标：了解野外活动常见不适的产生原因，掌握各种不适的处理方法和预防措施。掌握野外急救的基本原则，学会野外急救的基本方法，掌握野外伤病的急救处理方法。

实务目标：能够做好预防措施，避免野外活动常见不适，出现不适时能正确应对。发生野外伤病，能够有条不紊地正确处理。发生意外，能沉着应对，有效实施急救手段。能够尽最大努力地将野外损伤风险降至最低。

导入案例

广东驴友登山1人摔伤致骨折　消防8小时大营救

2016年10月17日下午，中山市两名男性驴友在二尖山爬山过程中，其中一人摔倒受伤。中山市消防指挥中心接到警情后，立即调派五桂山中队和东区中队合共10名消防队员到场处置。在中山市五桂山林业站、派出所治安员及热心群众的等协助下，历经8个小时的救援，终于将伤者救离困境。

据伤者廖先生讲述，他是湖南人，28岁，在港口镇工作。当天上午，其与朋友一起从中山市金钟水库马踢水景点上山，登山过程中不慎滑倒，导致腿部骨折。由于自己体型较大，朋友难以搀扶其下山，只好报警求助。

（资料来源：广东驴友登山1人摔伤致骨折　消防8小时大营救．南方日报，2016－10－17）

第一节　野外活动常见症状的防治

一、疲劳

野外生存生活训练需要一定的体力，很多参加者由于缺少经验、体力安排不合理或者运动量相对比较大等原因，容易出现疲劳的现象。如果不及时消除疲劳，出现过度疲劳的情况，就会影响下一旅程活动的顺利进行，甚至危及参与者的健康。

处理及预防的措施有以下四点：

（1）按时用餐，保证营养。人在经过一天劳累之后，体内能量消耗很大，这时候机体很需要及时补充营养，否则第二天身体感觉仍然不舒适。可适当地增加糖类补充。

（2）按时就寝，早睡早起。在宿营地，晚饭后可做适当活动，早晨起来可散散步，不要做大运动量的锻炼，注意休息，为以后的活动储备精力。

（3）有条件时可用温、热水洗脚，这样可以帮助旅行者消除疲劳，进入更好的睡眠状态。

（4）休息时，最好做一些身体放松运动，例如轻轻地按摩大腿、小腿及两肩，促使肌肉放松。

二、肌肉痉挛

肌肉痉挛又叫抽筋，是由化学物质在肌肉中积聚引起的。野外发生抽筋的原因主要有以下三种：①运动强度过大；②运动姿势不对，从而造成肌肉协调不良；③运动时大量排汗，体内的盐分大量流失，致使肌肉突然产生非自主性的强直收缩。

主要症状：患处疼痛，肌肉有紧张或抽搐感，患者无法使收缩的肌肉放松。抽筋的多发部位为小腿、足趾。

处理及预防时应注意以下两点：

（1）可通过拉伸患处肌肉使患处伸直、轻轻按摩患处肌肉等方法处理。

（2）要注意补充水分及盐分，充分休息，直到患处感觉舒适为止，并要适当减少运动时间和推延徒步计划。

三、关节扭伤

关节活动超出了正常范围，使关节周围的软组织拉伤或撕裂称为关节扭伤。在野外登山涉川时，由于道路地形复杂，常会扭伤足、踝、膝、腰等部位。扭伤后关节活动受限，行动不方便，会影响团队活动的顺利进行。

主要症状：局部红肿、胀痛，活动功能障碍导致皮下出血，会立即或在数小时后形成淤血肿块。严重扭伤会伤及肌腱、神经等，影响野外活动的正常进行。

处理及预防时应注意以下两点：

(1) 首先确定受伤程度（患部外观是否正常，如肌肤破裂、骨头外露或异常突出等）。

(2) 根据 RICE 的原则处理：Rest（休息），即停止运动；Ice（冰敷），可抑制毛细血管的扩张，降低出血程度；Compression（包扎），包含固定、止血的功能；Elevation（抬高），即抬高患部。最后根据需要决定是否休息或停止野外行走并送医治疗。其中以冰敷最重要，因为冰敷可以降低伤者疼痛和局部肿胀的程度。因此，野外活动前应做好热身活动，在活动中集中注意力，运动量要适宜，动作幅度要循序渐进，尽量避免扭伤的发生。

四、水泡

在野外生存生活训练中，手脚上都有可能出现水泡，以脚上出现水泡常见。长途跋涉后，脚经常会被磨破，长出水泡，疼痛难耐。

处理及预防时应注意以下三点：①带好手套；②穿着与你的脚“磨合”惯了的鞋、吸汗的棉袜或线袜；③防止袜子脱落和起皱。

在容易磨出水泡的地方事先贴一块创可贴；如有条件，可以到商店里买一瓶防止起泡的喷雾剂（主要减轻摩擦作用）。一旦磨出了水泡，首先要将泡内的液体排出，可以用消毒过的缝衣针将水泡从边缘刺破，轻压挤出水泡内的液体，然后用碘酒、酒精等消毒药水涂抹创口及周围，最后用干净的纱布包好。

五、腹泻

在野外生存生活训练中，常因饮食不洁等原因引起腹泻，腹泻会导致体内严重脱水。

处理及预防时应注意以下三点：

(1) 注意饮食卫生，养成良好的个人卫生习惯，防止病从口入。

(2) 可适当服用药物。黄连素片是预防和治疗腹泻的良药，如果在活动中感到进食后有胃肠不适的症状，或进食的食物不太新鲜，均可服用黄连素片 2 ~ 3 片，能起到预防腹泻的作用。

(3) 如果不慎染上急性腹泻，应立刻采取治疗措施。急性腹泻若治疗不及时，容易转变成慢性肠炎。慢性肠炎可反复发作，很难彻底治愈，虽不致危及生命，但可伴度终生。因此，对急性腹泻一定要及时治疗，可口服黄连素片或痢特灵，或是送医院救治，并要注意补水，防止因腹泻导致脱水。

六、中暑

在高温湿热且无风的山区进行野外生存生活训练时，由于身体无法靠蒸发汗液来降低体温，人容易中暑。

主要症状：头痛、晕眩、烦躁不安、脉搏强而有力、呼吸有杂音、体温可能上升至40°C以上、皮肤干燥泛红。如果救治不及时，中暑的人可能会失去意识，甚至进入昏迷状态。

处理及预防时应注意以下五点：

（1）在进行活动前一定要准备好预防和治疗中暑的药物，如十滴水、清凉油、仁丹等。另外，还应该准备一些清凉饮料，以及太阳镜、遮阳帽等防暑装备。

（2）一旦有人中暑，如意识清醒，应尽快将其移至阴凉通风处，让其半坐姿休息，头与肩部给予其支撑，并且脱掉患者外衣，把浸水的湿衣服或长方形的湿睡袋盖在其身上。如果患者失去知觉，应让他/她平躺，并判断一下是否需要施行复苏术。

（3）如果患者的体温降至正常，可以把盖在其身上的湿物移开，并替他/她擦干以免着凉，继续用扇子为他/她扇风；当其体温又开始上升时，重新盖上湿的衣物。

（4）用清凉油涂于患者太阳穴等处，也可口服风油精，以十滴水、冷毛巾擦拭患者，直到其体温降到38°C以下。

（5）若患者自感症状严重，应向人求助，或请求他人为自己拨打救助电话，并尽快送医院救治。

七、感染风寒

在寒冷的地方进行野外生存生活训练，常因气温较低且变化迅速，而在途中由于种种原因导致疲劳，抵抗力变弱，比较容易感染风寒；有时需夜晚行走，由于晚上人体代谢减慢，产热减少，也容易受寒。

处理及预防时应注意以下两点：①出门前一定要了解目的地和途中可能出现的气候变化，带上合适的衣帽、雨具和护具，并根据天气及时更换。②若感染风寒要注意休息，可服用治疗风寒的感冒药物。

八、冻伤

在野外生存生活活动中，冻伤多是在不注意时发生的。冻伤的发生除了与寒冷有关外，还与潮湿、局部血液循环不良和抗寒能力下降有关。而在野外环境中，缺氧会使身体代谢率降低，缺水会使血液变稠，这两个因素都会使冻伤更容易发生。一般将冻伤分为冻疮、局部冻伤和冻僵三种。

1. 冻疮产生原因、症状及防治

在一般的低温情况下，如零下3℃~5℃和潮湿的环境中即会产生冻疮。冻疮在我国的北方、华东、华中地区都较常见。冻疮常在不知不觉中发生，部位多在耳郭、手、足等处，表现为局部发红或发紫、肿胀、发痒或刺痛，有些可起水泡，尔后发生糜烂或结痂。发生冻疮后，可在局部涂抹冻疮膏；糜烂处可涂用抗菌类和可的松类软膏。

2. 局部冻伤产生的原因、症状及防治

局部冻伤是在0℃以下，耳部、鼻部、面部或肢体受到冷冻作用发生的损伤。一般分为四度：

（1）Ⅰ度冻伤：伤及表皮层。局部红肿，有发热、痒、刺痛感，数日后干痂脱落而愈，不留瘢痕。

（2）Ⅱ度冻伤：损伤达真皮层。局部红肿明显，有水疱形成。自觉疼痛，若无感染，局部结痂愈合，很少有瘢痕。

（3）Ⅲ度冻伤：伤及皮肤全层和深达皮下组织，创面由苍白变为黑褐色，周围红肿、疼痛，有血性水疱，若无感染，坏死组织干燥成痂，愈合后留有瘢痕且恢复慢。

（4）Ⅳ度冻伤：伤及肌肉、骨等组织，局部似Ⅱ度冻伤。治愈后留有功能障碍或致残。

冻伤处理：复温是救治冻伤的基本手段。首先要脱离低温环境和冰冻物体，如有衣服、鞋袜等同肢体冻结者切勿用火烘烤，也绝不可将冻伤部位用雪涂擦，这样做只能加重损伤。应用温水（40℃左右）融化后，将衣物脱下或剪掉，然后用38℃~40℃温水浸泡伤肢或浸浴全身，水温要稳定，使局部在20分钟、全身在半小时内复温。复温至肢体红润，皮温达36℃左右为宜。如果冻伤发生在野外，无条件进行热水浸浴时，可将冻伤部位放在自己或救助者的怀中取暖，同样可起到热水浴的作用，使受冻部位迅速恢复血液循环。对呼吸心搏骤停者，应及时施行心脏按压和人工呼吸。还要注意，解冻后的组织敏感而脆弱，其发生再冻伤时的伤害比解冻前造成的伤害还大，所以如果伤员需要用冻伤的脚走路，解冻的部位在撤离时还可能会再冻伤，那就先不要解冻。

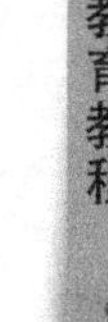

3. 冻僵产生的原因、症状及防治

冻僵是指人体遭受严寒侵袭，全身降温所造成的损伤。伤员表现为全身僵硬、感觉迟钝、四肢乏力、头晕，甚至神志不清、知觉丧失，最后因呼吸循环衰竭而死亡。发生冻僵的伤员已无力自救，救助者应立即将其转运至温暖的房间内，搬运时动作要轻柔，避免僵直的身体再次受到损伤，然后迅速脱去伤员潮湿的衣服和鞋袜，将伤员放在38℃~42℃的温水中浸浴。如果衣物已冻结在伤员的肢体上，不可强行

脱下，以免损伤皮肤，可连同衣物一起放入温水中，待解冻后取下。

九、外伤

在进行野外生存生活训练时，如果受了外伤，通常情况下都会比日常的生活环境下要严重得多。因为伤口更容易受到病菌的感染，如果处理不好，则会使组织受损、坏死，更严重的话，可能并发出血、坏疽或败血症。

外伤一般可分为擦伤、挫伤、切伤、撕伤、刺伤和穿孔伤等，均表现为皮肤出现了破损，伴有出血、疼痛等症状。

处理方法和步骤：

（1）去除伤口周围衣物，必要时剪开衣物；如果是穿孔伤，则要把两个伤口都找到。

（2）彻底清洗伤口：伤口的彻底清洗，可有效降低伤口感染的危险，同时还可加速伤口的愈合；清洗时，使用流动的清水进行冲洗，至少持续5~10分钟；如果周围没有干净的清水，可用新鲜的尿液清洗伤口。

（3）清洗完伤口后，应以伤口为中心，用消毒药水（如双氧水、酒精、碘酒等）以画“同心圆”的方式在伤口周围进行消毒，随后在伤口局部撒上抗生素，尽量让伤口敞开，以减少感染化脓的危险；如必须进行伤口缝合或封闭时，则要注意用干净的布条包在伤口外面，并与绷带包扎好，每天勤换布条，对伤口进行局部消毒，并密切留意伤口是否有感染的症状。

（4）伤口感染的信号：伤口出现红肿，并有疼痛感；体温明显升高；伤口上或布条上出现脓液。

（5）伤口感染后的处理：热敷。将布条用热水浸泡之后，在潮湿状态下敷在伤口上，等布条变凉后再换新的，反复进行，每次约敷30分钟，每天进行3~4次；排脓：将器具消毒后，拨开伤口并深入伤口内部，将脓液尽量排出；大量饮水，有条件时，口服和局部使用抗生素。

相关链接

经过网上查阅及中国登山协会的数据报告，2011年全年全国共发生493起事故共涉及28个省市。分析其户外徒步运动事故原因大致如下：①坠崖：主要包括跌入山谷、坠入悬崖、滑坠等；②迷路：主要包括参与者野外迷失方向、找不到出山的路、体力不支被困、失踪等；③受伤：主要包括不小心摔倒、不小心扭伤、被动物袭击等；④疾病：主要包括参与者身体疾病，比如哮喘、高山反应、心脏疾病等；⑤自然因素：主要包括天气突然变化、山洪、泥石流等；⑥落水：主要包括因掉落水中导致的事故；⑦其他因素：除上述以外的事故原因。

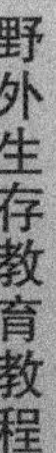

户外徒步运动事故原因饼状图如下：

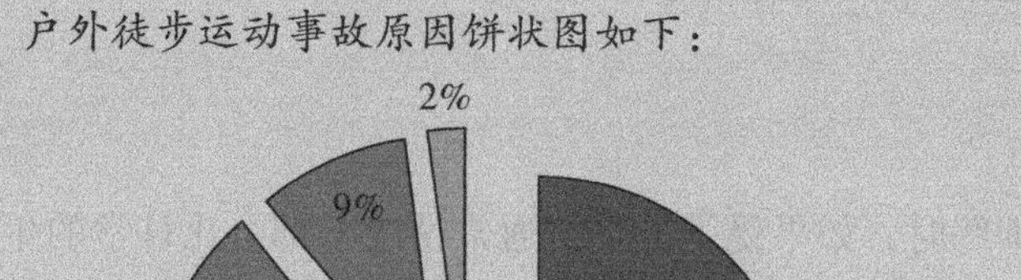
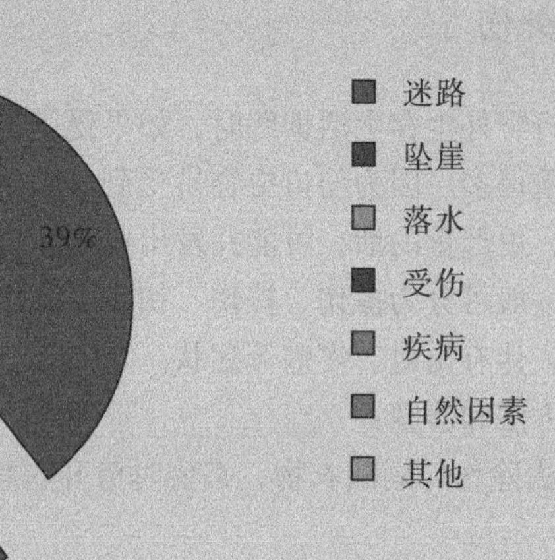

根据统计图表可以看出，迷路与受伤是事故发生的主要原因之一，占事故发生比例的62%以上，参与者对户外徒步活动的准备不充分、自身的户外徒步技能不全面、参与者户外知识掌握不够是导致事故的主要因素。其次为坠崖导致，主要因素有：注意力不集中、疏忽大意、户外经验不足等。

（资料来源：薛科展．户外徒步运动事故统计及安全风险评估研究．北京：中国地质大学，2013）

第二节　野外损伤的急救

一、野外急救的原则

野外活动中较易出现突发伤害和紧急情况，从很小的事件，如手指划伤或脚趾碰伤，到很大的自然灾害，如海啸、泥石流等。虽然不同情况下的伤害各有特点，但是急救的基本原则是通用的，自救或救援者应在以下原则的基础上，因地因时制宜地解决遇到的问题。

1．保持沉着、冷静

在野外发生事故时，由于事故本身强烈的精神刺激，再加上各种恶劣环境因素的影响，遇险者和救援者的心理都会发生明显的变化，所以不管什么时候都应尽量理智地思考问题，并保持沉着、冷静，同时行为不要偏激。这样有利于判明所处的环境及面临的各种危险，有利于运用已掌握的急救知识来处理各种问题，有利于正确应用各种装备使其发挥应有作用，也有利于自救或主动配合营救活动。

2. 全面估计形势，抓主要矛盾

要全面估计形势：有多少人受伤？谁的情况最严重？是否有潜在的威胁（有无发生火灾和爆炸的可能）？急救时要抓住主要矛盾，救命在先，做好休克的防治。

3. 迅速作出临时诊断，准确、有效地处理

应尽早对伤员的伤情或伤病作出诊断，有时诊断相当明显，例如头部创伤出血，而有时却不明显，例如晕厥或意识不清。诊断后要及时并且准确而有效地进行相应处理。

4. 利用现有材料

因地制宜地利用身边可利用的一切材料进行急救，如用木板做简易担架，用毛巾做绷带或三角巾等。

5. 尽早争取机会寻求帮助或召唤医务人员

通常最快的方法是给急救中心打电话，在医护人员到来前必须采取一些急救措施。

二、野外急救的初步措施

1. 让伤员保持正确的体位，并对其生命体征进行初步检查

选择正确的伤员体位，初步检查伤员的神志、呼吸、血压、脉搏等生命体征，并随时观察它们的变化，每5分钟观察一次。

2. 向“120”呼救的同时，在场人员积极进行初步救护

向“120”呼救后，在场人员应迅速而准确地采取相应的措施进行初步急救。具体包括：

(1) 将伤员搬运至安全、易于救护的地方。

(2) 保持伤员呼吸道的通畅，对于已昏迷者，应将其口腔中的呕吐物、分泌物掏取出来，并将头偏向一侧，防止分泌物堵塞气道；若呼吸道被异物阻塞，则可运用腹部冲击法等急救手法，使异物排出来。

(3) 心跳、呼吸暂停者，需及时进行心肺复苏术（CPR）。

(4) 外伤患者给予初步止血、包扎、固定。

(5) 口服安全可靠的药物，应尽量采用过去已用过的、证实无过敏反应的药物，并记好药名、药量、服药时间，以便向医生陈述。

3. 准备向救护人员介绍病情及救治经过

待救护车到达后，应向医护人员详细地讲述伤员的病情、伤情及发展过程，已采取的初步急救措施，以保证急救的连续性和完整性。

三、野外急救的基本方法

（一）止血

在野外难免会受伤流血，小的出血无须特殊处理即可自行愈合，但严重的外伤出血，尤其当失血量达到人体总血量的20%以上时，会出现明显的休克症状。当失血量达到人体总血量的40%时，就有生命危险。进行现场抢救时，首先要采取紧急止血措施，防止因大出血引起休克甚至死亡。常用止血的方法有：指压止血、加压包扎止血、加垫屈肢止血、止血带止血、填塞止血。

1. 指压止血

用手指在伤口上方（近心端）的动脉压迫点上，用力将动脉血管压在骨骼上，中断血液流通以达到止血目的。指压止血是较迅速有效的一种临时止血方法，止住出血后，需立即换用其他止血方法。常用压迫点有：

（1）颞动脉止血：拇指或食指在耳屏前稍上方正对下颌关节处用力压。用于头顶及颞部的出血。

（2）颌外动脉止血：拇指或食指在下颌角前约半寸处，将颌外动脉压在下颌骨上。用于腮部及颜面部的出血。

（3）颈总动脉止血：把拇指或其余四指放在气管外侧（平甲状软肌）与胸锁乳突肌前缘之间的沟内可触及颈总动脉，将伤侧颈总动脉向颈后压迫止血。用于头、颈部大出血。此法非紧急时不能使用，禁止同时压迫两侧颈总动脉，以防止伤者因脑缺血而昏迷死亡。

（4）锁骨下动脉止血：拇指在锁骨上凹摸到动脉搏动处，其余四指放在受伤者颈后，拇指向凹处下压，将动脉血管压向深处的第一肋骨上止血。用于腋窝、肩部及上肢的出血。

（5）尺、桡动脉止血：将伤者手臂抬高，双手拇指分别压迫手腕横纹上方内、外侧搏动点（尺桡动脉）止血。用于手部出血。

（6）肱动脉止血：将上肢外展外旋，曲肘抬高上肢，拇指或四指在上臂肱二头肌内侧沟处，施以压力将肱动脉压于肱骨上即可止血。用于手、前臂及上臂下部的出血。

（7）股动脉止血：在腹股沟中点稍下方，大腿根处可触摸到一个强大的搏动点（股动脉），把两手的拇指重叠施以重力压迫止血。用于大腿、小腿、脚部的动脉出血。

（8）足背动脉和胫后动脉止血：两手食指或拇指分别压迫足背中间近脚腕处（足背动脉）和足跟内侧与内踝之间（胫后动脉）止血。用于足部出血。

（9）指动脉止血：将伤指抬高，可自行用健侧的拇指、食指分别压迫伤指指根的两侧。用于手指出血的自救。

2．加压包扎止血

先用消毒纱布垫覆盖伤口后，再用棉花团、纱布卷或毛巾、帽子等折成垫子，放在伤口敷料上面，然后用三角巾或绷带紧紧包扎，松紧以达到止血目的为度。此法一般用于小动脉、静脉及毛细血管止血。注意：伤口有碎骨存在时，禁用此法。

3．加垫屈肢止血

主要用于四肢的损伤出血，但有骨折、怀疑骨折或关节损伤的肢体不能用此法，以免引起骨折端错位和剧痛。使用时要经常注意肢体远端的血液循环，如血液循环完全被阻断，要每隔 1 小时左右慢慢松开一次，观察 3 ~5 分钟，防止肢体坏死。前臂或小腿出血时，可在肘窝或腘窝放纱布垫、棉花团、毛巾或衣服等物，屈曲关节，用三角巾或绷带将屈曲的肢体紧紧缠绑起来；上臂出血时，可在腋窝加垫，使前臂屈曲于胸前，用三角巾或绷带把上臂紧紧固定在胸前；大腿出血时，可在大腿根部加垫，屈曲髋关节和膝关节，用三角巾或长带子将腿紧紧固定在躯干上。

4．止血带止血

用于四肢较大动脉的出血，用其他方法不能止血或伤肢损伤无法再复原时，才可用止血带。因止血带易造成肢体残疾，故使用时要特别小心。止血带有橡皮制的和布制的两种，如果没有止血带亦可用宽绷带、三角巾或其他布条等代替，以备急需。用橡皮止血带止血时，先在缠止血带的部位（伤口的上部）用纱布、毛巾或受伤者的衣服垫好，然后以左手拇、食、中指拿止血带头端，另一只手拉紧止血带绕肢体缠两圈，并将止血带末端放入左手食指、中指之间拉回固定（如图 4 -1）。

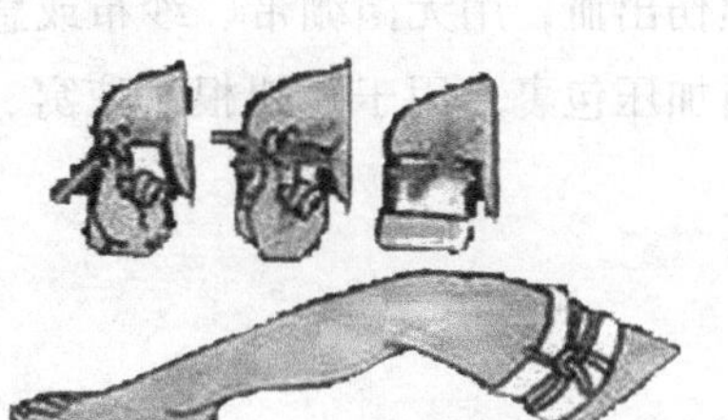

图 4 -1　止血带绕肢体示意图

在没有止血带的情况下，可用身边现成的材料，如三角巾、绷带、手绢、布条等，折叠成条带状缠绕在伤口的上方（近心端），缠绕部位用衬垫垫好，用力勒紧然后打结。在结内或结下穿一短棒，旋转此棒使带绞紧，至不流血为止，将棒固定在肢体上（如图4－2）。

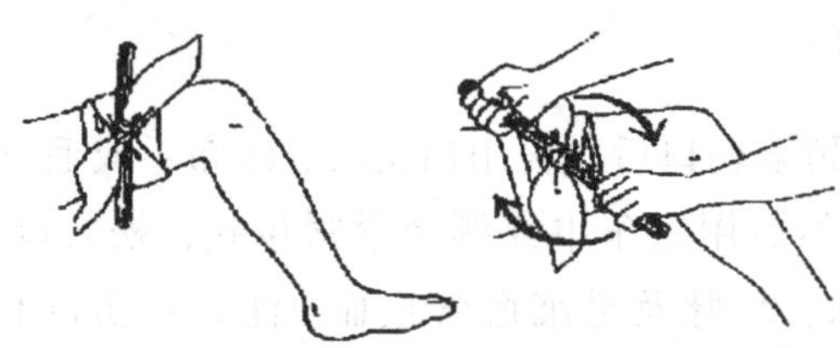

图4－2　其他材料绕肢体示意图

用止血带止血要注意以下六点：

（1）止血带不能直接缠在皮肤上，必须用三角巾、毛巾、衣服等做成平整的垫子垫上。

（2）上臂避免绑扎在中下1/3处，因此处易伤及神经而引起肢体麻痹；上肢应扎在上1/3处；下肢应扎在大腿中部。

（3）为防止远端肢体缺血坏死，在一般情况下，上止血带的时间不超过2～3小时，每隔40～50分钟松解一次，以暂时恢复血液循环，松开止血带之前应用手指压迫止血，将止血带松开1～3分钟之后再在另一稍高平面绑扎。松解时仍有大出血者，不要在送医途中松放止血带，以免加重休克。

（4）若肢体伤重已不能保留，应在伤口上方（近心端）绑止血带，不必放松，直到手术截肢。

（5）上好止血带后，在伤者明显部位加上标记，注明上止血带的时间，尽快送医院处理。

（6）严禁用电线、铁丝、绳索代替止血带。

5. 填塞止血

对软组织内的血管损伤出血，用无菌绷带、纱布或急救包、棉垫填塞在伤口内压紧，外加大块无菌敷料加压包裹。用于大腿根、腋窝、肩部、口、鼻、宫腔等部位的出血。

（二）包扎法

进行野外急救包扎是为了达到防止伤口再感染、压迫止血及止痛的目的。

1. 卷带（绷带）包扎法

卷带（绷带）适用于头颈及四肢的包扎，操作时要适当地使用拉力，以达到固

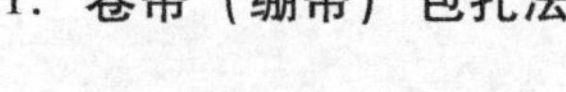

定伤口敷料及加压止血的目的。根据受伤部位的不同，应采用不同的包扎方法。

（1）环形包扎法：适用于包扎粗细均匀的部位，如额部、手腕和小腿下部，以及作为其他包扎方法的开始与结束。包扎时张开卷带，把带头斜放在伤肢上，用拇指压住，包扎一圈后，将带头斜放的小角反折过来，然后继续绕圈包扎，以后一圈覆盖前一圈，最后将带头固定（如图 4－3）。

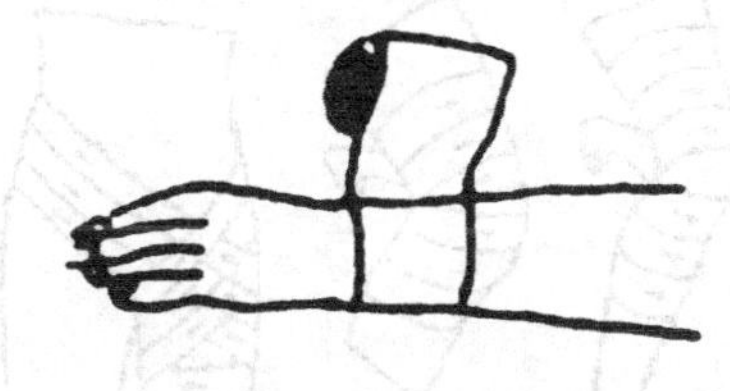

图 4－3　环形包扎法

（2）螺旋形包扎法：适用于包扎肢体粗细差不多但范围较大的部位，如上臂，大腿下段等处。包扎时以环形包扎开始，然后将卷带斜行向上缠绕，后一圈盖住前一圈 1/2～1/3 即可（如图 4－4）。

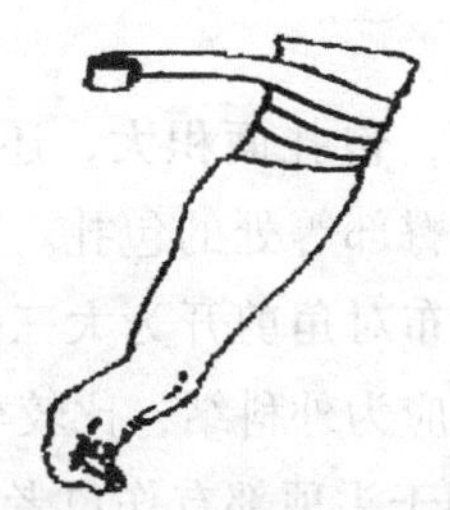

图 4－4　螺旋形包扎法

（3）转折形包扎法：又叫反折螺旋形包扎法。适用于包扎粗细差别较大的部位，如小腿、前臂等。包扎仍以环形包扎开始，然后用一根拇指压住卷带将其上缘反折约 45°，并压住前一圈的 1/2～1/3，转折线应避开伤处并互相平行（如图 4－5）。

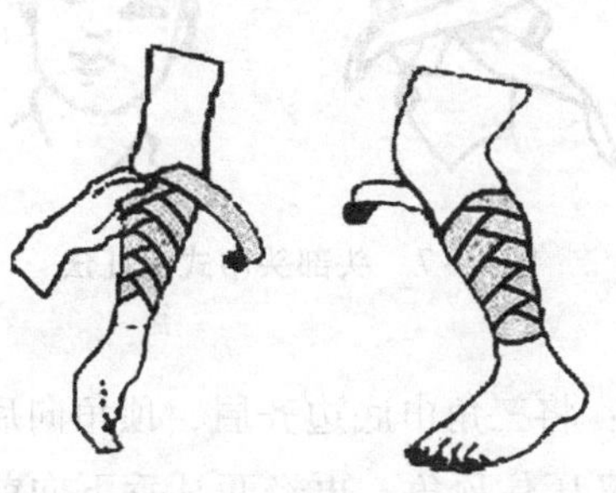

图 4－5　转折形包扎法

（4）“8”字形包扎法：适用于关节部位的包扎。可从关节中心开始，先以环形

包扎在关节中央开始，接着一圈在关节上方，另一圈在关节下方作“8”字形缠绕，两圈在关节凹面交叉，逐渐远离关节，每圈仍压住前一圈的1/2~1/3；也可从关节下方开始，先以环形包扎在关节远端，然后由下而上，再由上而下来回作“8”字形缠绕，逐渐靠拢关节，最后以环形包扎结束（如图4-6）。

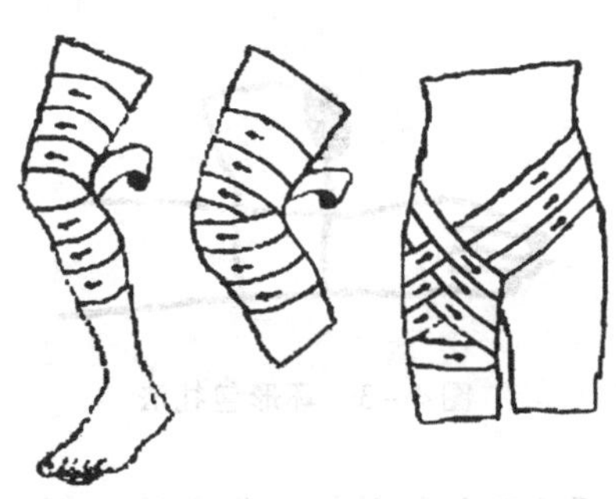

图4-6 “8”字形包扎法

2. 三角巾包扎法

三角巾制作简单，使用方便，包扎面积大，还可以叠成带状、燕尾状等形状，多用于肩部、胸部、腹股沟部和臀部等处的包扎。三角巾大小可根据需要选定，一般有大小两种，用1米见方的白布对角剪开为大三角巾，小三角巾是大三角巾的一半。使用三角巾，两底角打结时应为外科结，比较牢固。常用的三角巾包扎法有：

（1）头部头巾式包扎法：用于头顶部有伤口者。将大三角巾底边折成两指宽放在额部，顶角放枕后，然后把两底角经两耳上方分别绕至枕后作半结压住顶角，再绕至前额缚结。最后把枕后部的顶角拉平，塞入半结内（如图4-7）。

图4-7 头部头巾式包扎法

（2）头顶下颌包扎法：将三角巾底边齐眉，顶角向后盖头上，两底角经两耳上缘拉向头后部，在枕部交叉压住顶角，再经两耳垂下向前拉，一底角包绕下颌到对侧耳垂前下，与另一底角十字交叉后，又分别经两耳前上提到头顶打结，再将顶角反折到头顶部，与两底角相遇打结。

（3）头、耳部风帽式包扎法：用于头顶、面部或枕部有伤口者。在三角巾顶角处打一结，成风帽状，然后将顶结置于前额中央，头部套入风帽内，包住头部，向下拉紧两底角，再将底边向外反折 2～3 指宽的边，左右交叉包绕下颌，绕至枕后打一平结固定（如图 4－8）。

图 4－8　头、耳部风帽式包扎法

（4）单侧面部包扎法：将三角巾对折双层，一只手将顶角压在伤员健侧眉上，另一只手将底边的一半经耳上绕到头后，用底角与顶角打结，然后将底边的另一半反折向下包盖面部，并绕颌下用底角与顶角在耳上打结。

（5）面部面具式包扎法：用于广泛的面部损伤或烧伤，颜面部较大范围的伤口者。方法是将三角巾的顶部打结后套在下颌部，罩住面部及头部拉到枕后，将底边两端交叉拉紧后到额部打结，然后在口、鼻、眼部剪孔、开窗（如图 4－9）。

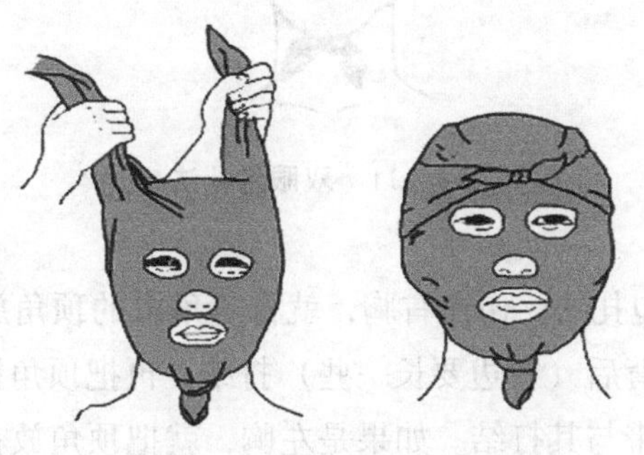

图 4－9　面部面具式包扎法

（6）单眼带式包扎法：将三角巾折成 4 指宽的带状巾，以 2/3 向下斜放在伤眼上，将下侧较长的一端经枕后绕到额前压住上侧较短的一端后，长端继续沿着额部向后绕至健侧颞部，短端反折环绕枕部至健侧颞部与长端打结（如图 4－10）。

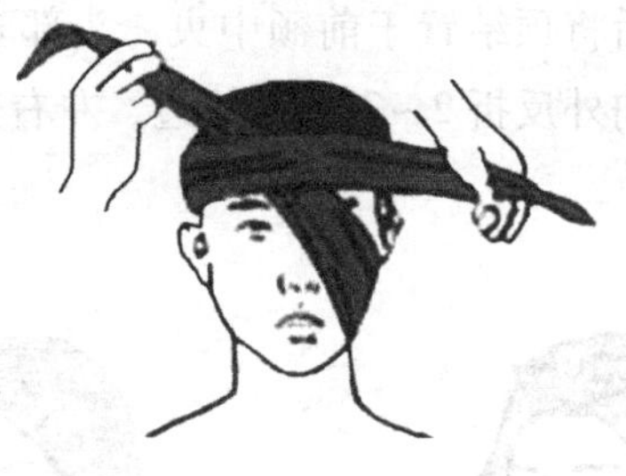

图4－10　单眼带式包扎法

（7）双眼包扎法：将三角巾折成4指宽的带状巾，将中央部盖在一侧伤眼上，下端从耳下绕到枕后，再经对侧耳上至眉间上方压住上端，继续绕过头部到对侧耳前，将上端反折斜向下，盖住另一只伤眼，再绕耳下与另一端在对侧耳上或枕后打结。也可用带状巾作交叉法包扎，将三角巾折叠成约4指宽的条带状，其中点放在枕部下方，两端从耳下绕至面部，在两眼处交叉并遮盖双眼，两端再经两耳上方拉向枕部打结。双眼包扎法还可用三角巾折叠成4指宽的带状巾横向绕头两周，于一侧打结（如图4－11）。

图4－11　双眼包扎法

（8）一侧胸/背部包扎法：伤在右胸，就将三角巾的顶角放在右肩上，然后把左右底角从两腋窝拉过到背后（左边要长一些）打结，再把顶角拉过肩部与双底角结系在一起，或利用顶角小带与其打结。如果是左胸，就把顶角放在左肩上。使用在左背和右背时，方法也和胸部一样，不过其结应打在胸前（如图4－12）。

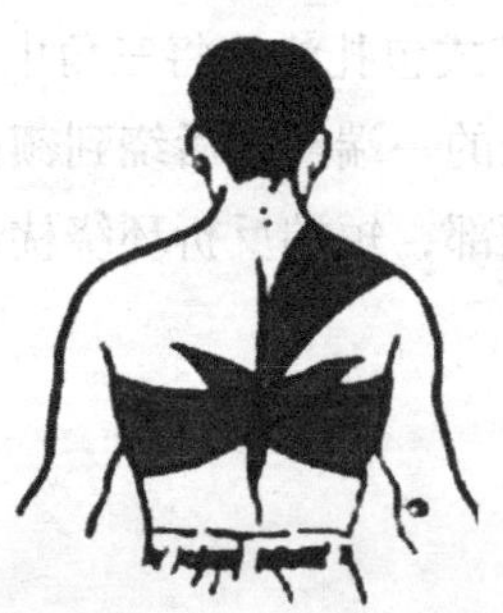

图4－12　一侧胸/背部包扎法

（9）全胸/背部包扎法：用一个大三角巾的顶角在中间直向剪开约 25 ~ 30 厘米，分别放在颈部左右两边，然后把基底的左右两角在背后打一半结，再把本结两角上提和顶角撕开的两头相结。背部包扎与胸部包扎相同。

（10）胸背部燕尾式包扎法：将三角巾折成燕尾状，两角长短相等，夹角为 70°，并对准胸骨，燕尾底边围绕胸部在背后中央作结，再通过布带在肩上与两燕尾角作结。

（11）胸背部双燕尾式包扎法：先将两燕尾的四个角相对在肩部打结，再将两燕尾的基底部绕胸背部在腋下作结（如图 4 – 13）。

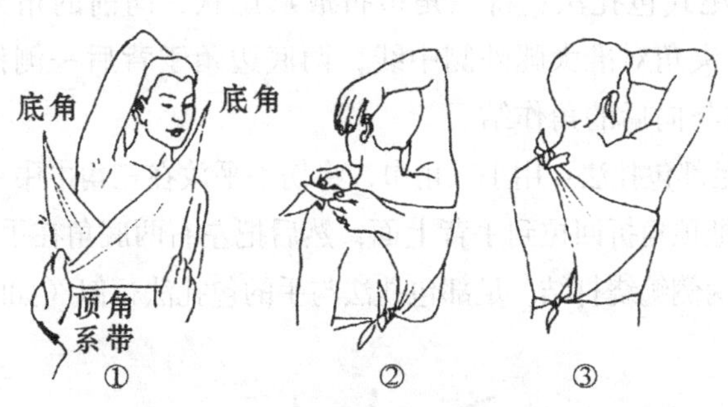

图 4 – 13　胸背部双燕尾式包扎法

（12）肩部包扎法：先把三角巾的中央放于肩部，顶角向颈部，底边折成两横指宽横放在上臂上部，两端绕上臂在外侧打结，然后把顶角拉紧经背后绕过对侧腋下拉向伤侧腋下，借助系带与两底角打结（如图 4 – 14）。

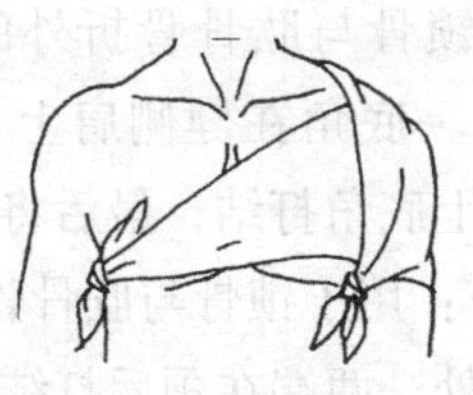
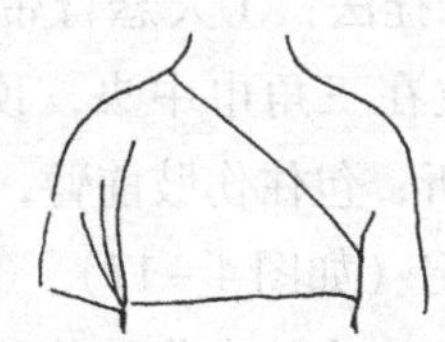

图 4 – 14　肩部包扎法

（13）肩部燕尾式包扎法：将三角巾折成燕尾式放在伤侧，向后的角稍大于向前的角，两底角在伤侧腋下打结，两燕尾角于颈部交叉，至伤侧腋下打结。

（14）腹部兜式包扎法：把三角巾横放在腹部，将顶角朝下，底边置于脐部，拉紧底角围绕到腰后打结，顶角经会阴拉至臀部上方，用底角余头打结。此法也可包扎臀部，不同的是顶角和左右两底角在腹部打结（如图 4 – 15）。

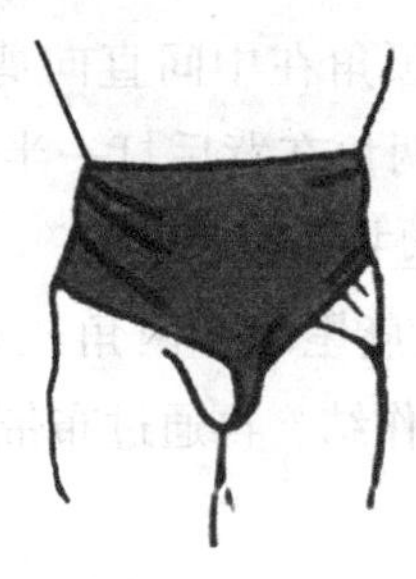
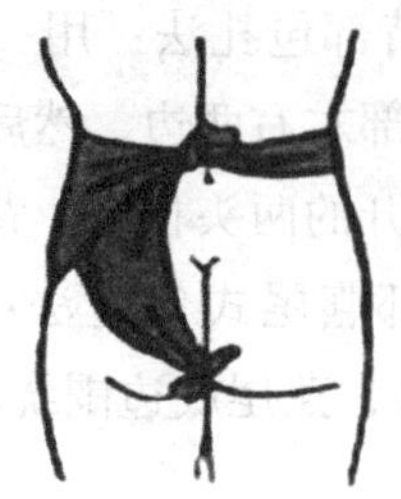

图4－15　腹部兜式包扎法

（15）腹部燕尾式包扎法：将三角巾折成燕尾状，向前的角大于向后的角。底边横放在上腹部，夹角对准大腿外侧中线，两底边角于背后一侧作结，将前角围绕大腿拉于臀部下方与向后的角作结。

（16）手部／足部包扎法：用小三角巾，将伤手平放在三角巾中央，手指指向顶角，底边横于腕部，再把顶角折回拉到手背上面，然后把左右两底角在手掌或手背交叉地向上拉到手腕的左右两侧缠绕打结。足部包扎法与手的包扎法相似（如图4－16）。

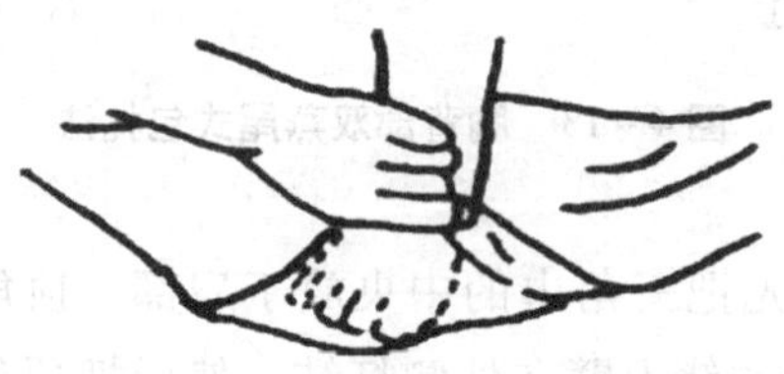

图4－16　手部/足部包扎法

（17）前臂悬挂法：①大悬臂带：用于除锁骨与肱骨骨折外的各种上肢损伤。肘关节屈曲90°放在三角巾中央，顶角向外，一底角在健侧肩上，一底角在肘下，然后将下底角上折，包住伤肢前臂，在颈后与上底角打结，最后将肘后顶角向前折，用别针或粘膏固定（如图4－17）。②小悬臂带：用于锁骨与肱骨骨折。将三角巾折成四指宽的宽带，中央放在伤肢前臂的下1/3处，两端在颈后打结（如图4－18）。

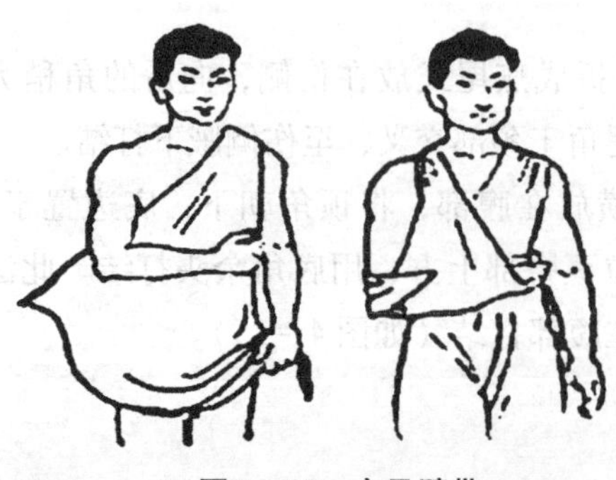

图4－17　大悬臂带

图4－18　小悬臂带

3. **包扎时应注意的事项**

（1）对开放性伤口必须进行包扎，尤其是在出血多，并有骨折、内脏外露、异物刺入人体的紧急情况下。有些闭合性的损伤也要包扎。

（2）对有内脏外露的伤口进行包扎时，注意不可将内脏送回腹腔内，应该用干净、消毒的纱布围成一圈保护，或者用干净饭碗扣住已脱出的内脏，再进行包扎。

（3）有异物刺入体内时，切忌擅自将插入物拔出，应该先用棉垫等物将异物固定住再进行包扎。

（4）包扎伤口可用绷带、三角巾及就地获取的替代品。

（5）包扎动作应熟练柔和，尽可能不要改变伤肢位置，以免增加伤员痛苦。

（6）包扎一般先在受伤的部位放一块敷料（纱布），然后用绷带、三角巾等扎好。卷带包扎一般应从伤处远心端开始，近心端结束，末端用粘膏或别针固定，如需缚结固定，缚结处应避开伤口。

（7）包扎松紧度要合适，过紧会影响血液循环，过松将失去包扎的作用。在包扎四肢时，一般应露出手指或足趾，以便观察其包扎的松紧度。

（三）伤员搬运

如果有人不幸受伤，并且伤势较为严重，因为出现骨折、昏迷等情况而无法自主行动时，应该尽快选择一个好的方法，将伤员转移到合适的场所进行救治。但伤员的搬运方法很重要，如果搬运不当，很可能会耽误时间，而延误治疗时机，特别是在转移骨折伤员时，还可能会直接导致伤员病情的加重。

1. **搬运伤员的具体方式**

（1）徒手搬运。一人搬运时：扶持法、抱持法、背负法（如图4-19）。

扶持法

抱持法

背负法

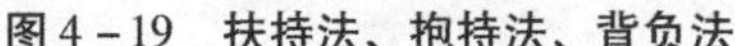

图4-19 扶持法、抱持法、背负法

两人搬运时：托椅法、桥杠法、拉车法（如图4－20）。

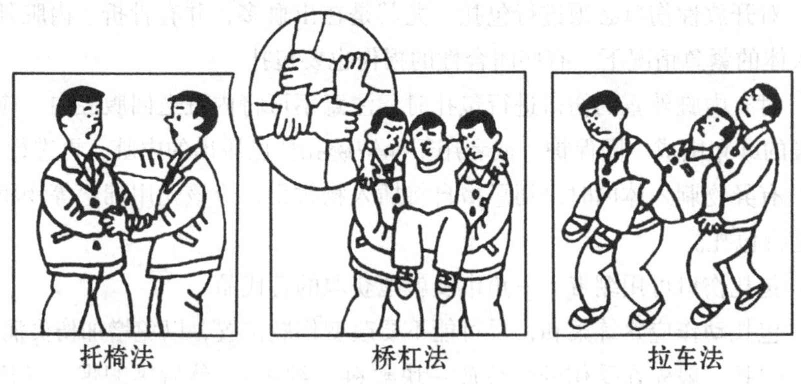

图4－20　托椅法、桥杠法、拉车法

多人搬运时：平卧搬运法（如图4－21）。

图4－21　平卧搬运法

（2）器材搬运。所谓器材搬运，即担架搬运法。运用此方法搬运伤员时应注意：移动伤员上担架时，要用平托法，抬起时头部在后，足部在前，以便后面抬担架的人随时观察伤员的面部表情，如有危险征象，可以就地抢救。把伤员放在担架后要固定，把吊带扣好，防止伤员翻落，也可以用三角巾、绷带等固定；保持担架前后平稳，尤其是在走坡路时（如图4－22）。若没有专业担架，可用椅子、门、大衣、毯子、棉布等物品做成简易担架。

图 4 - 22　担架搬运法

2. **注意事项**

(1) 组织人力。尽可能多找人帮忙，推选最有经验的人指挥并制定各个阶段的急救措施，使整个急救活动有条不紊地进行。在进行每一个步骤的急救前都应加以说明，这样无论是伤员还是救援者都可以做好准备，别人也可以随时提供帮助。

(2) 固定伤口。确保伤口包扎固定，这样在转移伤员时可以减少对伤口的影响。

(3) 利用周围器具，选择合适的方式。如果周围没有专业设备，可以利用椅子、门、大衣、毯子、棉布等物品，迅速做成简易搬运设备（如图 4 - 23）。但首先要试一试，以确保这些东西能够承受伤员的重量，从而避免搬运设备发生断裂而对伤员造成进一步的伤害。搬运伤员的方式有很多，如用手臂抬或抱等，要选择合适且安全的方式。

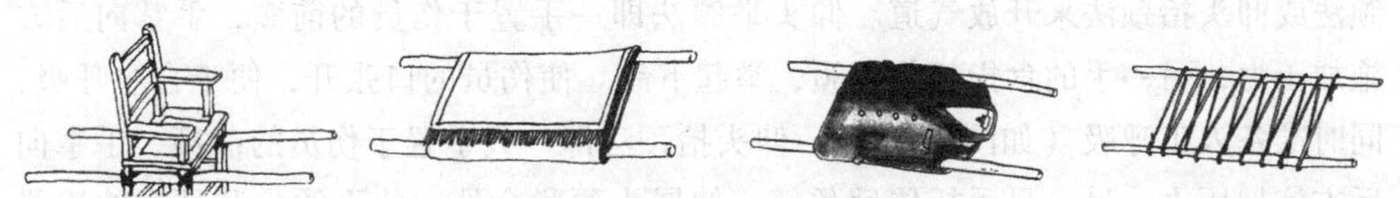

图 4 - 23　简易搬运设备

(4) 对怀疑有脊柱骨折的伤员，搬运时必须使脊柱保持在伸直位，不能前屈、后伸或旋转，严禁一人背运、两人抱抬或用软垫搬运，否则会加重对脊髓的损害。一般由 3 ~4 人搬运，分别位于伤员两侧，用双手托起伤员的背部、腰部、臀部和大腿，若颈椎骨折则还需一人负责伤员头部的牵引固定，几人托起的力和时间要保持一致，使伤员脊柱保持水平位，缓慢地搬放于硬板担架上［如图 4 - 24 (1)］。也可用滚动法，即将担架置于伤员体侧，一人稳住伤员头部，其余人将伤员推滚到木板或担架上，几人的力和时间也要保持一致［如图 4 - 24 (2)］。怀疑胸腰椎骨折者可在伤员的腰部垫一薄垫，怀疑颈椎骨折应将伤员头颈放在中立位，头颈两侧用沙袋或衣物固定，以防其头部活动［如图 4 - 24 (3)］。

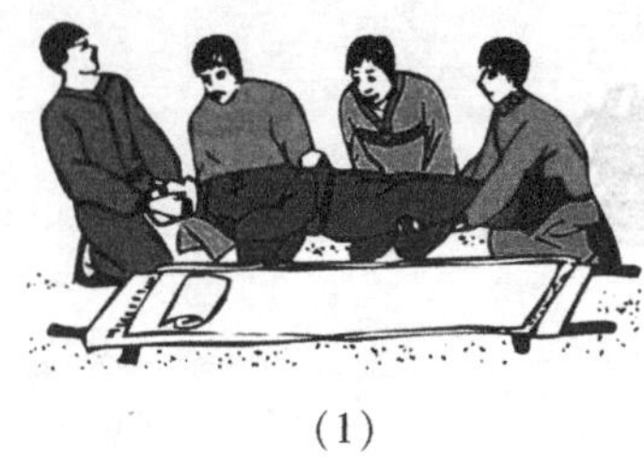

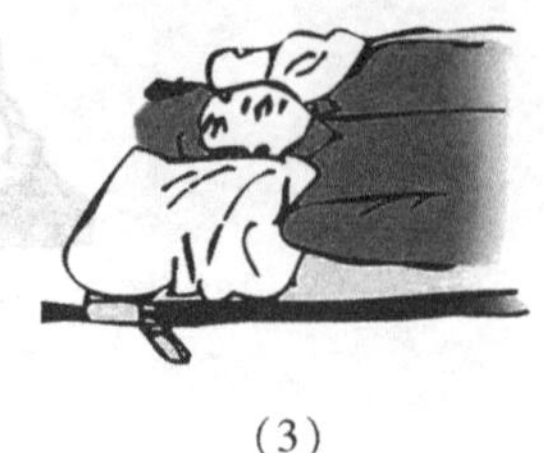

(1)　　(2)　　(3)

图 4－24　脊柱骨折伤员搬运

（四）复苏急救

野外发生严重的意外事故，如溺水、休克、遭遇雷击等，可能出现呼吸和心脏骤然停止。如不及时抢救，伤员会很快死亡。人工呼吸和胸外心脏按压为现场复苏急救的重要手段。现场复苏急救时可按以下步骤进行：

（1）判断。轻摇伤员肩部并呼唤其名字，如无应答，应该立即准备心肺复苏术。

（2）呼救或联系救护车。

（3）放置体位。应将患者仰卧于一块硬而平坦的平面上。如患者俯卧，应使患者头、颈与躯干保持同一平面，整个身体作为一个整体翻转移动成仰卧位。

（4）开放气道。当患者无应答或丧失意识，舌后坠阻塞气道时，应予开放气道，去除口内异物（包括假牙）和呕吐物。当确定无头颈部创伤后，使用仰头举颌法或仰头抬颈法来开放气道。仰头举颌法即一手置于伤员的前额，手掌向后方施加压力，另一手的食指托住下颌，举起下颌。使伤员的口张开，便于自主呼吸，同时准备人工呼吸（如图 4－25）。仰头抬颈法即一只手置于伤员的前额，手掌向后方施加压力，另一只手托住后颈部，伸展头颈联合处，使下颌尖和耳垂的连线与地面相垂直。若怀疑有颈部受伤的伤员，要防止因颈部活动而加重损伤，可以用挤捏下颌法，此法不需要伤员做抬头动作，而使气道开放，操作者把两只手放在伤员头部的两边，肘部置于伤员所躺的平面（如地面或硬板）上，抓住伤员的下颌角，举起下颌。

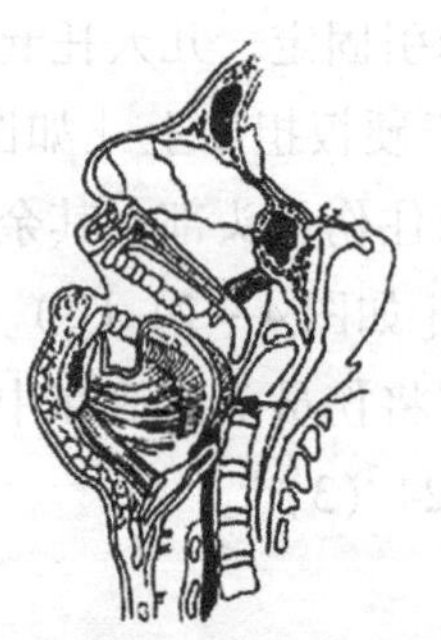
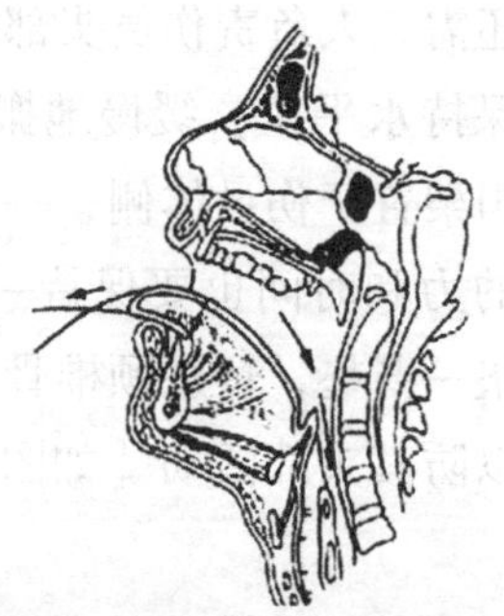

图 4－25　开放气道

（5）人工呼吸。在开放气道的同时，把耳朵贴近患者的口部，同时观察患者的胸部，看胸部有无起伏，呼气时有无气体逸出的声音，用面部感觉有无气流通过。若伤员无呼吸，应立即进行人工呼吸。评估过程不能超过10秒。最常用的人工呼吸法为口对口呼吸法，它是提供给伤员氧气和恢复自主通气的快速而有效的方法。抢救者呼出的气体含有足够的氧，可满足伤员的需要。抢救者用放前额的手的拇指与食指捏紧伤员鼻孔，深吸一口气，然后将自己的口唇包紧伤员的口做深而缓慢的用力吹气，直至患者胸部上抬，然后让伤员自然呼气［如图4－26（1）、图4－26（2）］。当不能进行口对口呼吸时，应给予口对鼻呼吸，对溺水者而言，这是最好的人工呼吸方法。抢救者的手常用于支持伤员的头与肩。用放前额的手使头后仰，另一只手上抬伤员下颏，使口闭合。深吸一口气，包住伤员的鼻子，用力吹气入伤员的鼻子，将口从伤员鼻部移开，使伤员被动呼气。成人每次吹气量应为800～1 200毫升，低于800毫升时，通气可能不足，高于2 000毫升，常使咽部压力超过食管内压，使胃胀气而导致呕吐，引起误吸。吹气频率为每分钟16～18次，每次吹气后抢救者都要迅速掉头朝向伤员的胸部，以求吸入新鲜空气的同时，观察伤者的胸廓起伏情况，判断每次吹气是否有效。

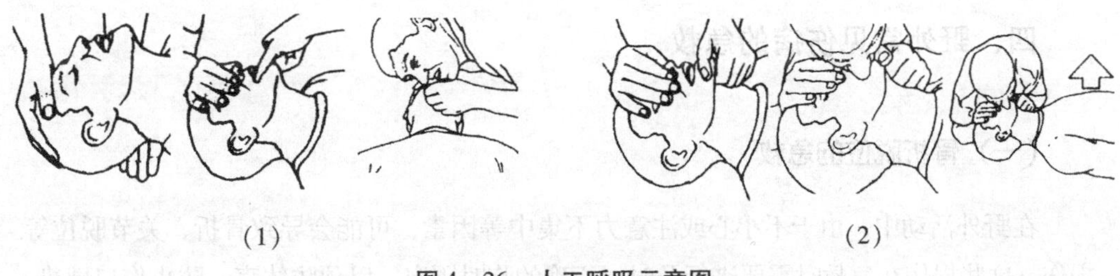

图4－26　人工呼吸示意图

（6）胸外心脏按压。先观察伤员的大动脉搏动，成人以颈动脉、股动脉为准，幼儿以肱动脉为准。如果伤员无搏动，需立即进行胸外心脏按压。评估过程不能超过10秒。抢救者将手放在伤员的肋骨下端，然后将手指滑向其肋弓上端与胸骨下端交界处，将一手掌放在胸骨的中下1/3交界处，另一只手平行地叠放在这只手的手背上。手掌的长轴应在胸骨的长轴上，这能使主要压力压在胸骨上，减少肋骨骨折的机会。按压时，肘部伸直，双肩平行于患者胸骨，用上半身的重力，垂直下压胸骨4～5厘米，然后松弛，但手不要离开原来的位置（如图4－27）。按压的频率为每分钟60～80次，按压与放松的时间相等。但要注意防止发生肋骨骨折、胸骨骨折、气胸、血胸、肺挫伤、肝脾撕裂伤、脂肪栓塞等并发症。

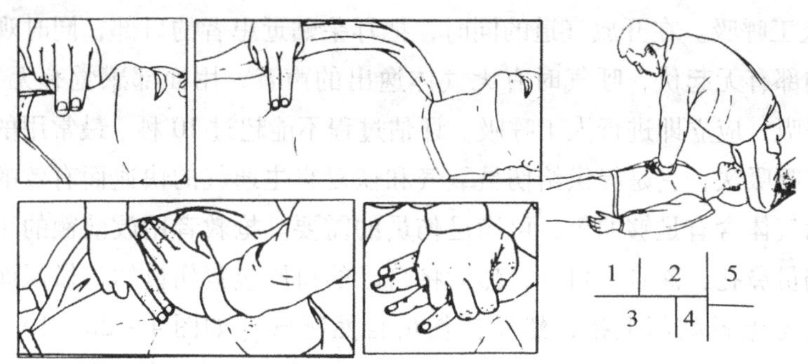

图 4 – 27　胸外心脏按压

对呼吸与心跳均停止的伤员，人工呼吸和胸外心脏按压必须结合起来才能做到有效的心肺复苏。通过按压增加胸膜腔内压或直接压迫心脏，产生血流，随着人工呼吸，血液流向肺部，携氧到脑和其他重要的生命器官。在心脏按压中，随着按压的进行，冠脉灌注压逐渐上升，其在 15 次未中断的按压后比 5 次按压后高得多。因此，不管是一个还是两个抢救者，提倡 15∶2 的按压与通气比，直到伤员恢复自主呼吸、心跳或者确定死亡为止。

四、野外常见伤病的急救

（一）骨折脱位的急救

在野外活动中，由于不小心或注意力不集中等因素，可能会导致骨折、关节脱位等损伤，这些损伤在急救时需要进行及时、正确的临时固定，以预防休克，防止伤口感染，避免神经、血管、骨骼等再遭损伤，同时有利于搬运，送往就近的医院治疗。在野外活动中，常用厚木板、竹竿、竹片、树枝、木棍、硬纸板等作为临时应急固定物。

骨的完整性或连续性遭到破坏的损伤称为骨折。引起骨折的原因有直接暴力打击、间接暴力打击、强烈的肌肉收缩、长期应力集中、病理性骨折。在野外活动中，以直接暴力和间接暴力所致的骨折为多见。根据骨折后局部皮肤是否完整，分为闭合性骨折和开放性骨折。根据骨折的程度和形态，分为不完全骨折和完全骨折。不完全骨折如裂缝骨折、青枝骨折。完全骨折如横骨折、斜骨折、螺旋骨折、粉碎骨折、嵌插骨折、压缩骨折、骨骺分离。

骨折后可出现以下症状和体征：剧烈疼痛、肿胀、皮下淤血、功能丧失、压痛和震痛（纵向叩击痛和胸廓挤压痛）、假关节活动、骨擦音和成角、旋转、变短等畸形。X 线检查可明确骨折情况，如骨折合并神经、血管、内脏损伤，则还可发现相应的征象。

对骨折伤员的急救原则是防治休克，保护伤口，固定骨折。即在发生骨折时，应密切观察，如有休克状况存在，则首先是抗休克。如有出血，则应先止血，然后

包扎好伤口，再固定骨折。临时固定时不要无故移动伤肢，为暴露伤口，可剪开衣裤、鞋袜，对大小腿和脊柱骨折，应就地固定，以免因不必要的搬运而增加伤员的痛苦和伤情。固定时不要试图整复，如果畸形很厉害，可顺伤肢长轴方向稍加牵引。开放性骨折断端外露时，一般不宜还纳，以免引起深部污染。固定用夹板或托板的长度、宽度，应与骨折的肢体相称，其长度必须超过骨折部的上、下两个关节。如没有夹板和托板，可就地取材（如树枝、木棍、球棒等），或把伤肢固定在伤员的躯干或健肢上。夹板与皮肤之间应垫上棉垫、纱布等软物。固定的松紧要合适、牢靠，过松则失去固定的作用，过紧会压迫神经和血管，且四肢固定时，应露出指（趾）端，以便观察肢体血流情况。如发现伤员出现异常（如肢端苍白、麻木、疼痛、变紫等），应立即松开重新固定。

锁骨骨折时，用两个棉垫分别置于双侧腋下，然后用双环包扎法或“8”字形包扎法，最后以小悬臂带将伤肢挂起（如图4－28）。

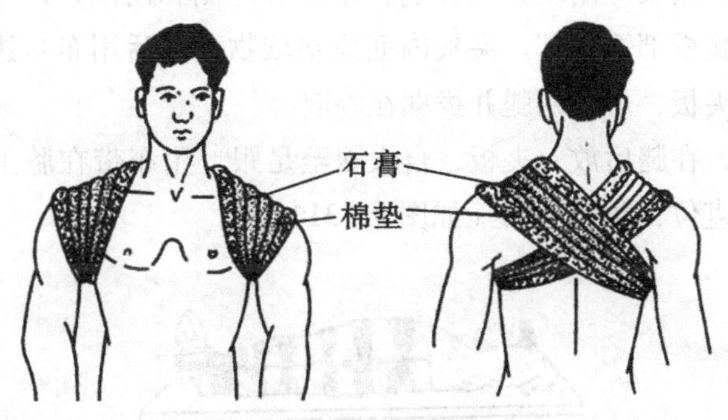

图4－28　锁骨骨折包扎

肱骨骨折时，用2～4块合适的夹板固定上臂，肘屈90°，用悬臂带悬吊前臂于胸前，最后以叠成宽带的三角巾把伤肢绑在躯干上加以固定。如无夹板，可用布带将上臂包缠在胸部侧方，并将前臂悬吊胸前（如图4－29）。

图－29　肱骨骨折包扎

前臂及腕部骨折时，用1～2块有垫夹板在掌背侧固定前臂，屈肘90°，前臂中

立位用大悬臂带悬吊胸前（如图4－30）。

图4－30　前臂、腕部骨折包扎

手部骨折时，用手握纱布棉花团或绷带卷，然后用有垫夹板或木板置于前臂掌侧固定，用大悬臂带悬吊于胸前。

股骨骨折时，用长短两块夹板分别置于伤肢外侧和内侧，外侧上自腋下，下达足跟，内侧自大腿根部至足部。夹板内面应垫软物，然后用布带进行包扎固定，在外侧作结。如无夹板，可将两腿并拢捆在一起。

髌骨骨折时，在腿后放一夹板，自大腿至足跟，用布带在膝上、膝下和踝部将膝关节固定在伸直位，防止屈曲（如图4－31）。

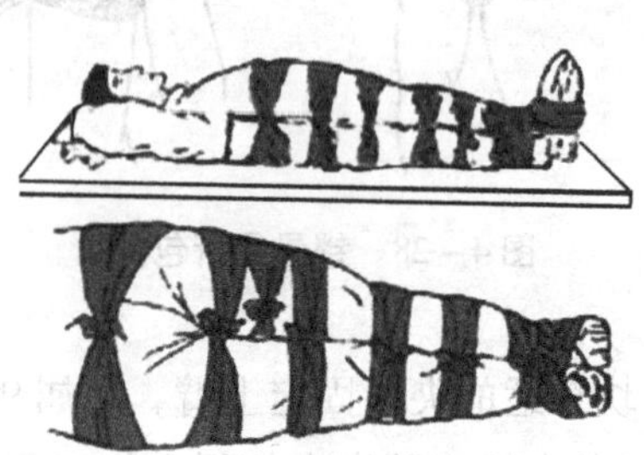

图4－31　髌骨骨折包扎

胫腓骨及踝部骨折时，用1～2块夹板，上自大腿中部，下达足跟部，或用一长钢丝托板，上自大腿中部，下至足跟部转成直角，包扎固定（如图4－32）。

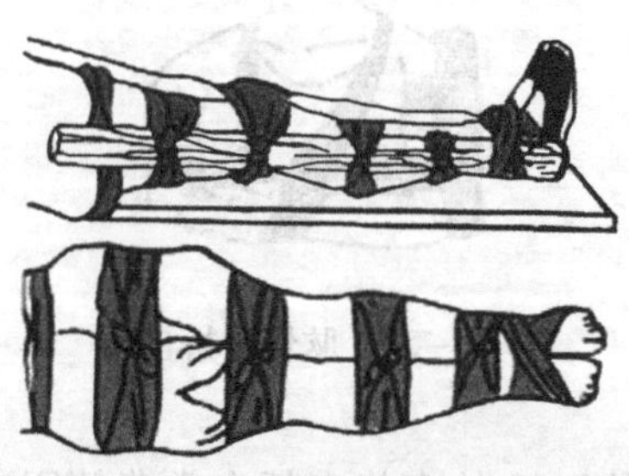

图4－32　胫腓骨、踝部骨折包扎

关节脱位的急救处理：关节脱位后，关节内会发生血肿，如果复位不及时，血肿会机化而发生关节粘连，增加关节复位的困难。因此，脱位后应尽早进行整复，不但容易成功，而且有利于关节功能的恢复。若不能及时复位，则应立即用夹板和绷带在关节脱位所形成的姿势下进行临时固定，保持伤员安静，尽快将其送医院处理。

（二）溺水的急救

溺水者可见面部肿胀、结膜充血、口鼻充满泡沫、肢体冰冷、昏迷，因胃内积水而上腹部胀大，甚至呼吸、心跳停止，必须抓紧时间进行急救并同时联系医院。溺水者脱离水后，应立即打开其口腔，清除口、鼻内的分泌物和其他异物，并松开其裤带、领扣和衣服，迅速地进行倒水，然后迅速地施行人工呼吸。若心跳已停止，必须同时进行胸外心脏按压。

（三）烧伤、烫伤的急救

局部轻度红肿、无水泡、疼痛明显，应立即脱去表面覆盖物，将创面放入冷水中浸洗半小时，再用麻油或药物涂擦创面。

局部红肿疼痛，有大小不等的水泡，保护小水泡勿损破，大水泡可用消毒针刺破水泡边缘放水，涂上药物后包扎。已破的水泡或污染较重者，应该剪除泡皮，创面用纱布轻轻辗开，用绷带均匀包扎。

若脂肪、肌肉、骨骼都有损伤，并呈灰或红褐色时，应用干净布料包住创面，并及时送往医院。千万不可在创面上涂紫药水或膏类药物，以免影响病情观察与处理。

对于严重烧伤、烫伤患者，要及时送往医院，在途中可能会出现休克、呼吸或心跳停止的现象，要立即进行人工呼吸或胸外心脏按压。伤者口渴时，千万不可以在短时间内给其饮服大量的开水，否则容易出现脑水肿；可让其少量多次地服用淡盐水。

（四）昆虫叮咬或蜇伤的急救

野外穿行在树林间、草丛中、溪流边，容易被蚊叮虫咬。如果被毒虫咬伤，必须及时处理，否则会造成中毒，轻则全身瘙痒、疼痛、浑身无力，重则可能导致死亡，因此，出行前要带好防虫药水、穿着长袖长裤等。被蝎子、蜈蚣、毒蜘蛛等毒虫蜇咬后，可见伤口红肿、疼痒，并伴有恶心、呕吐、头晕等症状，首先要马上挤出毒液，然后用肥皂水、氨水、烟油、醋、蒜汁等涂擦伤口；被剧毒蜘蛛咬伤者需扎止血带，服用蛇药片和送医院治疗；被蜈蚣和蝎子咬伤者，可把蛇药片溶于水后调成糊状，涂擦在伤口，或取蒲公英捣烂外敷患处；如果被蜜蜂或黄蜂蜇伤，蜜蜂会将刺留在伤口内，黄蜂则不会，蜇伤后伤员可能会出现严重的过敏性休克，要及时处理。如果能看见小的黑刺，可用镊子夹住其尖端将其拔出，不要搔抓肿包，否则疱内的毒液会更多地渗入皮肤。有条件者可以中和毒素（黄蜂毒液呈碱性，用醋中和；蜜蜂毒液呈酸性，用肥皂水或苏打水中和），或在患处搽抹抗组胺乳剂，并大量喝水，以促使毒素排出。严重过敏反应者若出现恶心、气短、广泛肿胀甚至虚脱等现象，则要赶快用药物抗过敏，并寻求医疗急救，谨防休克，必要时进行心肺复苏术。

（五）狗或野兽咬伤的急救

在野外被狗或野兽咬伤时，要注意防治狂犬病，应积极处理：在伤后两小时内用大量清水冲洗伤口，并用力挤压周围软组织，尽量把狗或野兽的唾液和受污染的血液洗干净、挤干净，最好在3～5分钟内进行充分清洗，伤后24小时内注射狂犬病疫苗和抗狂犬病免疫血清。

（六）蛇咬伤的急救

在野外活动、休息或经过蛇类栖息的草丛、石缝、枯木、竹林、溪畔或其他比较阴暗潮湿处时，容易被蛇咬伤。我国已发现有毒蛇50余种，常见的有十余种，在野外被毒蛇咬伤而死亡的发生率在动物伤害中的比例是最高的。

如果被蛇咬伤，不要惊慌，首先应判断是否为毒蛇咬伤。通常观察到伤口上有两个较大和较深的牙痕时，可判断为毒蛇咬伤。若无牙痕，并在20分钟内没有局部疼痛、肿胀、麻木和无力等症状，则为无毒蛇咬伤，只需要对伤口进行清洗、止血、包扎，若有条件再送医院注射破伤风针即可。被毒蛇咬伤者，如是出血性蛇毒，则可见伤口灼痛、局部肿胀并扩散，伤口周围有紫斑、淤斑、起水泡，有浆状血由伤口渗出，皮肤或皮下组织坏死，出现发烧、恶心、呕吐、七窍出血、血痰、血尿、血压降低、瞳孔缩小、抽筋等症状，被咬后6～48小时内可能导致伤者死亡。如是神经性蛇毒，可见伤口疼痛、局部肿胀、嗜睡、运动失调、眼睑下垂、瞳孔散大、局部无力、吞咽麻痹、口吃、流口水、恶心、呕吐、昏迷、呼吸困难，甚至呼吸衰竭，伤者可能在8～72小时内死亡。一般而言，被毒蛇咬伤10～20分钟后，其症状才会逐渐呈现。被毒蛇咬伤后，争取时间急救处理是最重要的。伤者应坐下休息，尽可能保持平静，这样能减慢血流速度并延迟毒素扩散。首先需要找一根布带或长鞋带在伤口靠近心脏上端5～10厘米处扎紧，但为防止肢体坏死，每隔10分钟左右，放松2～3分钟，以此缓解毒素扩散。之后用冷水反复冲洗伤口表面的蛇毒，再以牙痕为中心，用消过毒的小刀将伤口的皮肤切成十字形，两手用力挤压伤口，或在伤口上拔火罐，或在伤口上覆盖4～5层纱布后，再用嘴隔纱布用力吸出毒液（口内不能有伤口或龋齿），可用蛇毒吸引器吸引，总之应尽量将伤口内的毒液排出。同时立即服用解蛇毒药片，并将解蛇毒药粉涂抹在伤口周围；给伤员喝大量饮料，如牛奶、茶水，但禁酒。伤处置一干净软垫并用绷带包扎，然后迅速送附近的

医院救治。

防止毒蛇咬伤的方法是进入草丛前应先用棍棒驱赶毒蛇。穿越丛林时应穿好长袖上衣、长裤及鞋袜，随时注意观察周围情况，及时排除隐患。遇到毒蛇时不要慌张，应采用左、右拐弯的走动来躲避追赶的毒蛇，或站在原处面向毒蛇，注意其来势而左右避开，寻找机会进行自卫。四肢涂抹防毒蛇液，携带毒蛇药等均能起到预防毒蛇的作用。

（七）食物中毒的急救

在野外吃了腐败变质的食物者，除了腹痛、腹泻外，还经常伴有发烧和身体虚弱等症状，要多喝饮料或者盐水，也可以用催吐的方法将食物吐出来。有药物时要及时服药，条件允许时要及时就医。腹痛或腹泻时，最好不要再吃任何东西，保暖好身体，躺下来好好休息。腹泻时要记得多喝水补充水分，并及时服药。在野外采食野生植物，误食有毒的植物而中毒者，要尽快洗胃，减少毒性物质吸收，最好的方法是用浓度为1∶1 000～1∶4 000的高锰酸钾溶液洗胃（可以用观察溶液颜色的方法来检验高锰酸钾溶液的浓度，溶液呈淡紫色或浅红色，则浓度合适。溶液呈紫色或深紫色，其浓度已达1∶100～1∶200，还需稀释。绝对不能用浓度极高的高锰酸钾溶液洗胃，那样可能引起胃黏膜溃烂。更不能误服浓度极高的高锰酸钾溶液，那样会造成中毒）。

（八）休克的急救

休克是指人体受到强烈有害因素作用而发生的一种急性循环功能不全综合征，主要因机体有效的循环血量减少而导致内分泌、代谢、循环、神经等系统的严重功能障碍。引起休克的原因很多，野外活动中出现的休克多是损伤性休克和失血性休克，身体遭受严重损伤引起剧痛，神经反射使周围血管扩张，或者因损伤引起大量出血，血容量下降，从而导致有效循环血量下降，微循环灌注不足，全身各系统、器官缺血缺氧，引起严重功能障碍而发生休克。

休克早期是代偿期，可见伤员烦躁，皮肤苍白，四肢湿冷，脉搏加快，血压正常或稍升高，脉压缩小，尿量减少（<30mL/h）；后期为失代偿期，表现为表情淡漠、反应迟钝、嗜睡，甚至昏迷、皮肤苍白、唇紫绀、四肢厥冷、脉搏细速、呼吸表浅、血压持续下降、脉压<20mmHg、尿量极少，可致死亡。

休克的伤员应采用安静平卧位或头低足高仰卧位，有呼吸困难者应采用半卧位，保暖，保持周围环境通风。针刺或点掐急救穴，如人中、百会、涌泉、内关、合谷等；积极消除病因，如止血、止痛、骨折固定等。除颅脑损伤外可给予止痛剂。昏迷者牵出舌头，把头偏向一侧，保持呼吸道通畅。呼吸、心跳暂停者，应立即进行人工呼吸和胸外心脏按压。同时应一边进行现场急救，一边迅速联系医院，寻求进一步的救治。

（九）电击伤的急救

当一定量的静电或电流通过人体时，会引起器官功能障碍、组织损伤，甚至死亡，这称为电击伤。出现电击伤的一般原因是人体直接接触电源，或者是电流、电荷等在高压电或超高压电场中通过空气或其他的介质电击人体。

电击伤通常可分为自然电击伤和生产电击伤。雷雨天气时如在户外活动，则有可能被雷击而造成电击伤，而地震、火灾、风暴等也可能使电线断裂，使人意外触电。

症状：轻微电击可使人出现惊恐、面色苍白、头痛、头晕、心悸、痛性肌肉收缩、电流进出部位严重烧伤等症状。人在触电后，常会出现大肌群的强制性收缩，容易发生肩关节脱位或者脊柱压缩性骨折。高压电击时，还会出现呼吸骤停、神志丧失等；被电击后 1 ~2 天，部分人还会出现烧伤处感染、心律失常、胃肠道出血、神经源性肺水肿、弥散性毛细血管内凝血等。

处理：

（1）在保证自己绝缘、安全的情况下，尽快让被电击者与电源分开，可切断电源或关上电源总闸，或用干燥的木棒、竹竿、手杖等将电线挑开。

（2）如触电者受伤情况不严重，可小心地将触电者挪移到空气流通且温暖的地方，让其休息、少动，并及时联系医生，等待救助。如触电者失去知觉，伤势严重，但有呼吸心跳，则让触电者平卧在舒适、安静、通风良好且温暖的地方，等待救援。如触电者心跳、呼吸停止，则应边行心肺复苏，边等待救援。

（十）高原病的急救

随着高原旅游资源的开发，高原特有的自然景观和人文情怀，吸引了越来越多的爱好者到高原地区进行旅游、探索和野外生存训练。但进入海拔 3 000 米以上的地区时，由于高原的低压低氧环境，人体容易产生不适应症状，导致机体生理、病理上的变化，从而出现各种临床表现，但脱离高原的低压低氧环境后，患者身体状况则会好转，这种情况称为“高原病”。

高原病可分为慢性高原病和急性高原病，前者多发生在常年居住在海拔 4 000 米以上的人群当中，可表现为红细胞增多、血压偏低或出现高原心脏病等。急性高原病可多见于从平原到高原地区旅游、体验和探险的人群。

急性高原病主要包括：

（1）急性高原反应。常发生在常居平原的人在一天内登上海拔 2 500 ~3 000 米以上的地区时，并极有可能在 6 ~72 小时内发病。患者的中枢神经系统症状与过量饮酒时相似，可表现为头疼、心悸、胸闷、气短、恶心、呕吐、乏力等，部分患者还会出现口唇、甲床发绀。通常情况下，患者充分休息、清淡饮食并在高原地区停留 1 ~2 天，则可缓解不适，多数患者在 5 ~7 天内可完全恢复，但有少数人可发展

为肺水肿或脑水肿。

(2) 高原肺水肿。该病是最常见且容易致病的高原病，通常未适应高原环境者在快速进入高原地区后的2~4天内发病。表现为：在急性高原反应的基础上，出现剧烈头痛、极度疲乏无力、呼吸困难、持续干咳等症状，严重者可出现发绀、心跳过速、咳白色或粉红色泡沫痰等情况。过度疲劳者、身体受寒者或呼吸道感染者更易发病。

(3) 高原脑水肿。这种高原病虽较为罕见，却是最严重的急性高原病。人体突然进入高海拔地区，并且在过度劳累、剧烈运动、精神剧变等情况下，机体对高原低压低氧环境的不适应，造成大脑缺氧而引起脑功能障碍。多数病患在进入海拔3 600米以上地区后的1~3天发病，表现为剧烈头痛、精神错乱、幻听、幻视、言语障碍、定向力障碍，可发展为步态不稳、僵硬或昏迷等严重的精神症状。

急性高原病的急救和预防：

(1) 出现急性高原反应者，应补充水分，注意卧床休息，适当吸氧，在症状改善前，不可继续登高，加重者要及时到低海拔区的医院就诊。

(2) 高原肺水肿者，要注意保暖，严格卧床休息，面罩吸氧，舌下含服或口服硝苯地平；严重者应立即住院治疗。

(3) 高原脑水肿者，应在颈部、腋下、腹股沟等大血管处，用冰袋适当降温，以减少大脑耗氧量，平卧吸氧情况下，尽快入院治疗。

(4) 预防：注意身体对高原环境的逐渐适应过程，初入高原时，应注意防寒保暖、清淡饮食、心境平和、少烟禁酒和充足睡眠。

（十一）原发性缺水的急救

原发性缺水是指由于体内的水和钠同时缺失，且缺水多于缺钠，而导致血清钠高于正常水平，细胞外液呈高渗状态的缺水，又称为“高渗性缺水”。常出现在摄入水分不足或水分丧失过多时，如长时间在极干旱地带（如沙漠）活动而未能及时补充水分，又如剧烈运动大量出汗后。

按缺水的程度，可分为轻度缺水、中度缺水和重度缺水。轻度缺水时，患者除口渴之外并无其他症状。如继续缺水，则会发展为中度缺水，表现为极度口渴、乏力、尿少、唇舌干燥、皮肤弹性下降、眼窝下陷、情绪烦躁不安。如未能补充水分，则会发展为重度缺水，表现为躁狂、幻觉、谵妄等脑功能障碍症状，甚至昏迷。

原发性缺水应以预防为主。在长时间的剧烈活动中、大量出汗后，要及时补充水分，最好补充淡盐水，补水时注意少量多次的原则。如在沙漠等极干旱地区进行野外活动，最好含一口水在嘴巴里，可在节省饮用水的情况下，有效地预防原发性缺水。

知识点小结

1. 疲劳、肌肉痉挛、关节扭伤、水泡、腹泻、中暑、感染风寒、冻伤和外伤等常见野外活动不适的处理方法和预防措施。

2. 野外急救的基本原则。

3. 止血、包扎、搬运的方法。

4. 心肺复苏术的操作。

5. 骨折脱位、溺水、烧伤烫伤、昆虫叮咬或蜇伤、野兽咬伤、蛇咬伤、食物中毒、休克、电击伤、高原病、原发性缺水等野外伤病的急救处理方法。

项目综合实训

户外救护技能评比

一、实训目的

通过在户外活动时的救护技能评比，让学生在遇到突发伤害情况时能作出正确的判断和处理，能利用身边的器物进行户外的急救处理和伤员搬运。

二、实训内容

在野外活动时，进行户外救护技能评比。

三、实训要求

选择合适的地方，模拟突发伤病的场景，进行急救技能评比。

四、实训步骤

(1) 对班级学生进行分组，教师布置实训任务。

(2) 各小组明确实训任务，讨论并进行任务分工。

(3) 各小组在规定时间完成实训任务。

(4) 教师和各小组组长组成考评组，对各小组的具体操作状况和最终完成情况进行考评。

(5) 教师现场归纳总结。

五、组织形式

以小组为单位进行实训操作，对考评结果进行现场点评、分析和交流。

六、考核要求

序号	考核点	考核要求	分值	备注
1	团队合作能力	各小组成员在评比活动中的分工协作能力	40分	小组自评
2	伤病诊断	考查学生对常见野外伤病症状的分析和判断能力，明确其对相关知识的理解程度和应用能力	30分	教师评分 小组互评
3	急救处理	考查学生对相关伤病的急救处理方法的掌握程度及应用情况	30分	教师评分 小组互评

参考文献：

［1］陈小蓉．定向越野与野外生存训练．广州：中山大学出版社，2003.

［2］孙喜庆．遇险生存与营救．西安：第四军医大学出版社，2001.

［3］全国体育学院教材委员会．运动医学．北京：人民体育出版社，2005.

［4］张惠红．野外生存生活训练手册．北京：人民教育出版社，2002.

［5］曲绵域，高云秋，浦钧宗，等．实用运动医学．北京：北京科学技术出版社，1996.

［6］严时．旅行安全知识手册．北京：金盾出版社，2001.

［7］阎健，张惠红，黄超群．大学生野外生存生活训练的安全．中国学校体育，2003（5）.

［8］《不可不知的防灾避险常识》编写组．不可不知的防灾避险常识．北京：中国市场出版社，2008.

第五章 野外活动与气象

学习目标

理论目标：了解气象的基本常识，对极端气象有基本的认识，能够初步识别野外活动气象的风险，掌握极端天气下的野外活动防范措施。

实务目标：能够对野外气象有初步的判断能力，能够对野外气象风险作出正确的分析与应对。

导入案例

案例1：2015年9月19日晚，两队驴友共47人到广东省英德市中峪大峡谷溪水旁边宿营，两"驴友团"一支来自佛山顺德某制鞋厂，37人由企业组织；另外一支来自广州，10人由社交网络发起。20日早晨7点，上游突降大雨引发山洪，山洪导致顺德团队死亡1人，广州团队死亡5人。

（资料来源：新浪网．http：//gd. sina. com. cn/news/m/2015－09－22/detail－ifxhytwr2289973. shtml，2015－09－22）

案例2：2009年7月11日中午12时左右，由35名重庆驴友组织的潭獐峡溯溪活动。队伍行进约2个小时，谷内即开始下起雨来，平时几乎不动的潭水开始流动起来，长达100多米的队伍开始骚动起来，等到走到一个叫"一线天"的地方，雨势突然加大变成暴雨，驴友们紧张了起来，但还没等大家反应过来，2～3人高的洪水就劈头盖脸地砸向这支临时拼凑的队伍，一场灾难拉开了帷幕！队伍瞬间被洪水冲散，很多人一下就被洪水冲得无影无踪！

当最后的救援结束后，死亡人数定格在19这个数字上，史称"中国户外活动史上最大灾难"！

逝者已去，反思这次灾难，虽说是天灾，但也可以说是人祸，有太多值得总结的经验教训。

（资料来源：央视网．http：//travel. cntv. cn/2013/09/17/ARTI1379408569892198. shtml，2013－09－17）

第一节　气象的基本知识

我国幅员辽阔，气象和气候系统十分复杂。我国东部属东亚季风区，西部内陆有多种多样的地形地貌类型，青藏高原地形极为特殊，在多种因素的综合作用下，我国成为世界上气象灾害最多的国家之一。

天气现象就是发生在大气中的各种自然现象，即某瞬间大气中各种气象要素，如气温、气压、风、云、雾、雨、雪、霜、雷、雹等现象在空间分布的综合表现。天气过程就是一定地区的天气现象随时间的变化过程。

天气是一个由特定时间和地点的空气流动造成的结果，而这种空气的流动变化是由地球表面接受太阳辐射后热量不均引起的。

一、基本气象知识

(一) 风

地球表面的热量分布不均，大部分情况下空气在气团之间水平流动，产生了“风”。风在气压不同的气团之间流动，从高气压流向低气压，力图使气压平衡。在局部飘动的风是由陆地和海洋的温度差异引起的，而全球性的风是由赤道和极地的巨大温差引起的。

“飓风”一词源自中美洲，现在它被用于描述大西洋和东太平洋的热带风暴。在西太平洋和中国海域被称为“台风”，“台风”来自粤语词汇，意思是“巨大的风”。在印度次大陆和澳大利亚附近，它们被叫做“旋风”。

当海洋持续性风速达到 37 千米/小时的时候，被叫做“热带低气压”，当风速达到 63 千米/小时的时候，它就变成了“热带风暴”，而当风速达到 119 千米/小时的时候，风暴就变成了“飓风”。

(二) 雨、雹、雪

1. 雨

雨是大气层中的水蒸气冷却、凝结后以水滴的形式降落下来的水。雨的类型主要有三种：

(1) 锋面雨：冷气团和暖气团之间的分界线处形成的降雨。

(2) 对流雨：暖空气从地面上升，冷却而形成的降雨，常常会产生雷暴。

(3) 地形雨：气团在一些特殊地貌（比如山地）被迫抬升形成的降雨。

当一个湿润的气团在山地被迫抬升的时候，水蒸气凝结，少量的地形雨和毛毛雨会降落在山地的迎风面上。在离山顶较近的地方，猛烈的地形雨降落下来，这样气团的水分含量就会大大消耗。在背风坡，也就是避开风的那个坡面，雨量稍小。在离山地越远的地方，降雨量会逐渐减少，直到完全消失。

降雨强度和持续时间通常成反比例关系。高强度的暴风雨持续时间短，低强度的暴风雨持续时间长。强度和面积也有关系，降雨量较小，覆盖面积可能就较大；降雨量较大，覆盖面积可能就较小。高强度的风暴相比低强度的风暴，雨滴更大。

2. 雹

冰雹来自塔状的对流云，比如积雨云，在冰雹形成的过程中，过度冷却的水滴聚集在粉尘微粒或者其他冰雹周围，水分在微粒周围冻结，但是这些微粒未必会降落，它们会在云层中被吹散，聚合更多的水分，直径逐渐变大，最终气团无法承受其重量，就会降落下来。冰雹通常呈圆形，具有清晰且不透明的层次。如果冰块的直径超过了5毫米，就会被定义为“冰雹”。小一些的冰块被称为“冰丸”“霰”“软雹”。

冰雹常常会伴随着雷暴，通常沿着冷锋出现，高空的空气比地面的空气寒冷很多，雷雨云中的上升气流使得冰雹维持在高处，个别雹块的尺寸逐渐变得庞大。冰雹也会出现在热带地区。在这里，猛烈和超大型的雷暴具有非常强烈的上升气流。因此，哪怕是在可能不会有冷锋的夏季，冰雹也会降落下来。

相关链接

(1) 据郑州市救灾办提供的数字，2002年7月19日晚6时30分至8时，发生在郑州的灾害性天气造成直接经济损失达4.9亿元。这场暴雨冰雹覆盖了郑州市除二七、中原、上街3个区外的其他所有区（县）市，其中新密、巩义和金水成了这次冰雹的重灾区。据统计，这次受灾人口达128万，其中死亡18人。

（资料来源：河南报业网—大河报. http://www.sina.com.cn）

(2) 1984年7月12日，德国的慕尼黑遭遇严重的冰雹灾害，7万多栋建筑物的顶层布满密密麻麻的坑洞，25辆汽车遭到冰雹的“轰炸”，400多人严重受伤，经济损失估计达到10亿美元。

（资料来源：麦可．布莱特．气候——你需要知道的超过3 000个基本事实．郑诗雨，译．上海：复旦大学出版社，2011）

3. 雪

雪是降水的一种形式，雪不是由水滴构成的，而是由单独形成的冰晶构成。在大气层的高处，温度低于零摄氏度时，水蒸气产生凝结，雪就产生了。

雪暴是指持续时间长的风暴，伴有大量降雪。在风速达到 56 千米/小时或者更快，空气温度下降到零下 7℃或者更低，降雪把能见度限制在 150 米的范围或者更近，这个时候，一场雪暴就变成了暴风雪。暴风雪可以视为一场伴有高速的风和大量降雪的风暴。

（三）露、霜、雾

地面因向上散热而冷却，到了早晨，草叶和其他地面物体上缀有晶莹的水珠，这就是露。在早晨，草叶的温度低于露点温度，从而使空气中的水汽液化，直接凝结在植被上，草坪每年可以通过这种方式，一滴一滴地收集到相当于 5 厘米深的雨水。

当温度下降至 0℃之后，存在于大气中的水汽就会形成冰霜。

由于地面散发热量，当存在于地面上的空气经历了寒冷夜晚之后就会冷却，在地表之上就会凝结成一种水平流动的层云，在气象学上被称为辐射雾，也就是我们日常生活中所见到的雾。

山谷中最为常见的浓雾是平流雾，这种雾形成的过程是：密度较大的冷空气从山的侧面滑落，然后在山谷或湖泊之上垂悬。雾的出现会影响人们的视线范围，不利于人们在野外辨别方向和寻找道路。

二、极端天气

中国气象局2007 年颁布《气象灾害预警信号发布与传播办法》，《办法》指出：预警信号由名称、图标、标准和防御指南组成，分为台风、暴雨、暴雪、寒潮、大风、沙尘暴、高温、干旱、雷电、冰雹、霜冻、大雾、霾、道路结冰等。预警信号的级别依据气象灾害可能造成的危害程度、紧急程度和发展态势一般划分为四级：Ⅳ级（一般）、Ⅲ级（较重）、Ⅱ级（严重）、Ⅰ级（特别严重），依次用蓝色、黄色、橙色和红色表示，同时以中英文标识。

（资料来源：中国气象局．气象灾害预警信号发布与传播办法．2007）

（一）洪水

由于雨量大或时间长，地表来不及吸收雨水，引起下泄加剧，一场暴雨或持续降雨就可能引发洪水。如果溪谷或河面狭窄，都将可能引发山洪暴发。

（二）龙卷风

龙卷风产生的天气是强对流天气，所发生的地区多在中高纬度低层大气层不稳定的地区。龙卷风产生的条件是空气绕龙卷的轴快速旋转，龙卷中心气压极度减小，在距离地面几十米厚的一薄层空气内，其中心气压比周围底，气流从四面八方吸入旋涡的底部。龙卷风所经路线，任何移动物体都将经受极大的冲击。

龙卷风从发生到消失的时间非常短，经过面积也不是很大，目前还难以提前准确预报。

相关链接

据美国媒体2017年1月23日报道，巨大的风暴引发龙卷风，给美国南部地区造成惨重破坏，至少19人丧生。受灾最严重的南佐治亚州，至少有15人死亡，其中包括一个冬季龙卷风在22日拂晓前撕裂了一处拖车公园，造成7人丧生。库克县警官蒂姆·普鲁维斯证实，7名遇难者所在的拖车公园，40个房屋中约一半被夷为平地，另有23人受伤。

（资料来源：致命龙卷风和强风暴侵袭美国南部多州造成至少有19人丧生．搜狐网．http：//mt. sohu. com/20170124/n479463422. shtml，2017－01－24）

（三）热带气旋

热带气旋包括热带低压、热带风暴、强热带风暴、台风等几大类。热带气旋分为形成期、发展期、成熟期和衰亡期，整个过程一般持续3至8天。热带气旋所伴随的风、雨、雷电等现象，极易引发自然灾害。

（四）寒潮

北极和高纬度地带被大量冰雪覆盖，堆积着干冷空气，当冷空气堆积到一定程度时，冷空气会从高纬度向低纬度地带流动，形成寒潮天气。中国气象局对寒潮有界定标准：当冷空气过境后，气温在24小时内下降10℃以上，并且在这一天内，其最低气温又在5℃以下。每次冷空气都具有不同的强度，所以根据降温幅度的大小，有强冷空气和冷空气活动之分。

（五）高温

我国一般把日最高气温达到或超过35℃时称为高温，连续3天以上的高温天气过程称为高温热浪（或称为高温酷暑）。

相关链接

中国气象局针对高温天气的防御，特别制定了高温预警信号，分为黄色、橙色和红色三级，预警级别依次增加。高温黄色预警信号标准：连续三天日最高气温将升至35℃以上；高温橙色预警信号标准：24 小时内最高气温将升至37℃以上；高温红色预警信号标准：24 小时内最高气温将升至40℃以上。

人体对冷热的感觉不仅取决于气温，还与空气湿度、风速、太阳热辐射等有关。不同气象条件下的高温天气有不同特征，通常分为干热型和闷热型两种类型。

干热型：气温极高、太阳辐射强而且空气湿度小的高温天气，被称为干热型高温。我国北方地区的夏季，经常出现干热型高温天气。

闷热型：夏季水汽丰富，空气湿度大，人们在高温中感觉到闷热，就像在蒸笼中，此类天气被称为闷热型高温。我国沿海及长江中下游以及华南地区，在夏季经常出现闷热型高温。

（六）雷电

自从富兰克林用风筝引雷电以后，人们对雷电的认识逐渐加深。要产生雷电，必须具备三个要素：暖空气、水分以及不稳定的气团。上升的暖湿气流在达到一定高度以后会冷却，这一迅速又短暂的膨胀和收缩过程产生的声波，就是我们所听到的“雷声”。

相关链接

1975 年 6 月，在美国芝加哥附近举办的西部高尔夫公开赛期间，一道闪电击中了附近的一个湖泊，然后又“反弹起来”，击中了高尔夫界的传奇人物李·特雷维诺和另一个参赛选手。两个人都被送医院治疗，特雷维诺还因为背部受伤进行了手术，这一伤势对他造成永久性的伤害。

（资料来源：麦可·布莱特．气候——你需要知道的超过 3 000 个基本事实．郑诗雨，译．上海：复旦大学出版社，2011）

三、野外看云识天气

云是大气中水汽凝结成的水滴、过冷水滴、冰晶或它们混合组成的可见悬浮体。

云的生成、外形特征、量的多少和分布及演变，不仅反映了当时大气的运动、稳定程度和水汽状况等，而且也是未来天气变化的重要特征之一。掌握云的特点规律，以此识别风雨阴晴，预知天气变化，这对于组织与参与野外活动的人群有着重要的意义。

下文中出现的“积”字表示云的形状为块状，“层”是天空布满了阴沉的云。

（1）卷积云。小圆块的云朵，一个一个地累积叠加起来，看起来类似波纹的样子，所以常常称这样的天气为鱼鳞天。卷积云代表着晴朗好天气。

（2）高积云。和卷积云很类似，大体的区别就是范围更大，云朵更厚，而且看起来白色云中有暗，表示天气良好。

（3）积雨云。通常出现在低空中，云彩颜色暗沉，塔形云层的高度可达 6 000 米以上。这种云的出现，通常表明大雨、强风、雷鸣和闪电的即将到来。

（4）积云。出现得很频繁的云朵，看起来很蓬松、洁白，像一团一团棉花飘浮在空中。积云如果是一朵一朵分开的，那么代表好天气；如果一片一片连一起出现的话，会有一场突来的暴雨。

（5）高层云。在太阳光或者月光的照耀下，像灰蒙蒙的布帘。所到之处只能看到模糊的影子。如果云朵越来越厚、越来越暗，那么就有可能要下雨了。

（6）雨层云。一种低空的云，颜色灰暗，如果一直笼罩在天空中不动的话，一般不超过 5 个小时就会下雨。

（7）云层。很低的云，像是浓雾一样笼罩在天空，可能会有蒙蒙细雨。如果直到第二天都没有下的话，第二天会是晴朗的一天。

（8）卷层云。由冰颗粒形成，像是白云的纹路，是唯一会在太阳或月亮旁产生光晕的云朵。如果卷层云扩展，那么是晴天；如果卷层云变小，那么要下雨了。

第二节　野外活动与极端天气应对

一、水害的应对

水害是指一切与水有关的直接或间接伤害，包括洪水、暴风雨、冰雹、急流、海啸等。

1. 预防措施

（1）出发前要了解目的地与途经地的天气预报。

（2）不要在河床、河边、溪谷边宿营。选择相对的高地为宿营点，观察好万一洪水来袭的撤离路线。

（3）在洪水来袭时，最合适的办法就是往高处跑，如果有时间，尽量带上火种、食物、衣服和可以依赖的漂浮物。

（4）没有高点或来不及跑向高点，应该马上寻找漂浮物，最好是方便固定或容易抓住的漂浮物。

（5）在暴风雨到来前，选好宿营地，用防水袋包好备用的衣服，保证引火物的干燥。

2. 水害的求生方法

（1）在洪水到来时，如果是在坚固的建筑物里，可以爬到建筑物的上面，同样别忘记带上求生必需品。

（2）利用固着点：如果处于急流中，想办法抓住看上去还不会马上被冲走的树、石、桩或建筑物等，保持头部露出水面，然后再根据具体情况决定下一步怎么办。

（3）利用漂浮物：如果不会游泳或水性不佳，想办法利用一切可以漂浮的物体。

（4）顺流斜下：被急流冲到宽阔的水域，水流会渐缓，此时游向岸边，还难以逆流或横渡，应顺着水流，斜向岸边游去。

（5）减少负担：尽量甩掉靴子和吸水后比较笨重的衣物。

（6）提前跳水：如果是在下沉的船上，应该提前下水，因为船在沉没的最后时刻会形成巨大的旋涡。

（7）保护头部：冰雹来临时，找物品盖住头部，就近寻找能够阻挡冰雹的任何地方。

二、寒冷低温的应对

在一般人看来，极端寒冷的天气和冰天雪地的环境才是可怕的，而实际上，寒冷是相对的，在保护措施完善的情况下，零下40℃的低温环境同样可以生活与工作，而在保护条件差或没有保护的情况下，零上的温度环境也有可能会对人类造成伤害。

1. 着装保护

在寒冷低温的野外进行活动，保暖保温尤为重要，着装主要包括贴身衣裤、保温衣裤、冲锋衣裤、帽子、手套、袜子、睡袋、高山鞋等。如在冰雪环境下活动，要配置冰镐、冰爪、雪镜等专业器材。

野外活动的着装要考虑贴身衣裤的快干和冲风衣裤的防风防水性，选择专业的户外用品，避免野外活动时因着装错误带来的麻烦。

2. 野外寒冷环境的求生方法

（1）点火：如果有点火条件，点火是最简单的御寒方法。

(2) 利用一切可能保温的材料：在野外，干草、树皮、塑料袋等物质都是可以利用的保温材料。

(3) 利用雪洞雪屋的保温作用：花点时间建立一个雪洞、雪屋，雪洞、雪屋，在一定程度上可以防风，温度也会比地面上的空气温度高出许多。

(4) 防止热量损失：风可以带走人体热量，尽量避风。地面冰冷，可吸收热量，休息时尽量寻找树叶、干草等垫在身体下面。

3. 野外冻伤的急救

冻伤主要是因为手指、脚趾、耳朵、鼻子等部位长时间暴露在冰冷或恶劣的气候环境中，或者长时间接触冰雪，造成皮肤或皮下组织受到冻结伤害。冻伤的皮肤僵硬，皮肤呈现苍白或蓝色斑点。此外，冻伤还可能伴随失温现象。一旦发生冻伤现象，应尽快将患者移入温暖的地方，可以采用皮肤对皮肤的传热方式，也可以将患处放入温水中，或者用温毛巾覆盖冻伤的部位，水温切勿一下太高。如果在1小时内伤者患处已恢复血色或感觉，那么就可停止加温。特别需要提醒的是，在进行温暖急救时，千万不要用火烘烤冻伤部位。

三、风灾的应对

一般的风并不会直接伤害人类，很多时候，风只是火、石块、水、沙尘的帮凶。能够对人类直接造成伤害的主要是台风、龙卷风。

1. 预防措施

(1) 去野外活动前，查询目的地的天气预报，做好防范或调整计划。

(2) 大风天，不要在有活动性石块的山崖下活动，以防被风掀动的石块砸伤。

(3) 远离海岸和河岸，因为没有阻挡，风力强劲并可产生巨浪。大风天，更不要进行水上活动。

(4) 风助火势，要注意野外防火。

(5) 不要在悬崖边、山脊等地活动，以防突然被风吹落，发生危险。

2. 求生方法

(1) 寻找庇护所：在野外，可以利用山洞、背风的岩石、有凹陷的石壁等地方避风，避开被飞石、断树枝等击伤的危险。

(2) 逃离高地：在野外高处，如果一时不能马上撤离，想办法抓住坚固的固定物。在确定风力下降时，进行实验性撤离，一旦起风，马上抓住不动。

(3) 远离流沙顺风口：在沙漠地区，发生大范围流沙时，跑向迎风口。不要留在顺风口，以免被流沙吞没。

(4) 避开龙卷风行进路线：遭遇龙卷风时，要避开龙卷风的行进方向，尽快躺下，并迅速滚动至附近沟、渠等低洼处，抓住或抱住绝对坚固的物体。

四、高温的应对

高温环境下进行野外活动，容易引发中暑及急性热致疾病。

（一）预防措施

（1）在野外高温环境下，要注意间歇性休息，避免持续活动。

（2）及时补充水分，注意盐分补充。

（3）太阳底下活动，要尽量穿着浅色且透气性能较好的衣服，并戴遮阳帽。

（4）穿越沙漠时，尽量选择夜间行走。

（5）携带仁丹、十滴水等防治中暑的药物。

（二）中暑的症状与救治

中暑是人体在高温环境下，由散热功能调节障碍或调节失败引起的不良反应。一般发生在持续高温环境下，降温不及时，或者身体虚弱时。

（1）先兆中暑症状为头晕、眼花、乏力、胸闷、口渴、体温稍微升高等。出现先兆中暑时，马上让患者离开高温环境，在阴凉通风处休息，多喝冷的盐开水，一般可逐渐恢复。

（2）轻度中暑症状为体温升高至38℃以上，面部潮红或者苍白、恶心、呕吐、脉搏细速、血压下降等。出现轻度中暑时，让患者离开高温环境，在阴凉通风处休息，多喝冷的盐开水。除此之外，还要解开患者的衣服，在头部和胸部作冷敷，在太阳穴部位涂抹清凉油。

（3）重症中暑症状为高热、肌肉痉挛、意识模糊、昏迷等。对于重症患者，原则上应该立即送医院治疗。如果在野外，可以采用物理疗法，如扇风、大面积冷敷、用酒精擦身体等。

五、雷电的防范

雷电的危险性在于能击穿物体和人体，引起火灾，以及所产生的雷声能震破人的耳膜。

如果天气预报有雷暴雨，不要在狭窄的山谷或者溪谷中活动，不要到高而空旷的地区活动。观测天象判断天气变化，注意塔状积雨云是否增大增强，必须在下雨之前迅速找到避雨场所。雷暴通常持续时间很短，要保持镇静并采取正确的方式躲避雷电。

预防措施：

（1）当感觉到电荷即头发竖起或皮肤颤动时，很可能就是受到电击，要立即蹲在地上进行自我保护。

（2）身上不要有任何金属物。把带在身上的一切金属物拿下放在背包中，尤其是带有金属的眼镜框、皮带扣头、登山杖等一定要拿下来，切勿打手机。

（3）水容易传电，所以有积水的地方很危险，要避免走进被淋湿或已经有水的地方，最好踏在塑胶布上或背包及其他绝缘物上，同时要穿上雨衣以避免淋湿。

（4）最好的防护场所是洞穴、沟渠、峡谷或高大树丛下面的林间空地。

（5）严禁躲在铁皮屋里。

（6）切勿在任何避雷设备下躲避。

（7）避开裸露的山峰和山脊。山峰和山脊更容易遭到雷击，躲在山脊下方的平坦地区相对安全。

（8）野外有山洞的话可以进洞避雷。要离开垂直的墙壁或悬崖，应离开垂直岩壁3米以外，以免岩壁导电伤人。

（9）如果是在海岸线，躲在有许多小石头的地方半蹲下也是好办法。如果有大石头，可躲在与大石同高的距离内，但记得不要贴着大石头。

（10）如果是在空旷的山谷或者草原上，实在没有地方躲避了，找低洼地蹲下来，要尽量采取低姿势，可以双脚并拢，手放膝盖上，身向前屈，万不得已，可以坐在散乱的石块中间，不要躺下。

六、滑坡的防范

滑坡是大量的山体物质在重力作用下，沿着其内部的一个滑动面，突然向下滑动的现象。滑坡一般发生在陡峭的山区，但人工堆积的垃圾、尾矿和大型建筑堆积的泥土也会发生滑坡。

野外露营时，要选择平整的高地作为营址，尽量避开有滚石和大量堆积物的山坡下或山谷、沟底。在沟谷内游玩时，一旦遭遇大雨、暴雨，要迅速转移到安全的高地，不要在低洼的谷底或陡峻的山坡下躲避、停留。

（一）滑坡的前兆与识别

（1）山坡上有裂缝出现。土质滑坡前裂缝张开更为明显，沿山坡水平延伸方向分布。

（2）山坡坡脚松脱或鼓胀。

（3）山坡的中上部发生沉陷现象。

（4）斜坡上建筑物变形。

（5）溪水、泉水发生异常变化。

（6）地下发出异常的声响。

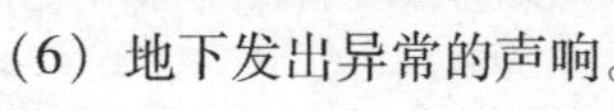

(7) 坡上树木向坡下弯曲或倾斜。

如果在野外活动时遇到以上这些现象，应坚持“宁可信其有，不可信其无”的原则，快速远离可能出现滑坡的地段。

（二）滑坡发生后的应对

滑坡、崩塌发生后山体处于不稳定状态，还会有二次滑坡、崩塌的可能，千万不要立即进入滑坡、崩塌地段挖掘和搜寻财物。有组织地搜寻受伤人群，尽快离开事发地段及危险的建筑物。尽快将灾害情况向政府部门报告，争取营救时间与营救力量。

七、泥石流的防范

同步案例

2010 年 8 月 7 日 22 时许，甘肃省甘南州舟曲县突降强降雨，县城北面的罗家峪、三眼峪泥石流下泄，由北向南冲向县城，造成沿河房屋被冲毁，泥石流阻断白龙江，形成堰塞湖。舟曲县特大泥石流及引发的洪灾造成县城由北向南 5 千米长、500 米宽区域被夷为平地，约 2 万人受灾，县城一半已经被淹。

人民网甘肃频道 2010 年 9 月 5 日消息：舟曲特大山洪泥石流灾害中遇难 1 478人，失踪 287 人。

（资料来源：舟曲特大山洪泥石流灾害已造成 1 478 人遇难．人民网．http://news.qq.com/a/20100905/000980.htm，2012－09－05）

（一）泥石流产生的基本条件

泥石流的发生主要与地形地貌、地质环境和水文气象条件密切相关。地形地貌上一定具备山高沟深、地形陡峻、河床纵比降大、流域形状等便于水流汇集的条件。松散物质主要包括岩层结构松散、软弱、风化或软硬相间成层的地貌。水是泥石流的重要组成部分，也是泥石流的动力来源，泥石流发生时常伴有暴雨、冰雪融化和水库、水池溃决等现象，长时间的连续降雨同样也是泥石流发生的潜在因素。

目前还难以准确预测泥石流的发生，但泥石流发生的下游常常会有以下现象发生：河床正常流水突然断流；洪水突然增大并带有较多的柴草、树枝；山谷中传来轰鸣声或地表有震动感。因此，当山谷中出现以上这些现象时，我们所处位置的上方，泥石流已经产生。

（二）对泥石流的预防与逃生

(1) 在泥石流多发季节（比如夏季）内，尽量不要到泥石流多发山区旅游。

（2）出行前收听当地天气预报，在大雨天或在连续阴雨几天、当天仍有雨的情况下不要贸然前往，进入山区沟谷游玩。

（3）最好聘请一位当地向导，可避开一些地质不稳定的地区。

（4）准备一些必要的食品、药品、饮用水以及救生用的器材。

（5）野外露营时，要选择平整的高地作为营址，尽量避开有滚石和大量堆积物的山坡下或山谷、沟底。

（6）在沟谷内游玩时，一旦遭遇大雨、暴雨，要迅速转移到安全的高地，不要在低洼的谷底或陡峻的山坡下躲避、停留。

（7）冷静、正确地选择逃生方向：观察泥石流倾泻的方向，向两侧高处躲避，然后再选择远离事发地的安全路线。

（8）正确躲避：不在交通工具或建筑物内躲避，防止被困于交通工具或建筑物内。

（9）防止次生灾害：泥石流可能导致河谷改道，形成不稳定的堰塞湖，存在洪水发生的可能。

知识点小结

1. 极端天气可带来的灾害类型。
2. 极端天气下野外活动的预防措施。
3. 极端天气引发灾害后的逃生、救急要点。

项目综合实训

极端天气下野外活动风险认知

一、实训目的

通过野外山谷实景、实例与仿真分析，让学生知晓极端天气引发灾害的可能性，了解和掌握极端天气下野外活动的风险，掌握预防与科学应对的手段。

二、实训内容

选择附近的野外山谷，对不同季节可能引发的气象灾害进行分类与分析。

三、实训要求

了解地质与气象可能引发的灾害。思考和撰写野外活动气象灾害的预防与应对策略。

四、实训步骤

（1）对班级学生进行分组，教师布置实训任务。

（2）各小组根据实训地点的地貌，讨论不同季节可能出现的气象风险，提出应对办法。

（3）将调查及分析结果制作成 PPT。

（4）课堂上对调查分析结果进行交流与点评。

(5) 教师总结归纳。

五、组织形式

以小组为单位进行调查、分析，调查与分析结果以小组为单位在课堂上进行交流。

六、考核要点

序号	考核点	考核要求	分值	备注
1	团队合作能力	各小组成员在调查、分析与讨论活动中的分工与协作能力	30分	小组自评
2	信息的采集与分析	考查对地理地貌与气候环境的分析能力，对课堂知识的理解程度	40分	教师评分
3	课堂展示	PPT制作及语言表达	30分	小组互评

参考文献：

[1] 梁传成，等．野外生存教程．北京：高等教育出版社，2005.

[2] 王桂忠，等．野外生存教育教程．广州：暨南大学出版社，2009.

[3] 石磊．认识可怕的气候灾害．兰州：甘肃科学技术出版社，2014.

[4] 麦可·布莱特．气候——你需要知道的超过3 000个基本事实．郑诗雨，译．上海：复旦大学出版社，2011.

第六章　野外遇险与求救

学习目标

理论目标：了解动植物伤害及预防与处理方法，知道自然灾害的避险与求生的相关知识，掌握求救信号及自救的方法。

实务目标：学会几种常见的求救信号，懂得辨认有毒植物的方法，掌握毒蛇咬伤的处理方法。

导入案例

驴友广东韶关登山误食野菜　3人中毒1人死亡

21名来自深圳的驴友5月1日在广东韶关翁源铁龙登山时迷路，经过警方冒雨搜救，被困驴友于2日下午被安全救出。但因食野菜，其中有3人中毒，1人死亡。

5月1日晚8时58分许，翁源县公安局110接一男子报称，他们是来自深圳的登山爱好者，一行20多人到翁源县铁龙镇登山时迷路。其中有3名同伴因吃了山上采摘的野菜中毒，其中一人已经休克。现在他们已经迷失在山中，他与另一名同伴走了3个小时的山路，接收到手机信号后才报警。

接报后，警方迅速与卫生院等部门展开搜索工作，60多名警力会同铁龙镇政府及镇卫生院人员，冒着暴雨全力开展搜救工作。其间，救援人员还与报警人进行了几次通话联系，但由于信号不好，无法确定对方的具体情况和所在位置。

与此同时，该县公安局根据报警人提供的电话还与深圳市登山爱好者协会取得联系，通报了情况。对方连夜派出一组救援队赶到翁源协助开展搜救工作。

据救援队反映，上述登山爱好者均来自深圳“山友”登山爱好者协会，中毒的3人分别是张某（男，46岁）、沈某（男，36岁）、孟某（男，约40岁）。根据被困人员提供的情况搜救人员最终确定登山爱好者被困在铁龙镇一个叫黄草营的山谷里。

2日上午9时许，搜救组在黄草营找到了被困人员。经确认，山中被困人员共有21人，其中3人因采食了野菜中毒。3名中毒人员中，中毒较深的张某已死亡，沈某、孟某2人中毒较轻，无生命危险。

2日下午，救援队将被困人员安全护送下山，并暂时安置在铁龙镇林场招待所。2名中毒人员已送韶关市第一人民医院救治，目前情况稳定。

总结：不要采食野外不能充分准确辨认的植物。

（资料来源：驴友广东韶关登山误食野菜　3人中毒1人死亡．新华新闻．http：//news. xinhuanet. com/travel/2011 －05/03/c_121371845. htm，2011 －05 －03）

野外生存生活训练都是在较为偏僻的自然环境中进行的，这些自然环境较之于城市、乡村等居住环境存在着更多自然伤害因素。在野外生存生活训练过程中，事先了解可能发生的伤害事件，掌握相应的应对措施，能够有效地防止野外生存生活训练过程中伤害事故的出现，减少和降低事故造成的损伤，乃至挽救人的生命。

相关链接

常在户外活动，难免会遇到危险。遇到危险，STOP原则可以提供有效的帮助。STOP英文的意思是停止、停下来，这里是四个英文词的首字母结合而成，即Stay、Think、Observe和Plan的首字母，意思分别是待在原地、思考、观察、计划。具体说来，当我们在户外环境中出了问题，首先是待在原地，不要随意行动；然后要冷静地思考，尽可能客观、全面地判断当前的情况；接着观察队员、队伍和周围的环境情况，寻找可能的解决办法；最后综合分析各种因素，计划下一步的行动。

第一节　动植物伤害的预防与处理

野外环境中的动植物种类繁多，大多数动物感受到人迹时会选择远离，大多数植物不会对人类造成伤害。但在进行野外生存生活训练时，动植物也可能会给人们带来伤害。在尽量避免、预防动植物给我们带来伤害的同时，我们也应当了解并掌握一些必要的应急处理措施。

一、动物伤害预防与处理

（一）蛇、蝎子、蜘蛛等有毒动物

虽然碰到蛇、蝎子、蜘蛛等有毒动物的机会不多，但若遇上的话却可能造成非常大的伤害，有时甚至会危及生命，所以做好对这些有毒动物的预防远比被咬伤后的处理更为重要。

1. 预防

出发前，应对目的地可能出现的有毒动物有所了解。

在地面情况复杂的区域行走时，应穿上保护服和结实的鞋子。

行走和停下时可采用“打草惊蛇”的方式。

不要在木柴堆、石块堆、山洞口、沼泽附近宿营。在宿营地附近撒上雄黄粉可以防蛇，使用蚊帐可以防止蝎子、蜘蛛等有毒动物。

不要将手伸进地洞或石块下面。

不要去昏暗处搜集柴火，拿起大树枝时要小心。

很多有毒动物都在夜间活动，所以不要在夜间赤足离开营地，行动时用手电筒照亮路面。

穿衣穿鞋前要事先抖动并检查衣物。

见到死蛇时也要小心，只能用长木棒接触它。

如果见到有毒动物，要尽量远离，不要去招惹它们，不要尝试捕捉有毒动物。

2. 急救

被毒蛇咬伤时可采取如下措施：

（1）患者应保持镇静，切勿惊慌、奔跑，以免加速毒液吸收和扩散。

（2）绑扎伤肢：立即用止血带、橡胶带或随身所带的绳、带等在肢体被咬伤的上方（近心端）扎紧，以缓解毒素扩散。结扎时应留较长的结，便于解开，每15~30分钟放松止血带1~2分钟，避免肢体缺血坏死；急救处理结束后，可以解除结扎，一般结扎不要超过2个小时。

（3）扩创排毒：缠扎止血带后，可用手指直接在咬伤处挤出毒液，在紧急情况时可用口吸吮（口腔应无破损或龋齿，以免吸吮者中毒），边吸边吐，再以清水、盐水或酒漱口。首先吸毒至少0.5~1小时，重症或肿胀未消退前，伤口作十字形切开后再吸吮，然后可将患肢浸在2%的冷盐水中，自上而下用手指不断挤压20~30分钟。咬伤后超过24小时，伤口一般不再排毒，如伤口周围肿胀明显，可在肿胀处下端每隔3~6厘米处，用消毒钝头粗针平刺直入2厘米。如手足部肿胀，上肢者穿刺八邪穴（两手手指指缝赤白肉际处，共八穴），下肢者穿刺八风穴（两脚足趾趾缝之间），以排除毒液，加速退肿。

有些蝰蛇毒会破坏凝血功能，从而有流血致死的危险，因此吮吸或挤压伤口将没有太大作用。此时最好的方式是在绑扎好受伤者的伤处后及早将其送往医院。

被毒虫咬伤时可采取如下措施：

若不慎被蜘蛛、蜈蚣、蛐蜓、蜂、蝎“五毒”虫咬后肿痛难忍，肤色碧绿，甚至溃烂，在交通不便不能送往医院的情况下，可急取大雄鸡鸡冠之血滴涂于咬伤部位，每隔0.5~1小时涂搽一次，可起到拔毒止痛的作用。如无鸡冠血，可取蜗牛数只，火烧研磨后涂患处。也可取自己手足的指甲放入容器内，以唾液浸泡指甲，再以指甲磨唾液，待指甲磨薄磨小后，用此唾液涂于咬伤部位。如是被蜈蚣咬伤后，可捉活蜘蛛一只，捣烂涂患处，数分钟即可止痛，一日内可痊愈。如有条件，也可将白矾、半夏两种药材以1:1的比例研成粉末，用醋调匀后涂患处，即可止痛。

另外，当被蝎子蜇伤后，应立即用绳子在伤口的上方3~5厘米处扎紧，以防被蝎毒污染的血液流入心脏，并用双手在伤口的周围用力挤压，直到挤出血水，然后涂些浓肥皂水或碱水；或挤压后用苏打水洗涤，再用5%的高锰酸钾溶液浸泡伤口。

（二）熊、狼、野猪等大型走兽

在野外遇到熊、狼等大型走兽的机会非常少，但野猪、野狗等大型走兽还是比较容易遇到。人们在进行野外活动时，总会有意或无意地侵扰它们的领地。一般来说，这些走兽并不经常对人类发起攻击，但这并不表明它们不具有威胁性。

白天在野外行走时可采用棍棒敲打探路、敲打金属固件发出声响或者发出人声的方法，使走兽提前躲避；晚间行走时可配备火把，因为动物一般都怕火。

遇见大型走兽，其可能发生攻击行为时可采取如下措施：

（1）寻找可能的躲避环境，如水、洞、树等。

（2）运用声音、光线、火焰等手段迫使对方停止攻击。

（3）一般情况下不要试图去杀害大型走兽，因为这只会增加它们对你的威胁。

二、植物伤害预防与处理

野外生存生活训练过程中会遇到各类植物，有些植物还是我们在野外环境中寻找方向、庇护和食物的重要来源，甚至是我们野外生存生活训练的重要内容（植物考察）。总的来说，绝大多数植物对于人类是不会造成伤害的，而预防植物伤害事故发生的最好方法就是牢记不要去碰和吃你并不了解的植物。

植物中毒一般都属于急性，中毒者应尽快送往医院，由医生进行临床检查和毒物鉴定。必要时，应请植物分类学者协助辨识致毒植物，以便对症下药。在植物中毒治疗方法上可分为一般治疗、使用解毒剂治疗及对症下药等。

1. **一般治疗**

首要任务是阻止或减慢毒物的吸收，设法去除未被吸收的毒素，以减少对身体的伤害。治疗步骤如下：

（1）清洗：中毒部位如为皮肤表面或黏膜，属于水溶性毒物，可用清水充分洗涤；非水溶性毒物，则可选用适当溶剂清洗。

（2）洗胃：在洗胃前应先将胃内残留食物抽出，以免将毒物驱入肠内。以稀释的高锰酸钾溶液、热盐水或鞣酸溶液洗胃；如果患者已经昏迷，应避免洗胃；如误食的毒物属强腐蚀性者，则绝对禁止洗胃。

（3）催吐：患者如不适宜洗胃，可采用催吐法。若患者神志清醒，让其喝下3%的食盐水，再以手指刺激其喉部，这是最简易的催吐法。

（4）导泻：如果植物毒素已经进入肠道，为求迅速排出毒素，可采用导泻法。

（5）灌肠：通常可以使用生理盐水或肥皂水高压灌入，使用量约为1 000mL。

（6）服用沉淀剂：鞣酸会与部分生物碱或重金属形成沉淀，以阻止被身体吸收，茶叶中含有大量鞣酸，让患者喝下浓茶，可达到毒素沉淀的效果。

（7）服用吸着剂和保护剂：活性炭可将毒物吸附于表面，减少消化道吸收的量；植物油、牛奶、蛋清、豆浆、淀粉糊等有保护患者肠胃黏膜的功效。

（8）输液排毒：对因大量呕吐、下痢而脱水患者，宜使用生理盐水或格林氏液，配合高浓度葡萄糖液；对酸中毒的病患，最好能加入乳酸钠，以平衡其酸碱度。

（9）加速排泄：让患者喝下大量浓茶、利尿剂等，加速毒物从尿中排出；如植物毒素能由肠道排泄，则可使用泻剂，以加速毒物排泄。

2. **使用解毒剂治疗**

解毒剂可分为以下两类：

（1）一般解毒剂：当无法辨别植物中毒种类时，常用氧化与中和的方式解毒。碱中毒，以醋酸枸橼酸等弱酸中和；如果是酸中毒时，以氧化镁乳剂或肥皂水中和；或用高锰酸钾溶液对有机毒素进行氧化破坏，以达到解毒效果。

（2）特效解毒剂：必须在确定致毒植物时才可以使用，否则一旦误用，很可能加重病情。

3. **对症下药**

针对植物中毒患者各器官功能严重障碍，如体温下降、通气功能障碍、心脏衰弱、痉挛、脑充血等状况，进行相应的急救措施。

第二节　自然灾害的避险与求生

一般将给人类生存和发展带来各种灾难的自然现象，包括气象灾害（风暴、干旱、洪涝、森林大火等）、地质灾害（地震、火山爆发、雪崩、海啸等）及生物灾害（虫灾、流行传染病等）统称为自然灾害。下面就如何应对野外生存生活训练中可能遭遇的自然灾害进行介绍。

一、地震

地震是地球内部长期积累的能量突然释放的一种地壳运动形式，它是突发而短暂的一个过程，释放的能量非常巨大。地震绝大多数发生在大陆板块的边缘，其主要危害在于对建筑结构的毁坏及可能引发山体滑坡和海啸，造成重大人员伤亡事故的地震往往发生在都市和其他人口密集的地区。

我们通常采用里氏震级表示地震的强度，它是在1935年，以其创造者查尔斯·弗朗西斯·里克特（Charles Frances Richter）的名字命名的地震强度分级系统。里氏震级共分10级，其中1级表示震动非常轻微，而10级则表示震动极其巨大。

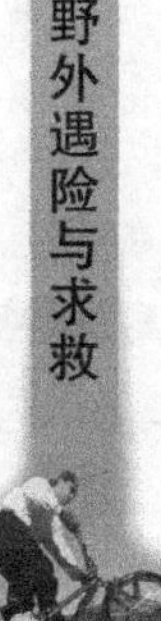

里氏震级与地震影响力

震级	地震影响力
2.6	没有感觉，但地震检波仪可以显示出记录
3.5	有明显感觉
4.5	局部损坏
6.0	破坏性地震
7.0	大地震
8.0 +	极大地震

1. 提前预防

密切留意自然界的反常现象，如动物的异常反应、特殊的地质变化。听到地震预报或者感觉到地震即将来临时，远离耸立的高大物体。防险地点的选择应注意：不要进入山洞，以防坍塌；不要待在山顶有碎石的山坡，以防被滑落的石块轧伤；不要在土匎下活动。在等待救援期间，可在安全地带搭建庇护所，水、食物、携带物品应该放在伸手可及的地方。

2. **求生方法**

（1）在晃动中尽量保持平衡或通过滚动的方法，逃离可能有重物压下来的地方。

（2）别返回建筑物内，首次地震会使任何建筑都不太牢固，如果接着再发生余震，建筑物就容易坍塌。在废墟救援时，一定要戴好安全帽和其他保护用品。

（3）在山上时，尽量往山顶移动。

（4）在平原时，尤其是黄土地面，如果趴在地上，将会减少掉进裂缝的概率。

（5）在乱石岗时，应蹲在原地，以免摔倒。

（6）在堤坝下时，应马上逃离，以免堤坝决口。

（7）在滩地时，只要不在悬崖下就会相当安全，但由于海啸经常伴随地震而来，所以当震动停止后应尽快离开滩地向更高的开阔地转移。

3. **救援方法**

（1）搬动覆盖物时，要遵循先上后下的次序，观察倒塌物的上下结构，以免引起新的倒塌。

（2）挖掘时，开始可以使用大型机械、工具，发现物品和服装等日常用品时，尽量徒手挖掘，以免给遇险者造成伤害。

（3）救援人员要有保护设备，并时刻警惕余震发生。

（4）伤员处理参阅第四章野外急救相关内容。

二、火灾

火灾的原因很多，雷电、火山、摩擦、化学反应、人为因素都可能引发火灾。野外火灾主要是森林大火及在野外宿营时由于用火不慎而导致野营设施着火。大多数森林火灾是在比较干燥的天气下由人为原因引起的，这类火灾会对树木、植被和当地居民造成非常严重的损害。宿营地发生的火灾规模一般较小，但是对人员造成的伤害可能更为直接。

1. **提前预防**

在野外生火时，要有专人负责。注意生火地点要远离树木、草丛；不要在风口处点火；在有风天生火要用石块、泥块垒好防火墙；干树叶会引起飞舞的火星，有风天不要往火堆里添加干树叶；生火时，应在火堆旁准备好灭火的工具，如放上一桶水、准备好一堆泥沙土等；如遇到自然火灾应马上报警，并在救援人员到达前，尽快撤离火场，到达安全的地方。

2. **求生方法**

（1）遇到大面积火灾时，可以利用附近的地形逃生，最佳的地点是水塘、河流，其次是缺少植物的干涸河道、乱石岗。

（2）在草原遇到草地大火时，一定要向来风方向转移，在被大火包围时（火已经接近时），要顶风逃跑。

（3）如果衣服着火，应马上脱下衣服拍打，如果一时不方便脱下，可就地打滚将火压灭。但当被火围困时，即使衣服着火，也不要脱下衣服，因为衣服可以保护身体不被烧伤。

（4）如果被火包围，又无法逃脱，而附近的草丛又很快可以燃烧完，可主动烧出一块空地，并躲在空地上，这也是有效的逃生方法。如果大火连成一片，又确定无法通过大火逃出火海，可冒险就地挖掘地洞钻进去。

（5）遇有浓烟、一氧化碳、有毒气体时，应避免咽呛。可用湿手巾捂住口鼻，并尽量使自己贴近地面。因为烟要比空气轻些，在距离地面 10～20 厘米的空间里空气相对较多。

3. **救援方法**

（1）火势稍小时，可利用就近的水、泥土、湿树枝进行灭火。

（2）在火势凶猛、无法直接扑灭时，可以在火点周围砍伐树木、割草，使火势无法蔓延；也可通过火烧的方法烧出防火道。

（3）对窒息患者及烧伤患者马上进行处理（参阅第四章野外急救）。

三、泥石流

泥石流是山区沟谷中，由暴雨、冰雪融水等水源激发的，含有大量泥沙、石块的特殊洪流。其特征是突然暴发，浑浊的流体沿着陡峻的山沟前推后拥，奔腾咆哮而下。泥石流在很短时间内将大量泥沙、石块冲出沟外，在宽阔的堆积区横冲直撞、漫流堆积，常常给人类的生命财产造成重大危害。

1. **提前预防**

泥石流来势凶猛、威力无比，远比洪水来得突然，也更加惨烈，所以远离灾害、避开险境是最好的防灾方法。前往山区沟谷活动时，一定要事先了解当地的近期天气实况和未来数日的天气预报及地质灾害气象预报。应尽量避免大雨天或连续阴雨天前往这些区域活动。泥石流、滑坡、崩塌的发生是有迹可循的。坡度较陡或坡体成孤立山嘴或为凹形陡坡、坡体上有明显的裂缝、坡体前部存在临空空间或有崩塌物，都说明曾经发生过滑坡或崩塌，今后还可能再次发生；河流突然断流或水势突然加大，并夹有较多柴草、树木，深谷或沟内传来类似火车的轰鸣或闷雷般的声音，沟谷深处突然变得昏暗，还有轻微震动感，这些迹象说明沟谷上游已发生泥石流。人们在山区沟谷中游玩时，切忌在沟道处或沟内的低平处搭建宿营棚；切忌在危岩附近停留，不能在凹形陡坡危岩突出的地方避雨、休息和穿行，更不能攀登危岩。

2．求生方法

（1）根据各种现象判断泥石流发生之后应立即逃离，选择最短、最安全的路径向沟谷两侧山坡或高地奔跑，切忌顺着泥石流前进方向奔跑。

（2）一定要保持身体的高度，可依靠山坡上的树木或岩石，避免滑倒，以防被接下来的泥石流吞没。

（3）泥石流会带动较大的石块冲下来，可以通过较大的树木或岩石来躲避，以避免被撞击。

（4）想尽一切方法保护头部，并防止泥水呛入口中。

（5）不要停留在坡度大、土层厚的凹处。不要躲在陡峻的山体下，防止坡面泥石流或崩塌的发生。

（6）不要上树躲避，因为泥石流可扫除沿途一切障碍；避开河（沟）道弯曲的凹岸或地方狭小、高度又低的凸岸。

（7）长时间降雨或暴雨渐小之后或雨刚停时，不能马上返回危险区，因为泥石流常滞后于降雨暴发。

3．救援方法

（1）在山坡下方，发现有人被困在泥石流当中，又无法直接拉出来时，可以通过挖掘泥石流的方法进行营救。挖掘时注意方向，应该从侧面挖掘，不要垂直挖，以免震动上面的泥石，导致其继续下滑，伤害救援人员。

（2）在泥石流正在进行时，应该从侧面垂直泥石流的方向直接或者间接拉出遇险者，不要顺着或逆着泥石流方向救援，以免越陷越深。

（3）如果有人休克、昏迷，应及时检查是否骨折或脑损伤（参见第四章野外急救）。

四、沼泽

沼泽是指地表过湿或有薄层常年或季节性积水，土壤水分几乎饱和，生长有喜湿性和喜水性沼生植物的地段。沼泽地是纤维植物、药用植物、蜜源植物的天然宝库，是珍贵鸟类、鱼类栖息、繁殖和育肥的良好场所。沼泽具有湿润气候、净化环境的功能。

1．提前预防

看似美丽而平静的沼泽却经常暗藏着杀机，误入沼泽常常会带来生命危险，所以我们在野外行走时要时刻保持警惕，应以行走杖探路，遇到沼泽地时应尽量避开；如非要走过满布泥潭的地方不可，则应沿着有树木生长的高地走，或踩在石南草丛上，因为树木和石南都长在硬地上。如不能确定走哪条路，可向前投下几块大石头，待石头落定后即可确定是否可以落脚。

2. **求生方法**

（1）一旦身陷沼泽，切记不要挣扎，应采取平卧姿势，尽量扩大身体与泥潭的接触面积。

（2）松开背包带，把背包带放在身后，仰卧在背包上抽出一条腿，再抽出另一条。

（3）或者把背包放在胸前，俯卧在背包上，慢慢游动到安全地带。

3. **救援方法**

旁边有同伴时，可结绳或用枝条将身陷者拖出沼泽。

五、雪崩

雪崩是极易发生的。对于独自进入雪山的野外活动者来说，掌握一些切实有效的防护办法是最重要的。易发生雪崩的危险地带是：有小雪球滚落的斜坡，积雪有裂缝的斜坡、有雪檐的斜坡、35°左右的无树木陡坡、长度大的斜坡、凸形斜坡、面向西南方向的斜坡，以及旧雪之上有新雪覆盖和因气温上升而积雪松软的地方。雪崩易于发生的时间是新雪后次日晴，早晨9点至10点钟前后。

了解易于发生雪崩的时间和地点后，在通过雪崩危险地带时必须注意以下五点：

（1）预先松开背包带，以备在雪崩来时解脱身上的重负而逃生；

（2）摘掉妨碍视觉和听觉的风雪帽，以期尽早发现雪崩征兆；

（3）避免横向通过有危险的雪坡；

（4）避免音响和震动；

（5）避免跌倒等冲击雪面的动作。

1. **提前预防**

探险者应避免走雪崩区，当实在无法避免时，应采取横穿路线，切不可顺着雪坡攀登。在横穿时要以最快的速度走过，保持安静并设专门的瞭望哨紧盯雪崩可能发生的区域，一有雪崩迹象或已发生雪崩时要大声警告同伴，以便迅速采取自救措施。

捧起积雪攥成一个雪球后挤压看手套被雪水浸湿的程度可以判断积雪中的水分含量，如果手套被很快浸湿就表明雪中水分含量高，此时更易发生雪崩。

大雪刚过，或连续下几场雪后切勿上山。此时，新下的雪或上层的积雪很不牢固，稍有扰动都足以触发雪崩。大雪之后常常伴有好天气，必须放弃好天气，等待

雪崩过去。

如必须穿越雪崩区，应在上午10时以后再穿越。因为此时太阳已照射雪山一段时间了，若有雪崩发生的话也多在此时以前，这样也可以减少危险。

天气时冷时暖、天气转晴或春天开始融雪时，积雪变得很不稳固，很容易发生雪崩。

如果山坡呈现为凸起形就容易发生雪崩，如果山坡为凹起形发生雪崩的机会则相对较小。坡度越陡，发生雪崩的机会就越大。

2. **求生方法**

（1）发生雪崩时必须马上远离雪崩的路线，向旁边跑以避开雪崩，或者跑到较高的地方去。

（2）抛弃身上所有的笨重物，如背包、滑雪板、滑雪杖等。带着这些物件，倘若陷在雪中，活动起来将会更加困难。

（3）如果被雪崩赶上，无法摆脱时，应切记闭口屏息，以免冰雪涌入咽喉和肺引发窒息。

（4）抓紧山坡旁任何稳固的东西，如矗立的岩石之类。即使有一阵子陷入雪中，但冰雪终究会泻完，那时便可脱险了。

（5）如果被雪崩冲下山坡，要尽力爬上雪堆表面，平躺，用爬行姿势在雪崩面的底部活动，休息时尽可能在身边造一个大的洞穴。在雪凝固前，试着到达表面。扔掉你一直不能放弃的工具箱——它将在你被挖出时妨碍你脱险，节省力气，当听到有人来时大声呼救，同时以俯泳、仰泳或狗爬法逆流而上，逃向雪流的边缘。

（6）被雪掩埋时，冷静下来，让口水流出从而判断上下方，然后奋力向上挖掘。逆流而上时，要用双手挡住石头和冰块，一定要设法爬上雪堆表面。

3. **救援方法**

（1）通过痕迹寻找失踪队员。

（2）注意各种不寻常的声音和方向。

（3）发生雪崩时，在雪崩区域以外的人不要急于冲进去救人，以免发生意外。记住雪崩时队友的位置，雪崩结束后马上前往救助。

（4）怀疑某处雪下有队友时，以直线交错的方式挖沟搜索，同时注意有关遇险者的一切物品和标志。

（5）找到遇险者后，根据情况处理遇险者（受伤处理参阅第四章野外急救）。

（6）搜寻被暴风雪围困的遇险者时，要留意标记物，有经验的野外工作者在遇到暴风雪时肯定会留下标记。另外，在没有河流的地方，应注意什么地方的雪有融化的迹象，此地应认真搜索，因为有人活动过的地方的雪比较容易融化。

第三节　自救、呼救与营救

一、自救

自救，就是指依靠一个人或团体自身的能力解除危险、脱离困境。野外生存生活训练的自救内容相当广泛，我们在野外所可能遇到的各种危险都是我们自救的内容，既包括我们在上面提到的动植物伤害和自然灾害，也包括判断方向、寻找食物和水源，在等待援救之前坚持生存等。如果从人类自身的角度出发，自救可大致分为生理自救和心理自救。生理自救的内容是为了保证我们的身体机能正常工作，心理自救更多的是在突发事件发生以后或者长时间等待援救时必须进行的工作。如果说生理自救更侧重于野外遇险人员的野外生存知识和经验，心理自救则更多的是一种生存信念，我们在教授野外自救内容时切不可忽视心理自救能力的锻炼。由于自救的内容较多且分散于各章节内容中，所以此处不再赘述。

二、呼救

遇有同伴或任何人士在野外受伤时，应及时判断危险的发展情况，及时进行救援。发出求救信号，直至有救援人员到达为止。在可能的情况下，应安排一名伙伴陪伴及照料伤者，另外两人结伴前往求救。为避免延误救援工作，求救人员应将意外详情、地点及伤者状况用纸笔记录，如有可能，应记下地图坐标，避免求救人员因紧张、迷途受困或口头传讯含糊不清导致求救信息不能准确地传达。

求救者要通过各种手段向外界呼救，比如手机、对讲机等，并尽量向救援者提供如下信息：意外性质/出事原因；出事时间/地点；位置/方格坐标/最近的标距柱号码；附近地形或特别参照物；伤者数据，包括姓名、年龄、性别、电话、地址、伤情、已施行之急救、天气情况、同行者情况/动向及其他事项。

如果不能用手机或对讲机等通信工具进行求救，可根据自身的情况和周围的环境条件，发出不同的求救信号。一般情况下，重复三次的行动都象征寻求援助。信号分为以下六种：

1. 烟火信号

火光是非常有效的联络信号。遇险时可根据自身的情况作出以下选择：为保证信号的可靠程度，白天可在火堆上放些苔藓、青嫩树枝、橡皮等物使之产生浓烟；黑色烟雾在雪地或沙漠中最醒目，橡胶和汽油可产生黑烟；晚上可放些干柴，使火烧旺，并使火焰升高。

燃放三堆火焰是国际通行的求救信号，将火堆摆成三角形，每堆之间的间隔相等最为理想，这样安排也方便点燃。如果燃料稀缺或者自己伤势严重，或者由于饥饿而过度虚弱，凑不够三堆火焰，那么因陋就简点燃一堆也行。

不可能让所有的信号火种整天燃烧，但应随时准备妥当，使燃料保持干燥，一旦有任何飞机路过，就应尽快点燃求助。

火堆的燃料要易于燃烧，点燃后要能快速燃烧，因为有些求生机会转瞬即逝。白桦树皮是很理想的燃料。

可以利用汽油，但不可将汽油倾倒于火堆上。用一些布料作灯芯带，在汽油中浸泡，然后放在燃料堆上，将汽油罐移至安全地点后再点燃。添加汽油前，要确保添加在没有火花或余烬的燃料中。

如果受到气流条件限制，烟雾只能近地表飘动，则可以加大火势，这样暖气流上升势头更猛，会携带烟雾到相当的高度。

2. 地对空信号

下面所列字母是国际通用的紧急求救信号。单个一根木棒“1”，是最为重要、制作也最简单的一个。尺寸是每个信号长 10 米、宽 3 米，每个信号间隔 3 米。

图 6－1　国际通用的紧急求救信号

3. 体示信号

向直升飞机发信号，当遇有直升机来救援时，必须用正确的信号将直升机指引到安全的地方。必须注意的是，直升机着陆的地面需平整而坚固，并且没有植被、路标塔或其他散乱的物品，以免被飞机上的螺旋桨吸走。取下帽子站稳，一只脚前跨，时刻准备转身。当搜索飞机较近时，可用体示信号表达遇险者的意思。信号如下列图示：

图6－2

4. **旗语信号**

将一面旗子或一块色泽亮艳的布料系在木棒上，持棒运动时，在左侧长划，右侧短划，加大动作的幅度，做“8”字形运动。

如果双方距离较近，则不必做“8”字形运动。一个简单的划行动作就可以，在左侧长划一次，在右侧短划一次，前者应比后者用时稍长。

5. **音响信号**

用声音来发求救信号效果不是很理想，因为声音的传播距离有限。但有时也是有效的，尤其是近距离时。哨音造成的声音非常响亮，吹哨子是一种较理想的求救方法。国际上公认的求救信号是每分钟吹6下，停1分钟再吹。常用的SOS代码，即声音节奏为：三短—三长—三短。

6. **反光信号**

利用阳光和一个反射镜即可射出信号光。任何明亮的材料都可加以利用，如罐头盒盖、玻璃、金属铂片、镜子等。持续的反射将规律性地产生一条长线和一个圆点，这是莫尔斯代码的一种。即使你不懂莫尔斯代码，随意反照，也可能引人注目。即使距离相当遥远也能察觉到一条反射光线信号，所以就算你并不知晓欲联络目标

的位置，也值得多加试探，注意环视天空，如果有飞机靠近，就应快速反射出信号光。由于这种光线或许会使营救人员目眩，所以一旦确定自己已被发现后，应立刻停止反射光线。

三、营救

营救是指对遇险者进行搜索、救援等一系列活动过程。营救与自救、求救是相联系并且密不可分的，没有自救就没有生存，没有生存也就失去了呼救的可能与营救的意义，没有呼救就没有营救活动的有效开展，而营救是自救和呼救的目的，没有营救，那么自救和呼救也就很可能不能够转化为生存。

营救程序包括以下四步：

（一）成立救援指挥中心

（1）确立总指挥。

（2）组成救援队伍。救援队伍应该由具有野外搜救经验的人员组成，队伍组成人员当中应包含以下几类人：熟悉当地情况的队员，可以是经常在当地活动的，也可以是当地人；医疗人员；会操作各种器械的人员。搜救队员必须具备以下知识技能储备：①充沛的体能；②良好的精神状态；③优秀的追踪能力，能准确分析行迹、跟踪；④熟识野外环境；⑤具备医疗急救常识；⑥熟识通信工具，发信号；⑦通晓各种技术性装备的使用。

（3）为了保障安全和提高搜救效率，应制定搜救管理流程，搜救人员必须严格遵守以下管理流程：①设立指挥部；②评估现场环境危险状况和制定解决办法；③确认和标示高危地带；④确定搜救区域；⑤制定进入和离开救援地点的规定，清散无关人员；⑥安排场地进行搜救器械通信装备；⑦确定行动计划并指派搜救任务，召集简短会议通报情况；⑧统一信息发布人员（通信保障、网站论坛公布、媒体信息发布）；⑨确认后勤保障人员（食物、车辆、购买保险）；⑩宣布搜救行动的开始和结束。

（二）准备救援器材

准备相应的救援器材，如交通、通信、医疗、急救等必需设备。

（三）制定营救方案

根据遇险者的方位、距离、地形及当时的气候等，确定营救方式、人员、工具，制定营救实施方案和应变措施。

（四）实施搜救

1. 野外搜救要点

（1）幸存者可能在自然环境中存活2～3周以上。在完全排查之前，或搜救时间没有超过3周之前，绝不轻易放弃。

（2）开展大规模搜救之前的信息排查工作尤为重要，对失踪人员的行踪信息把握和个人习性调查必须充分。

（3）每个搜救地点都必须指定一人专门负责协调，统一指挥，全权进行人员调度。

（4）在搜救人力、资源、时间有限时，须对搜救地点的优先级进行选择。

（5）搜救人员在野外环境进行人工搜索具有一定风险，搜救现场指挥官应该充分审视搜救环境。

（6）使用固定、醒目的符号对已经完成搜索的区域进行标示，以节约宝贵的时间和人力。

（7）充分调动政府应急资源，调用搜救犬、搜救仪器配合人工搜索。

（8）根据国际惯例，搜救行动通常配置两支以上的搜救分队，执行同一区域的搜救任务，以保障搜救区域的搜救完整性；每支搜救分队至少设队长和医疗急救人员，并力图做到队伍成员角色能够互换。

2. 野外搜救常用徒步搜索队形

为了达到最佳效果，在大规模的搜索中，每个队伍都应当被部署在能最大面积地覆盖搜索区域的位置，并且所有成员都能发挥积极作用。这在当队员们疲劳，并且倾向于停止搜索时特别适用。队长必须确定适合搜索区域地形的任务和队伍构成的最佳队形并给每个队员分配他们在队列中的位置，指定他们负责搜索的区域。队列行进中，队长必须确保每个队员在队列中的位置并且保持警觉。常用队列能够适用于多种地形和情况，包括以下八种：

（1）印第安纵队。①这种队形适用于搜寻小路和狭窄的山谷地带；②队伍沿小路，一个接一个，搜索小路及其周边，应当特别注意主要搜索半径；③队长通常位于最便于控制队伍的地方，往往在队伍中央。

（2）路侧拉网搜索。①在地形和植被允许的情况下，路径搜索中效率最高的就是路径两侧拉网式搜索队形；②这一队形中，队长在路上，队员分置道路两翼，对路旁的地面进行最大限度的搜索。

（3）方块队形。①当搜索正面受到限制时，比如在谷口地带，可以采用方块队形，这将在队伍无法充分展开的情况下获得最大效果；②在这种队形中，为了取得最佳效果，队长往往处于队伍中间，其他队员成对地排在队长的前方和后方。

（4）单队平行式拉网搜索。①在地形和植被允许的情况下进行，这一队形通常是在对整个区域进行覆盖式的目视搜索时采用的。②单队搜索适用于一支队伍足够覆盖整个区域时。③最简单的办法是一般队伍与某一特征物保持平行，如篱笆，或者沿着某一特定的罗盘方位行进。④在这种队形中，队员们在起搜线上平行站位，队长位于队伍背后正中的位置。在队长指挥下，队伍从起点开始，直至整个区域搜索完毕。

（5）多队平行式拉网搜索。①在一个大的开阔地带进行搜索时，将可能用到在一条长线上进行的多队平行式拉网搜索。②当进行多队搜索时，各队相互错开比所有人站在同一条线上效果更好。③如 A 队从最左侧开始，队员 A_1 标记出最左端，队员 A_9 标记出最右端；经过适当的时间间隔后，B 队出发，队员 B_1 会发现队员 A_9 留下的 A 队左端的标记，而队员 B_9 标记下 B 队的最右端；再经过适当的时间间隔后，C 队出发，以此类推。总指挥进行搜索指挥。④如果某队赶上了前面出发的队伍，后出发的队伍应停下，等待前面的队伍推进一段距离后再出发。不要让各支队伍处于同一直线上，因为这样控制起来很困难。⑤搜索总指挥通过每队队长控制队伍的行动。⑥为了方便指挥，搜索总指挥应通过对讲机与各队队长直接通话。⑦搜索总指挥应当在整个搜索网络中有独立的对讲机频率。

（6）蛇行搜索（适用于植被厚实的地区）。①当一支队伍已完成单队平行式拉网搜索时，可以采用称为蛇行搜索的一系列平行式拉网搜索。这种方法是在地表植被密集，或地形比较崎岖，妨碍了大部队进行搜索的情况下采用的。②进行搜索前，应当确定起搜线和搜索的界线。③一开始队伍平行于其中一条搜索的界线。④队长位于队伍背后正中央的位置。⑤ 队伍两侧的队员负责标记出每次搜索的边界。为了标记出边界，可以用颜色鲜艳的标志物绑在位于标记之间的可见距离的树上。标志物可以用彩色纸做成，因为它可降解、无污染，而且寿命有限。可以在纸上记录不同天内搜寻的区域。做标记的队员不能集中精神行进，因为他们要做标记而会分神。这一点应当在队伍行进速度和搜索的面积方面予以考虑。⑥在开始搜索之前，应当准备一定数量的彩色纸和笔，以辅助标记。⑦队伍从起点开始，沿着每次搜寻的边线往返进行拉网式搜寻，直到整个区域搜索完毕。⑧当一次搜索到头，需要返回进行下一次搜索时，队长应当保证尽快重排队列。有两个方法可以保证重新排队的顺利进行：

方法一：当队伍搜索到区域边界停下时，全体朝向搜索前进的方向，然后全体向后转，面向回去的方向，跟着向着边线方向侧向移动，直到整个队伍越过边线；随后，队伍向相反方向进行搜索。

方法二：当队伍搜索到区域边界停下时，全体朝向搜索前进的方向。一人作轴固定不动，其他人转弯绕过去，重新排成队列，队伍面向相反的方向进行搜索。

（7）螺旋下降搜索（适用于山地地区，从上至下）。①当搜寻小山、山脊或尖坡时，建议从高处向下搜寻。这样，搜索者可以俯视，而无须仰视。②当搜寻小山时，队伍组成一定队形，由上至下搜寻，螺旋下降搜索，从而避免直接走陡坡。③搜索山脊或尖峰时，应该进行一系列浅的、互相重叠的搜索。④在小山或陡峭的地形进行搜索，必须控制好速度，以适应地形和搜索者的能力，否则容易造成对脚腕和膝盖的伤害。

（8）方块扩展法。①这一技术用于密集搜索一个有很高可能性的区域。它对于小范围完全的覆盖非常有效。这一技术适当的搜索人数为15。②一名队员被要求标记外侧的界线，并且要保证所有人都遵循这一界线。另一名队员负责标出内侧界线，这能够保证搜索时的均匀运动。③队长应当在搜索线的中央，这样才能保证搜寻的成功。④ 标记出一块50米见方的方形区域，该区域要求使用罗盘方位和测量员皮尺或类似材料进行仔细搜寻，接下来对方块区域内进行搜索；从方块的一个角向外延伸一条线，沿着同一个方向绕着方块进行搜索；然后继续用同样的方法扩大搜索区域（该区域慢慢会变成圆形）；多于15个搜索者，搜索线将无法控制；在荆棘丛生的地带，方块扩展法能够在3小时内搜索完90 000平方米的区域。

知识点小结

1. 提前避开及预防动物的伤害。
2. 防治植物性伤害。
3. 地震、火灾、水灾、泥石流等自然灾害的防治。
4. 发送求援信号的方法。
5. 营救的方法。

项目综合实训

植物辨认与求援信号评比

一、实训目的

通过在户外的实践活动，让学生学会辨认野外常见的几种可食及有毒植物；掌握求援信号的发送。

二、实训内容

在野外活动中，进行植物辨认与求援信号发送的评比。

三、实训要求

（1）选择徒步经过区域及营地区域进行植物辨认评比。

（2）在营地进行求援信号发送的评比。

四、实训步骤

（1）对班级学生进行分组，教师布置实训任务。

（2）各小组明确实训任务，讨论并进行任务分工。

（3）各小组在规定时间完成实训任务。

（4）教师和各小组组长组成考评组，对各小组的具体操作状况和最终完成情况

进行考评。

(5) 教师现场归纳总结。

五、组织形式

以小组为单位进行实训操作，对考评结果进行现场点评、分析和交流。

六、考核要点

序号	考核点	考核要求	分值	备注
1	团队合作能力	各小组成员在评比活动中的分工协作能力	40 分	小组自评
2	植物辨认能力	考查学生对植物的辨认能力	30 分	教师评分
3	求援信号发送能力	考查学生制作简易工具的能力	30 分	教师评分 小组互评

参考文献：

[1] 孙喜庆．遇险生存与营救．西安：第四军医大学出版社，2001.

[2] 李一新．最新野外生存手册．北京：石油工业出版社，2007.

[3] 帕克里克·威尔逊．自然灾害生存．赵晓冬，卫平，译．济南：明天出版社，2005.

[4] 弗尔科尔·拉普．野外生存指南．王青羽，译．南京：江苏科学技术出版社，2006.

[5] 梁传成，等．野外生存教程．北京：高等教育出版社，2003.

第七章　野外活动装备

学习目标

理论目标：学习野外装备的知识以及装备的选用。

实务目标：能够正确使用野外活动装备。

导入案例

登残长城两人因冻身亡

7位市民到北京延庆县四海镇九眼楼攀登残长城。可由于攀爬时间过长，体力透支，被困山上。消防队员和民警上山搜救，其中两人被发现时已经昏迷。早晨，昏迷的两人不幸身亡。

据了解，九眼楼位于怀柔区与延庆县交界处，海拔1 100多米，还有人称之为“万里长城第一楼”。夜晚山上气温很低，还下起了雪，随后四海森林消防中队、怀柔迎宾路消防中队纷纷到场支援。

在附近村民的指引下，救援人员在山上展开搜索。“山上特别冷，连口水都结冰了。”参与搜救的消防队员事后回忆说。一直到今天凌晨5时许，消防队员们终于找到了被困人员，但其中两人已经昏迷。多名被困人员年龄在50岁以上。他们告诉搜救人员，昨天上午，他们一行7人去爬九眼楼残长城，爬了一天后被困山上。由于山上气温实在太低，他们急忙向消防部门求救。昏迷的一男一女两人随后被抬到急救车上。但由于失温，今天上午，两人已确认死亡，男子今年60多岁，女子49岁。其余5人无大碍。

总结：野外活动，应事先了解目的地天气情况，准备足够的保暖装备。

（资料来源：登残长城两人因冻身亡．磨房论坛．http：//www. doyouhike. net/forum/safety/13/924526，0，0，0. html，2012－11－19）

相关链接

各国军队都十分重视野外生存训练，同时注意研究生存装具，如多用途的生存工具。如美军装备的生存工具除了有刀、锯的功能外，还能剥电线覆皮、割玻璃、起钉子、做扳手，甚至当斧子用。美国萨夫·特·凯斯公司出品的“丛林之王”生存刀，据称是迄今最完美的多功能用具。西班牙也生产这种生存刀。这种刀的刃部是由洛氏硬度为56~57的钢制成，长14厘米，刀背可作锯子使用。橄榄绿色的尼龙刀鞘，除了装刀之外，还装有多种生存用品，其中有指北针、发信号用的反光镜、钓鱼钩和线、鱼叉头、打火石、磨刀石、别针、橡皮膏、缝补用具、小手术刀、开罐头刀、开瓶器、螺丝刀、铅笔、止血带等。刀鞘底部还有一个折叠叉环，连接橡胶带可作为猎鸟的弹弓。

准备是为了生存，这是野外生存最基本的意识，对于没有什么野外生存经验者来说更是如此，所以在临行前应携带适宜的装备，并尽可能详细地做好计划。选择的物品要合理，因为在你选择装备的时候可能就已决定了你会成功还是失败，所以千万不可轻视临行前的准备。

第一节　着装准备

参与野外生存生活训练时，需要使用到的着装有很多种，而且每一种或每一件都很重要。野外着装主要起到保暖、保护、舒适等作用。在野外活动时不能随便着装，必须遵循野外着装宽松、舒适、耐磨的基本原则。即使是在盛夏，也要尽量减少皮肤的裸露部分，因为在爬山和穿越丛林时，各种带刺的植物都可能会毫不留情地伤害到你的皮肤。在出发之前必须对此次外出的天数、活动性质、所去区域的近期气候特征及自己的耐寒程度等因素进行综合考虑，最终确定个人的野外着装和物品携带量，保护自己在野外活动中不受天气变化和恶劣环境的影响。

在去野外前开个装备清单，同时试着问自己以下问题：离开多久？需要多少食物？要带水吗？带的衣服适合相应的气候吗？一双鞋子够用吗？

一、鞋

鞋是野外活动最重要的物品之一。选择合适的鞋是非常重要的，一双适合你的鞋子，可以有效地保护好你的脚。在野外，脚要承担人体和背包的重量，进行长时间的连续行走和穿越。如果脚受伤就无法继续完成活动，甚至还要连累同伴。保护脚不受伤最直接的方法是选择一双好鞋子。野外用鞋种类很多，如登山鞋、溯溪鞋、攀岩鞋、沙漠鞋、雪地鞋等。野外活动不宜穿皮鞋、高跟鞋、塑料鞋或各种各样暴露脚面和脚趾的鞋。鞋子必须轻、透气、散热性好，鞋底要坚硬耐磨。鞋子的选择要根据每次活动的内容、性质等具体情况而定。但是，每次选择野外用鞋必须遵循以下原则：

1. 尽量不要穿新鞋子去野外

因为在野外要长时间走路，新鞋子一定要在出发前穿上一段时间，让脚和鞋子磨合一段时间，觉得穿着合脚、舒适了才能穿到野外。

2. 要穿有鞋带的鞋子

有鞋带的鞋子可以随时调整鞋子的松紧度，以达到最适合自己的状态，而且还可以有效地防止鞋子脱落。

3. 鞋子要稍微大一些

鞋子要稍大一点，因为在野外连续地行走后，脚会出现胀大现象。但鞋子的尺码也不能太大，否则在野外的行走就很不方便，最好要比平时穿的大半码或者一码。

4. 鞋底要有防滑纹

尽量选择鞋底有防滑纹的鞋子，通过防滑纹加大鞋子与地面的摩擦力，避免在草地、潮湿的石头或地面上滑倒。

5. 选用高帮鞋

选用高帮鞋，这样在行走时就可以有效地防止小石头、沙子及灰尘等进入鞋内，而且高帮鞋鞋帮硬朗，有固定的内板起支撑保护作用，不易扭伤脚踝。

6. 鞋底要适度偏硬

野外使用的鞋子，其鞋底一定要硬，以免看不清路面的时候被尖锐物戳穿鞋底，戳伤脚底。鞋底不能过窄，否则很容易在走路时扭伤脚踝。鞋子底部的厚度要适中，鞋底的软硬也很重要，太硬不适合长时间地行走，太软又很容易被尖锐物戳伤，所以野外使用的鞋子硬度应以中性偏硬为宜。

二、袜子

穿着合适的袜子可以达到保温、吸汗、减少冲击及减少足部与鞋子摩擦的作用。很多有野外生存活动经验的人，在长途跋涉的时候喜欢穿两双袜子。在准备袜子的时候，数量都较多，通常不会少于6双。有些人还喜欢穿很厚的袜子，这样就能更好地保护好自己的双脚，保证脚底的清洁干燥状态。在野外穿袜子应做到以下五点：

1. 穿棉袜子

到野外应穿纯棉或者羊毛类的袜子，因为它们有较好的吸汗作用，还有保暖的功能，而且可以弥补脚与鞋之间存在的间隙，有效地防止鞋对脚的摩擦。即使是很热的天气，也可以穿厚袜子，因为薄袜子不能完全吸收脚汗，时间长了会使脚面和脚底被汗水泡坏，还会滋生细菌。尼龙类的袜子在野外出汗后容易打滑，所以建议不要穿这类袜子。

2. 避免穿新袜子

新袜子不能在野外时穿，到野外去应穿平时穿过的合适的袜子。当然也不要穿质量差的袜子，这和不要穿新鞋是一样的道理。

3. 袜子的大小要合适

袜子太小、太紧会影响血液循环，容易使脚疲劳；袜子太大则会滑到脚跟或在脚掌处形成堆积，行走时不方便，容易形成水泡。

4. 袜腰要高

袜子的袜腰要高，至少离脚底 20 ~ 30 厘米，必要时还可以将裤脚塞进袜腰里，以防蚊虫、山蚂蟥等叮咬或植物割伤。

5. 袜子要保持干爽

如果长时间行走而不换袜子，湿透的袜子可能会在休息时变得僵硬，再行走时就容易把脚皮磨破。因此，换下的袜子要及时清洗并晒干，若因为连续行走不方便，你可以用两个夹子将其夹住，然后挂在背包上边走边晒干。

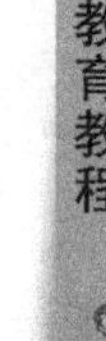

三、内衣与外衣

在野外活动中，多变的天气及野外活动会导致大量汗水排出，所带的衣服要能够应付野外温度变化和方便反复增减。所以在选择野外衣服时应选择舒适、宽松、柔软的衣服，遵循多层原则。选择衣服时要重视衣服的功能，主要体现在衣服的防风性、防水性、保暖性、透气性、舒适性、耐磨性等方面。在野外着装上，要注意各种天气的变化及各项户外活动的实际需求。现在大多数都采用三层衣服的着装方法，着装分层的原则和要求如下：

1. 排汗层（内衣）

排汗层的主要作用是在野外连续运动和剧烈运动后，衣服内层将身体表面积聚的大量汗液快速排向外层，使皮肤保持干爽的感觉，从而有效地保持体温。如不能及时排出汗水则很容易着凉而引发感冒等。在选择内衣时要注意选柔软、具有伸缩性的合成纤维材料制成的内衣，不要选择纯棉、毛制品的内衣。因为纯棉质的内衣一旦吸汗变湿就很难干，把人体产生的汗液吸到棉纤维中，不能很快散发出去，导致保暖性降低。尤其是在高寒地区，吸满汗水而又久久不能干的内衣会让人十分难受，甚至会导致生病。所以，一定要选择专业的排汗内衣，即使是在温暖的季节里也要尽量选用排汗功能好的贴身衣物。

2. 保温层（保暖衣）

保温层的主要作用是保持体温，同时把内层排出的水汽继续向外排出，因此保温层的服装应能形成聚集在衣服内的空气层，以达到隔绝外界冷空气与保持体温的效果。聚集的空气层越厚，保暖的效果也越好。衣服必须宽松，重点是保护颈部和腕关节，建议选择带拉链的高领内衣或衬衣。在冬季或比较寒冷的地区，保温层服装一般选择羽绒、羊绒、毛织物、化纤棉等类服装。

3. 防水防风层（外衣）

野外使用的外衣，必须同时具有良好的防风性、防水性、透气性和耐磨性，这是在野外进行各种活动和在野外环境下生存的基本需求。另外，外衣还必须十分合体，外衣过大、过小都会限制你的各种动作。防水防风层的主要作用是防水、防风、保暖，同时还具有将身体产生的水汽排出体外的透气功能。外衣应避免让水汽凝聚于中间层，以免隔热效果低而无法抵抗外在环境的低温或冷风。目前最好的外衣是冲锋衣，其由特殊的防水透气材料制成，同时具有防水与透气功能。所谓防水透气材料，是指在布料的内层涂上一层胶质，其上有许多直径位于水分子和水蒸气分子直径之间的小孔，透过这些小孔可以排出水蒸气而使雨水无法渗入。目前市场上的冲锋衣种类很多，功能差异很大，价格也较高，但再好的冲锋衣也无法抵御中雨大雨，更无法替代雨衣。同时，还应该注意选择外衣的颜色。有些人喜欢野战服装的颜色，如橄榄色、伪装色、绿色等，还有人特别喜欢浅色的外衣，虽然这些外衣看起来很舒服，也比较接近大自然的颜色，但是一旦出现紧急情况时，营救人员就很难发现你的踪迹，这在无形中增加了你的危险系数。所以，外衣不能都是一种类型的色调，更不能只是根据个人喜好选择，还要同时考虑到其他相关的因素。另外，也可以选择多口袋衣服，这样方便携带地图、指南针等用品。

四、裤子

在野外行走时，下肢的运动量大于躯干的运动量，一般情况下，只要人的躯干能够保持正常的温度，即使裤子薄一些或者厚一些也不会有太大的影响。在长时间的行走和穿越中，裤子的材料要柔软、大小要合适，不能穿很紧的裤子。选择裤子时，首先要保证在做各种动作时不受限制，尤其是要注意是否会因为臀部太紧而感到不舒服或无法运

动，严重时还会磨伤裆部大腿内侧的皮肤，导致抬腿走路非常痛苦，不能穿裆很低的裤子，这样在行走和跨越时很不方便。野外穿的裤子必须宽松、牢固、耐磨，最好能有弹性，还要具有一定的耐脏性。但是，在一些特殊的地区和恶劣的气候环境下，就需要具有特殊功能的专用裤子，比如沙漠裤、山地裤、冲锋裤等，否则你将很难适应环境。

五、手套

手套在野外主要起到寒冷天气下的保温和防止野外穿越时被荆棘划伤、刺伤及操作器械时手被灼伤和擦伤等作用。在寒冷的天气下，你需要准备一双很厚、保暖性能好、最好外层为皮制而内层含毛的手套。手部是肢体末端血液循环较差的部位，若保护不当，很容易遭受冻伤或者其他伤害。如果一双手套达不到保暖效果，你还可以再准备一双稍微薄一点的手套，套在厚的手套里面。夏天天气比较炎热时，你可以选择露半指的手套，这样通风的效果比较好。在戴着手套进行攀登、保护等技术操作时，所戴手套的手掌部位要有防滑、耐磨的功能。手套分为连指型和分指型。连指型的手套保暖性好，但是使用起来不灵活。分指型的手套使用时较灵活，但是手指处不够保暖。

六、帽子

帽子在野外主要起到保温、防风和防晒的作用，因而在着装准备中，应当把帽子看作一个非常重要的组成部分。在寒冷的冬天，身体其他部位都有衣服包裹着，戴顶帽子同样可对头部进行保暖，这时候你应该选择一顶帽体能够拉下来遮住耳朵或者是脖子的帽子。在风大的时候，有些人吹了风会头疼、体能下降等，戴着合适的帽子就能避免这些不适的发生。在炎热的夏天，戴帽子可以防止热辐射，起到防晒的作用。夏天选择帽子应重点考虑其遮光作用，冬天选择帽子则重点考虑其保温效果，但无论是在夏天还是在冬天，选择帽子的时候都要考虑其防水性，要尽量选择和使用具有防水功能的帽子。

七、其他

除了以上所提到的基本着装外，其他一些小物品也可以根据自己的需要带上。到了某些时候，你会庆幸自己带上了防坏天气的用品，或者庆幸自己带上了制作一杯好茶的用品。又如在阳光强烈的地区或者是冰雪覆盖的地区，你会庆幸自己带了一副深色的眼镜来削弱强光对眼睛的刺激。在炎热的沙漠或者灰尘较多的地区，你会庆幸自己带上了一个口罩，而且可以多功能地使用（因为一般的口罩拆开后，可以当头巾来用，在强风和寒冷天气可以保护面部）。

第二节　活动装备

要掌握野外装备的基本性能、用途、使用和维修保养方法等，以便在野外生活生存时能熟练地进行操作，同时也为个人购置或添置野外装备提供借鉴和帮助。

一、背包

背包是野外活动中最为重要的装备之一。拥有一个舒适、美观、实用的专用背包非常重要，因为它几乎装载了你的全部“家当”。

1. 背包选择的要求

（1）选择背包时以牢固性、舒适性和多功能性为原则。一般来说，选择背包要遵循以下原则：背包的腰部受力点在尾骨上方的腰窝上，肩带的支撑点应大体与肩平，略低于肩部，这样才便于受力带的调整和受力，背起来才舒服。野外用包必须选择有背负系统的内架包或外架包。内架包的背负系统是背包的核心部件，市场上比较常见的背包有 TCS、APS、CR、X 背负系统等，每种系统都有自己的优点和特定的适用范围。应根据活动的内容选择背包，如根据雪山行走、沙漠行走、丛林穿越而选择不同的背包。

（2）背包的容量：选多大的背包要根据外出的目的和时间而定。目的地越复杂，出行时间越长，你需要的背包容量就越大。男性一般 60～80L、女性一般 45～60L比较适合。建议买可以增加容量的背包，需要时可以扩充 10L 的容量。

（3）背包的材料与质量：许多人在选择背包时，往往比较注意背包的颜色和外形。选择背包首先要考虑其实用性和质量，然后再决定其颜色、外观。选择背包面料时主要考虑耐磨、防撕裂、防水等。同时，好的背包在配件上也很讲究，包括腰扣、所有拉链、肩带和胸带扣件、包盖和包体扣件、外挂带扣件等（如图 7－1）。

图 7－1　背包

（4）男、女的背包并不一致，因为男性的躯干较长，而女性的躯干较短但腿较长，所以，要谨慎地选择合适自己的背包。装填时女性的重物置高些，因为女性的重心位置接近胸腔。男性则低些，重心位置接近腹部，重的物品尽量贴紧背部，让重量高于腰部。

2. 背包的特征

（1）标准的野外背包所使用的材料都经过了防水处理，而且十分耐磨。

（2）选择背包时要注意背包的背带要宽而厚，并且要有分担背包重量的腰带和胸带。

（3）野外使用的背包，包体中有硬海绵或塑料板，而且大的背包都具有支撑包体的内铝架或外铝架，小的背包其背部也都有硬架支撑包体。

（4）按照背包标牌上面的用途购买。

3. 背包的装填

装填背包并非将所有物品全扔入背包，而是要背得舒服，走得愉快。背包装填不良会影响背包使用的方便性和舒适性，或造成重心偏移和背包损坏。背包的装填原则是：

（1）较重的物品放在中上部且尽量靠近背部，可使重心紧靠背部以免有被后拉的感觉。较重的器材置于上端且靠背部，如炉具、炊具、重的食物、雨具、水瓶。体积大、质量轻的物品可以放在最底下。另外，由于重物压在上面，使用一段时间后背包会较为密实。

（2）坚硬的物品不要放在贴背的部位，否则，用内架背包时则会直接顶到背部而很不舒服，甚至跌倒时会伤到背部；用外架背包时则因坚硬的物品与背架仅隔一层背包布，很容易把背包布磨破。

（3）背包左右放置的物品重量应该相仿，以免重心偏向一边。雨衣、饮用水及当天使用的东西应该放在最上面或最容易取得的地方。帐篷须放于背包顶部，燃料油与水须分开放置，避免污染食物与衣物。次重物品置于背包中心和下方侧带，如备用衣物（必须用防水袋密封）、个人器具、头灯、地图、指南针、相机。轻的物品绑于下方，如睡袋（必须用防水袋密封）、营柱可置于侧袋，睡垫可置于背包后方，背包须准备长带来绑一些物品，如三脚架、营柱。

（4）使用物品分类袋，将同类物品或同时使用的物品放在同一袋中以方便取用，零散的小东西更应如此。

（5）养成定点放置物品的习惯，这样不但整理背包时较快，而且即使摸黑也能在背包中摸出想要的东西。

（6）尽量减少不必要的背包外吊挂，这不但会影响行动安全，而且也不美观。

二、帐篷

在野外过夜，根据季节和天气及条件的不同，可以采用帐篷、睡袋、防水布、雪洞或者避难所等多种方式。在野外解决住宿的方法有多种，但是帐篷是最常用的工具，因为帐篷内部空间大，容易搭建，地点不受限制，具有一定的安全性，而且具备防风、防雨、防雪、防晒、防尘、防虫咬及透气等功能，还可以重复使用。

1. 帐篷的分类

（1）根据帐篷的用途分为以下三种：

休闲帐篷：一般没有底层，制作材料也没有太多要求，便于携带。主要用于海滩、公园等休闲场所遮阳和临时休息。

野外帐篷：有底层，材料要求相对较高，能防雨及抵抗强风和少量的积雪。大多数帐篷有能透气的尼龙内帐与防水性较好的外帐，帐篷内部的湿气可以透出。帐杆用玻璃钢或铝合金制成，质轻，便于携带（如图 7－2）。

图 7－2　野外帐篷

高山帐篷：这是一种特殊帐篷，材质较硬，主要用于登雪山。支柱由铝合金制成，帐篷外层防撕裂，抗风能力很强，能抵抗积雪与强风，帐门是比较容易进出的双门。高山帐篷比较结实，能够抵抗突发的恶劣天气，重量较轻，容易携带，但这类帐篷的防水能力不是很好（如图 7－3）。

图 7－3　高山帐篷

（2）根据帐篷使用人数分为以下三种：

单人帐篷：空间相对较小，空气不易流通。

双人帐篷：一般双人帐篷是最常使用的帐篷，因为易携带，易找营地，而且三人或者单人也都能住，非常实用。

多人帐篷：空间比较大，大多数在平地上使用，携带时需要交通工具。

2. 帐篷的选择

具体选择哪类帐篷，应该根据季节、环境、帐篷的功能和自身需要等多方面的因素来综合确定。首先，应该确定在什么样的季节使用帐篷，例如是在夏天还是冬天，冬天里是在雪期使用还是非雪期使用。其次，要确定帐篷使用的环境，例如是在森林里使用还是在山地使用，是在平原上使用还是在岛屿上使用。最后，一个好帐篷应当满足的基本条件是：重量轻，除了主体结构坚固、耐用外，附件同样质量精良，能够从容应付可能面临的最恶劣的环境。因此，在选择帐篷时必须考虑以下八个因素：①帐篷内帐要求透气性好。②帐篷外帐要求防水性能高。③对帐篷撑杆要求强度大，韧性好。④选择野外使用的帐篷时，最好选双层结构。⑤帐篷的底料应注重防水和耐磨度。⑥尽量选择暖色系颜色的帐篷（如红、黄、橙）。⑦要选择前后双门的帐篷，以利于通风。⑧帐篷的规格选择最好是带门棚的，或考虑尺码稍大。

3. 帐篷维护和保养

帐篷的维护、清理和保养很重要，它关系到帐篷的使用寿命，也直接影响着以后的使用。一顶保养得很好的帐篷可以连续使用很多年。因此，在使用帐篷和活动结束后应注意以下事项：

（1）在野外行进中，必须把地钉和帐布分开携带，以防止锐利的物体刮花帐布，避免戳破帐布。

（2）在使用帐篷时，必须脱下雨衣与湿衣服后再进入帐篷，以避免弄湿其他物品，尤其是睡袋，必须保持内部的干燥。

（3）在使用帐篷时，尽量避免在帐篷内用明火或炊事，尤其是不能使用燃烧油料的炉具，因为帐篷对火的抵抗力是最弱的。

（4）在使用帐篷时，避免穿鞋进入帐篷，因为鞋底的烂泥或小石粒会污染与磨损内帐底层。

（5）注意收帐篷时要不规则地折叠，因为使用帐篷次数越多，折叠得太规律整齐会使折痕硬化，出现瓦解裂口。

（6）使用过的帐篷，无论是否遇到雨水天气，都要晾干。如果连续阴雨，也要取出来擦拭一下并晾干。平常尽量放置在通风处，不要密封，这样在下次使用时不会感到有霉味。

(7) 帐篷绝不可以用洗衣机清洗，也不宜用洗涤用品清洗，因为这样会影响帐篷的防水效果。

(8) 注意存放前，清理帐篷底面，擦净泥沙。如发现有污染可用清水轻微擦洗，清理撑杆孔内的泥沙，仔细检查帐篷附件及其完好程度。

(9) 使用以 PUL 材料作帐衬的帐篷，要在地下加一张地席。

三、睡袋

睡袋是野外宿营必不可少的装备，是在帐篷内休息或住宿时用来保暖的寝具，能够为睡眠提供一个温暖的环境。选择是否合适的睡袋将直接影响睡眠质量，进而影响精神状态和体力状况。因此，应根据野外活动环境的气候情况选择和携带理想的睡袋。

1. 睡袋的分类

(1) 睡袋的形状。

“信封”式：从形状看为长方形，拉链呈“L”形，可以完全打开。既可以打开当被子使用，也可以用拉链连接成双人睡袋，而且其脚部的一边也装有拉链，以备在闷热的夜晚，可以拉开拉链把脚伸在外面透气，但其保温性较差。“信封”式睡袋一般宽 80 厘米，长 220 ~ 235 厘米，口袋部分长 185 ~ 190 厘米，头蓬长 35 ~ 40 厘米（如图 7 - 4）。

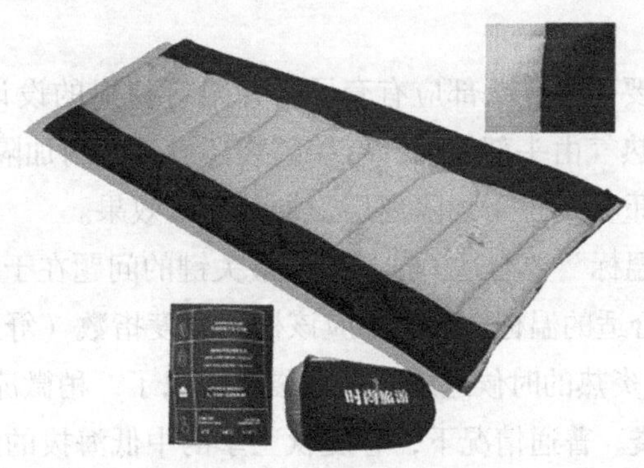

图 7 - 4 “信封”式睡袋

“木乃伊”式：睡袋按人体结构设计，和人体的形状相符合，上宽下窄，从头到脚可得到比较完美的保护，保温性能好。拉链通常为半开，也有的设计为全开式，规格大多数是上宽 80 厘米，底宽 55 厘米，总长 225 ~ 235 厘米，袋长 185 ~ 190 厘米，头蓬多为半环状，半径 35 ~ 40 厘米（如图 7 - 5）。

图7－5　“木乃伊”式睡袋

(2) 根据睡袋的用途可分为以下两种：

普通睡袋：制作材料通常是人造棉或羽绒，较薄。用于一般的旅行或露营，大都在春夏秋三季使用。

专业睡袋：用于较寒冷的环境，或者是探险活动。在设计和材料上都非常考究，价格也相对较高，适用于冬季到野外或高海拔地区露营。专业睡袋全部都按照“木乃伊”式制作。

2. 睡袋的选择

睡袋种类繁多，但选择睡袋的原则是必须轻便、温暖、易挤压，并且保暖性必须配合营地的气候和温度。因为睡袋填充材料的种类、数量、厚度、尺寸、款式和结构等都影响着保暖效果，所以，在选择睡袋时应结合个人的实际，考虑以下三个因素：

第一，睡袋结构要合理。头部应有套子，并附有拉绳的设计，露出脸部的小口有拉绳固定，以防止热气由头部散发。有些睡袋还设计了附加隔离领，可保暖肩部；有些睡袋于胸或脚等重要部位附加隔离层，加强保暖效果。

第二，睡袋的“温标”要合适。选择睡袋最关键的问题在于根据使用的环境和自己的耐寒度选择一个合适的温标。睡袋都应该标有温度指数（舒适温度、最低极限温度、最高温度）。天气炎热的时候选用抓绒睡袋就可以了，稍微凉一点要准备棉睡袋，寒冷季节要用羽绒睡袋。普通情况下，春夏秋三季的中低海拔的露营，普通的中空棉睡袋足以胜任；在寒冷的冬季，可以把抓绒睡袋和羽绒睡袋结合使用，以增强保暖性。

第三，睡袋的材料和性能要良好。睡袋的面料要有一定的防水性，防止露水影响其保暖效果。睡袋的透气性也很重要，否则，睡起来会感觉很不舒服。根据填充物的不同，一般分为棉睡袋和羽绒睡袋，棉睡袋的填充物是合成纤维（如中空棉），合成纤维最大的优点是受潮后仍能维持一定的蓬松度，可迅速干燥，价格也比较低廉。缺点是较重、不易压缩、所占体积较大，相对同体积的羽绒睡袋，其保暖性能差许多。羽绒填充睡袋比合成纤维填充睡袋更保暖、压缩性更大，而且柔软舒适。其中，羽绒又分为鸭绒和鹅绒，又以灰鹅绒为最好。关于羽绒有两个参数：蓬松度

和填充量。蓬松度是判断羽绒好坏的主要指标，蓬松度越好，睡袋的保暖性能也就越好；而填充量是睡袋里面填充的绒的重量，因为睡袋里还要混合填充其他材料，故填充量跟睡袋重量不是同一概念。填充量的单位是克，一般充绒量比较多的是300、500、600、900、1 200或1 500克。当然，充绒量越多，能耐受的温度就越低，价格也相应越高。羽绒睡袋一旦弄湿了会丧失保暖的功能，不太适合下雨天或在潮湿的气候环境下使用。如果经常在多雨地区活动，或是营区潮湿多霉，用前要先将睡袋收进防水套，这样使用效果会更好。

3．睡袋的使用

使用睡袋时，有很多外在因素会影响睡袋的性能，睡袋本身并不能发热，它只是能有效地减少体温流失，因此，如果不会使用睡袋，在一般低温下使用高寒睡袋也会感觉寒冷。正确使用睡袋要注意以下三点：

（1）多穿衣服。可以把一些较松软的衣服兼作加厚睡衣使用，它可以将人体与睡袋之间的空隙填充满，从而加强睡袋的保暖性。

（2）睡前热身。人体就是睡袋的热量来源，睡前做一些运动或喝一杯热水，有条件的情况下用热水泡一下脚，既可驱除徒步行走所带来的疲劳，同时会使体温升高，有助于加快睡袋变暖。

（3）保持睡袋干爽。其实睡袋吸收的主要水分并非来自外界，而是人体。因为即使在极寒冷的情况下，人体在睡眠的时候仍会排出一定量的水分，所以保温棉在受潮后会黏结而失去弹性，从而使保温能力下降。如果睡袋连续使用多天，最好能在太阳下晾晒。

4. 睡袋的保养和维护

睡袋的保暖性直接影响晚上睡眠的质量，以及第二天野外活动的体力。因此，我们在每次野外活动的过程中或活动结束后，一定要对睡袋进行及时的保养和维修。

（1）防水。在野外过河或进行溯溪等水上活动时，睡袋要用防水袋装好，尽量避免背包掉进水里。

（2）防潮。在野外雨天行进时，为避免打湿睡袋，背包可用防雨罩罩住。

（3）防火。在帐篷内禁止用明火，以免不小心烧坏帐篷和睡袋。

（4）保持卫生。睡袋作为贴身的个人用品，尽量避免相互借用。

（5）从野外回来后，如果睡袋不太脏，可简单清洁；如果睡袋比较脏，可手洗或专业机洗。手洗时用专用的羽绒洗涤剂浸泡，漂洗干净即可，不要过分揉搓，不要拧绞。如果想机洗，应交给专业的洗涤公司。羽绒睡袋洗涤忌用碱性洗涤剂，忌拧绞，忌火烤烘干。清洗后风干或晾干，确认干燥后轻轻拍打，待其自然膨胀后存入睡袋存储袋。

（6）晾晒睡袋时要尽量平铺或多处挂搭，以免过度下垂。

（7）无论是羽绒睡袋还是腈棉睡袋，在长时间不使用的情况下，尽量以宽松自由的状态保存，以保持羽绒和棉的弹性，延长使用寿命。

（8）使用羽绒睡袋时，建议加用一个睡袋内套，减少清洗羽绒睡袋的次数，延长羽绒睡袋的使用寿命。

同步案例

10 名驴友徒步上山遭暴风雪围困　3 人失生命体征

2012 年 11 月 24 日，10 名驴友从西安前往太白县穿越鳌山，遭遇暴风雪被困山上，气温急剧下降到零下 20 多摄氏度。由于携带的保温设备不足，两名驴友陷入失温状态，还有一人腿部骨折。这三名驴友是两男一女，均为 30 岁左右。

总结：低温天气进行野外活动，应携带足够的保温装备。

四、防潮垫（睡垫）

野外宿营只有帐篷是不够的，帐篷可以防风挡雨，却不能抵抗地面的寒气。而且在野外露营的时候很难找到一块完全平整的地方，因此有个温暖、舒适、厚实的防潮垫是很有必要的。防潮垫是野外露营的褥子，它的主要作用在于能把野外环境中地面所带来的潮湿和冰凉与人体隔离，从而让我们在野外睡得更安稳，避免受凉和风湿的侵袭。

1. 防潮垫的种类及内部结构

封闭气室式：这种防潮垫是最早出现和最常见的品种，采用高压聚乙材料，经过发泡成型。其每个气泡独立而且封闭，由一种微小封闭气室的泡沫材料制成。这种防潮垫的特点是闭孔、不吸水，价钱也比较低廉，但容易磨损、不可压缩、不会膨胀、无法拆解（如图 7－6）。

图 7－6　封闭气室式防潮垫

开放气室式：由一种像海绵一样的泡沫材料制成。舒适、重量轻、便宜、保暖。由于材料是开放式结构，防潮能力较差，不宜在较潮湿的环境下使用，压缩性也较差（不宜携带），使用寿命较短（如图7－7）。

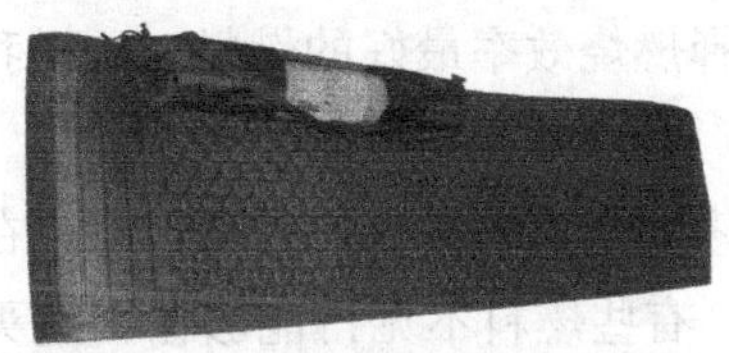

图7－7 开放气室式防潮垫

自充气式：充气防潮垫又叫气床，大家在游泳、戏水时都能看到它的身影。早期它是被用作水上漂浮垫使用的，后来一些人也用它来作露营的防潮垫。这种用棉布刮胶面料制作的气床，防潮性和舒适性都是不错的，但由于体积较大、重量较重，并且充气、排气比较麻烦，因而在野外防潮垫家族中是一个不常用的品种（如图7－8）。

图7－8 自充气式防潮垫

2. **防潮垫的保养和维护**

（1）在野外穿越丛林时，因为大自然的破坏力无处不在，建议每个防潮垫都配上防磨外套，以免被树枝刮破，同时也可使防潮垫保持干净。

（2）由于防潮垫几乎都是挂在背包上，所以外挂带不要收得太紧，因为防潮垫的压缩性较差，如果太紧会逐步降低海绵泡沫的弹性恢复。

（3）从野外回来后，如防潮垫有刮破和污垢，应及时进行修补和清洗。

五、炊具

炊具绝大部分是金属制品，重量和体积都比较大。在野外条件允许的情况下，大多数都是采用挖灶拾柴做饭的方法来解决野外吃饭的问题。但是遇到刮风、下雨等恶劣的天气，传统的挖灶烧柴做饭无法进行，反而会消耗更多的精力和体力。如果必须携带炊具，可以考虑以下因素：

（1）如果是长时间野外行走和攀登，携带装备的重量将会影响到行进的速度和能量的消耗，所以不是必要的炊具就不要带。

（2）如果一定要带炊具，重量轻、体积小、携带方便的炉头是最好的选择。要选择易清洗、不生锈的炊具，一般选择铝合金或不锈钢炊具。

（3）带了炊具就要选择燃烧效率最好的燃料，这样我们携带的燃料就越少，所负担的行李重量就越轻。

（4）在选择炊具时需考虑到燃料的取得是否容易，在准备期或者在野外活动区域的附近能否容易采购到。有些燃料不见得能够在当地买得到，这样就要考虑随身携带燃料的数量和重量是否会对野外活动产生影响。

（5）不同的海拔高度有不同类型的炊具和燃料。有些类型的炊具比较适合在高海拔环境下操作；有些瓦斯炉使用的燃料在低温环境下效率会降低，甚至无法使用。

六、刀具

在野外进行各项活动的时候，一把刀在紧急求生时会成为无价之宝。在野外活动中，刀具是十分重要的工具，许多工作都需要用到刀具。它可以用来切割食物，整理营地，或是修理装备。在危险时刻还可以用来对付可能伤及我们的猛兽，挽救生命。

1. 刀具的种类

（1）月牙形弯式砍刀。这种砍刀是很理想的野外生活或工作的砍刀。最好用的砍刀以刀锋全长约30厘米，整刀重量以不超过750克为宜。刀锋面最宽处约5厘米，末端深入木制柄中。弯月形刀刃最适于砍柴，并且刀锋前伸有利于保护握刀的手，即使是相当粗的圆木它也能砍断，这对于在野外盖棚子或扎伐都有很大好处（如图7－9）。

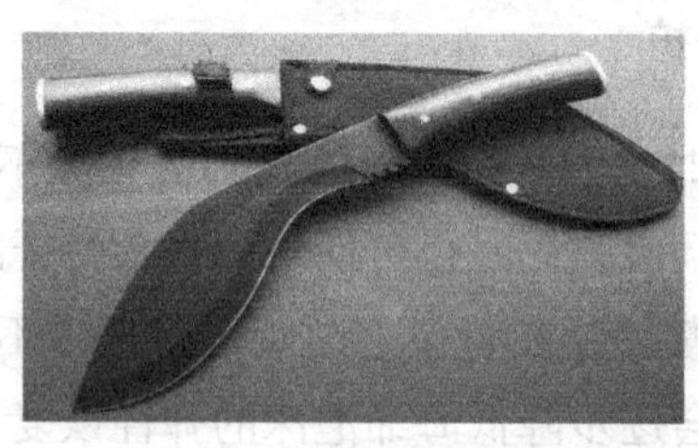

图7－9 月牙形弯式砍刀

（2）直刀。刀身与手柄连为一体，采用固定式结合，比较牢固，用途非常广泛。在没有砍刀的情况下可以代替砍刀使用，也可以起到切削和防身作用（如图7－10）。

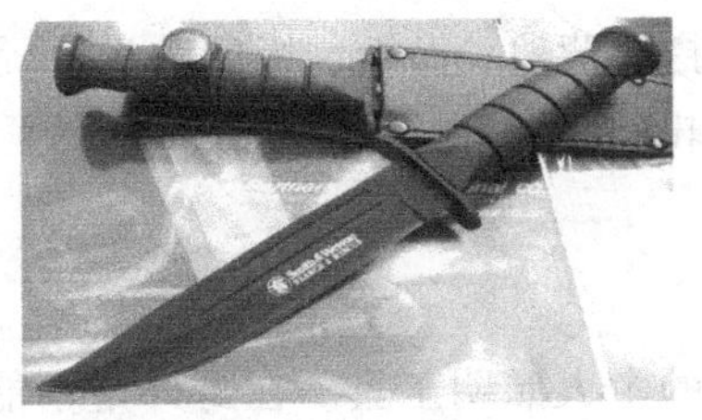

图 7－10　直刀

(3) 折叠刀。折叠刀便于携带，是非常有用的工具。木柄折叠刀相对舒服一些，就算手上有汗时也不易打滑，而且如果刀柄由单块整木制成，手就更不易起泡了（如图 7－11）。

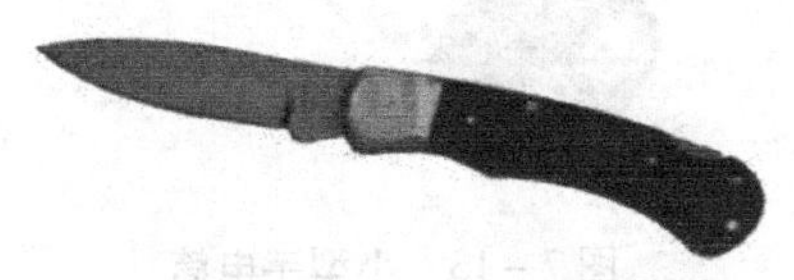

图 7－11　折叠刀

(4) 多用途的工具刀。这类刀的工具中主要包括钳子、小刀、木锯、金属锉、螺丝刀、剪刀、开罐器、放大镜等（如图 7－12）。

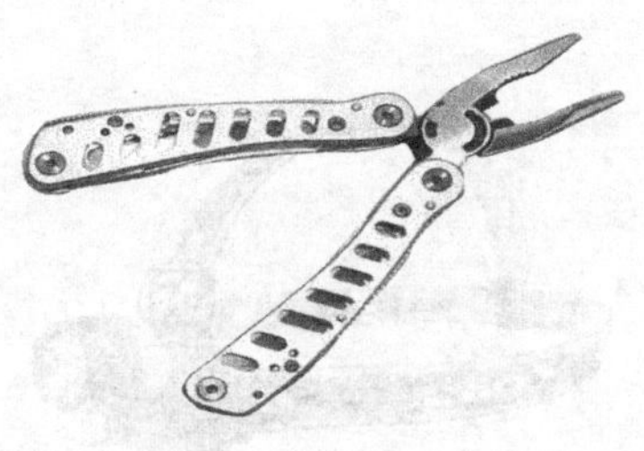

图 7－12　多用途工具刀

2. **刀具的选择**

如果只能带一把刀的话，锋利、结实耐用且能适用于各种用途的刀无疑是最佳选择，从砍柴、挖野菜到给动物剥皮等都派得上用场。

记得要保持刀锋锐利，以便随时可用，但不要误用，千万不要将刀口往树上或地上扔。保持刀锋清洁，如果长时间不用，应擦油后放回刀鞘保存。

七、灯具

在野外需要灯具来解决黑夜给我们带来的不便。野外灯具除了主要用于夜间营

地照明外，还可以在晚上搭建营地、做饭、饭后散步、玩游戏、狩猎、潜水、探洞和搜索求援等许多方面为我们提供帮助。

1. **小型手电筒**

小型手电筒是最常备的个人照明工具。在野外是不能随时补充电池和充电的，当然现在也出现了太阳能电池和手摇式发电机，但是价钱都很贵，而带上太多的电池又会增加负担（如图 7 - 13）。

图 7 - 13　小型手电筒

2. **头灯**

野外照明，我们常用的是头灯。头灯最大的好处就是可以在黑暗中解放你的双手，由此你就可以方便地在黑夜里支起帐篷，煮熟一顿香喷喷的晚餐，在夜晚行进或是在帐篷里写日记（如图 7 - 14）。

图 7 - 14　头灯

3. **营地灯**

营地灯是专为照亮较大面积的地方而设计的，适用于车载的长途旅行，而且参加人数较多。这种灯较大、较笨重。营地灯有使用普通电池和充电电池的，也有使用燃料的。使用电池的操作较方便，但使用时间较短。使用燃料（天然气、煤油、酒精或汽油）的操作比较麻烦，但往往发光亮度高，使用时间长，燃料也容易补充（如图 7 - 15）。

图 7－15　营地灯

4. 小型燃气灯

小型燃气灯体积较小、携带方便。一般都使用瓦斯气罐，照明强度高，用于人数不多的小型团队（如图 7－16）。

图 7－16　小型燃气灯

八、通信设备

现代社会中，人们已经越来越离不开电子类产品了，在野外活动中也是一样，有些时候电子仪器甚至关系到生命安全。在不同的环境下，当然要选择完全不同的通信工具。

1. 手机

在野外建议使用三防手机。三防手机就是具有防尘、防震、防水功能的手机。

2. 对讲机

手机是野外活动最常用的通信工具，但其有个致命弱点——必须依赖手机网络的支持。这对于爱好探险、穿越、勇于探索人烟稀少的美好风景的朋友来讲是难以接受的。于是，他们使用了另外一种通信设备——对讲机。对讲机用于野外活动中队员之间的通信，在手机没有信号的地方非常有效。一般的野外活动，十几个人，配 2～3 个对讲机就够了，队长一个，探路一个，后卫一个。对讲机最重要的作用是

增强领队和收队相互之间的联系，知道前面路是否好走，知道后面拉开的队员有多远，可以根据情况掌握节奏，对于全队的安全行进是非常重要的。由于无须任何通信费用，因而对讲机也常用于自驾车出游时车与车之间的联络。

3. GPS 全球定位仪

全球定位系统（Global Positioning System，GPS）是美国从 20 世纪 70 年代开始研制，于 1994 年建成的能够在海、陆、空进行全方位实时三维导航与定位的新一代卫星导航与定位系统。GPS 具有全天候、高精度、自动化、高效益等显著特点，并随着硬、软件的不断改进和完善，其应用领域正在不断地拓展，目前已遍及国民经济各种部门，并开始逐步深入人们的日常生活。在野外活动中，GPS 也得到了广泛的应用。GPS 系统拥有如下多种优点：全天候，不受任何天气的影响；全球覆盖（高达 98%）；三维定位高精度；快速、省时、高效率；应用广泛、多功能；可移动定位。另外，GPS 有经过路线的轨迹记录，在野外迷路时，可根据记录返回原处，并且在需要救援时可以准确地提供路线和方位，提高了其野外应用效能。

九、救生包

如何对意外做好准备呢？如何为完全无法预测的意外装备自己呢？如何正视意外？如何应对意外？掌握相应生存技能，熟知各种可应用于所有危急情况下的求生技能，以及学会在这些条件下如何寻求解决某类突发事件的思维方式，这正是你能为未知意外事件所做的最好准备。但这还不是全部，你还应装备后面将会列出的几项小物品，这些小物品能帮你成倍增加幸存的机会。你最好将它们放在小盒里，这样便于随身携带。它就是你的救生包。

千万不要忘记最重要的是带着它。定期检查救生包里的各类小物品，一旦发现哪个不能用了（比如火柴和药片），应及时更换。所有药品都应标明用法、用量和有效期。盒内余下的空隙用棉绒塞满，这样做有两个好处：应急时用来点火，同时又可防止各类小东西相互碰撞发出声响。火种对于生存来说至关重要，包中有四类小东西是为生火准备的：火柴、蜡烛、打火石和放大镜。

救生包内的物品包括以下几种：

（1）火柴。防水火柴比普通火柴更有用处，但同时体积却大了许多。普通火柴易燃，不太安全，可用熔化的蜡烛油包住火柴头解决这个问题。为了节约空间，应将每根火柴杆的后半截去掉。

用火柴点火固然比其他方法更为轻松，但记住不要浪费，仅仅在其他方法失败时才用这个宝贝。从铁盒内取火柴时一次应只拿一根，并随手盖好盖，无论何时都不要将铁盒开着或者随便扔在地上。

（2）蜡烛。蜡烛既可用来生火又可用作光源，对于意外情况下的求生者来说，它是无价之宝。应将蜡烛削成条形从而便于摆放。牛羊脂做成的蜡烛在应急时也可食用或用作烹调油，但前提是必须是货真价实的。但是在炎热的天气下，牛羊脂蜡烛不易贮存。石蜡或其他蜡类制成的蜡烛是万万不可食用的。

（3）打火石。火石即使在潮湿状态下仍能发挥作用。当用完了所有火柴之后，它还能帮你继续生火，精制火石是十分重要的火种。

（4）放大镜。放大镜能直接聚光生火，同时对于拔刺穿针之类也大有用武之地。

（5）针和线。盒内要有几种型号的针。至少应有一根大号的，针眼可以穿过外科手术缝腱线或粗制的棉纱线。选择坚韧耐磨的线，并将其绕在针上。

（6）鱼钩和鱼线。精心挑选鱼钩并放入小纸包或袋内。记住，小号钩既能钓大鱼也能钓小鱼，大号钩则只能钩大鱼。记着带尽可能长的钓鱼线，它还可以用来捕鸟。

（7）指南针。准备一只刻度清晰、纽扣大小的指南针。有些迷你型指南针的刻度易使人迷惑，所以事前要弄清楚。液态填充型是最棒的，应检查一下不要有漏隙，必须内无气泡。要确信指针在轴上能正常自由转动。

（8）圈套索线。60～90 厘米的精细铜线可以用于布置陷阱或圈套，同时还能解决许多求生问题。

（9）弹性锯条。锯条两端通常有两个大环作把手。由于把手很占空间，可以不要。要用时可用木质栓扣之类的东西代替。锯条外面浸一层油脂可免生锈。弹性锯条能锯断很粗的树。

（10）医疗小瓶。你可以选择几只细长圆柱体小药瓶。瓶内盛装什么药品要根据自己的需要而定。

镇痛药：这类药可缓解疼痛、减轻痛苦。可待因磷酸盐是牙痛、耳痛和头痛的理想用药。剂量：根据需要每 6 小时一片。副作用是会引起便秘，所以对治疗腹泻也会有所帮助。要注意，儿童、哮喘病患者或生活无规律者禁服。

肠道镇静剂：可用于治疗急性或慢性腹泻。剂量：最初用两粒，然后每次便后服用一粒。

抗生素：可用于治疗常见的细菌感染。对于青霉素过敏者可选用四环素。剂量：每片 250 毫克，一日四次，一次一片，连续服用五至七天。带足一个疗程的用药量，服用时应避免同时饮用牛奶或服用钙铁制剂及其他氢氧化铝类药品。

抗组胺类药：可用于治疗各类过敏症、蚊虫叮咬和毒虫螫刺等，还可治疗对某类药品发生恶性反应的患者。当然，吃药或者服药时不要过分饮酒。

漂白粉：当怀疑水源不清洁而你又无法将水烧开杀菌时，可选用漂白粉，具体用法参照生产说明。

抗疟疾类药品：在疟疾流行区，这类药品是必需的。抗疟疾类药有多种，每日服用一片就可以了。

高锰酸钾：高锰酸钾有多种用途，可将它加入水中并搅拌，水溶液呈淡红色时

可以用于消毒，至深红色时可灭菌，至紫红色则可用来治疗真菌病，比如治脚气。

（11）外科手术刀片。至少应带两个不同型号的刀片。需要用时，可临时自制木制刀柄。

（12）蝴蝶结。用来固定受伤部位，促使伤口愈合。

（13）膏药类。类型多样，最好能防水，使用前应保证将伤口处理干净。

知识点小结

1. 了解野外活动对着装的要求及方法。
2. 了解常见野外活动装备。

项目综合实训

背包装填与调节评比

一、实训目的

通过在户外的实践活动，让学生学会背包的装填与调节方法。

二、实训内容

在野外活动中，进行背包装填与调节评比。

三、实训要求

徒步出发前对学生的背包进行检查，并进行评比。

四、实训步骤

（1）对班级学生进行分组，教师布置实训任务。

（2）各小组明确实训任务，讨论并进行任务分工。

（3）各小组在规定时间完成实训任务。

（4）教师和各小组组长组成考评组，对各小组的具体操作状况和最终完成情况进行考评。

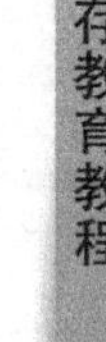

（5）教师现场归纳总结。

五、组织形式

以小组为单位进行实训操作，对考评结果进行现场点评、分析和交流。

六、考核要点

序号	考核点	考核要求	分值	备注
1	团队合作能力	各小组成员在评比活动中的分工协作能力	40分	小组自评
2	背包装填与调节评比	考查学生对背包的装填与调节能力	60分	教师评分

参考文献：

[1] 刘擎，韩宏义．野外生活生存．北京：高等教育出版社，2004.

[2] 李一新．最新野外生存手册．北京：石油工业出版社，2007.

[3] 杨捷．驴行天下．北京：人民交通出版社，2005.

[4] 丁邵虎．野外生存手册．石家庄：河北科学技术出版社，2004.

第八章　野外活动的策划与组织

学习目标

理论目标：了解野外活动策划的内涵，能够撰写野外活动的策划书。

实务目标：知道野外活动中领队的职责，对野外活动的危险度、强度与技能有基本的把握。具备野外活动的组织、实施与指挥能力。

导入案例

事件回放：2001 年7 月21 日，南开大学电子系大二学生张某和6 名比他低一级的校友结伴离开学校，开始他们策划已久的假期旅游，一行7 人于7 月27 日开始了太白山探险的历程。7 月 27 日的暴雨迫使他们在山下休息了一晚。28 日上午，一行人沿着山民踩出的小路攀登太白山。当晚，由于没有带帐篷等野营器具，且食物和水都已耗尽，他们开始下山。为了能让大家尽早下山，避免在山上挨饿受冻，张某自告奋勇去给大家探路，让另外2 名男同学照顾4 名女同学。但直到29 日上午，6 名同学还未等到张某，他们下山后向自然保护区及当地政府汇报了此事。

7 月 31 日上午，张某的尸体在一个山谷中被发现。显然，他是从山顶悬崖坠落，不幸身亡。

教训：①行动计划：在出发之前，对目的地的地形、里程等缺乏了解，对风险没有应对措施；②对目的地的气候、地质环境、道路缺乏了解；③欠缺野外活动的基本策划，装备、食物、着装等重要环节无法应对当时的气象与环境要求。

（资料来源：户外运动意外事故案例回放和经验教训．百度贴吧．https：//tieba. baidu. com/p/738501620？ red_tag = 3560633531）

策划就是策略、谋划，是为达到一定目的，在调查分析有关材料的基础上，遵循一定的程序，对未来某项工作或事件进行系统、全面的构思和谋划，制订和选择切实可行的执行方案，谋划对策，并根据目标要求和环境变化对方案进行修改、调整的一个创造性的运筹过程。

野外活动的组织是建立在一定的物质条件下、一定的技术保障下和一定的组织经验下的严肃活动。参与者可以探险，但不可冒险。盲目、无计划、无准备、无策划地组织野外活动，极有可能以失败告终，青山绿水也可能危及参与者生命。

俗话说，良好的开端是成功的一半。野外活动的组织者必须首先对活动进行完整策划。详细且完整的策划书是组织野外活动的重要条件。

第一节　野外活动的前期准备与策划

在开展野外活动之前，必须制订一个详细的活动方案。策划方案一方面能够使野外活动的目的性明确，另一方面可以帮助组织者考虑得更周全。策划得周密与否，将直接影响到活动开展的效果。

一、野外活动的组织策划内容

组织野外活动之前，特别是组织有一定难度与一定强度的野外活动前，必须由有经验的带队教师组织成策划小组，共同制订好详细的策划方案。

野外活动的策划方案应主要包括以下内容：

1. 活动的目的、类别、对象与时间表

野外活动目的是增强体能、陶冶情操、磨炼意志、突破自我、增加环保意识、提高野外生存能力、培养团队精神等。

活动的类别可分为郊游、拉练、探险等。类别中应明示活动的强度等级、技术等级、风险等级。

活动的对象是指对参与者的界定。

活动的时间表应包括准备期时间表及野外活动期间的时间安排表。

2. 野外活动的地点、线路及环境与气候说明

明确的地点、线路及环境与气候说明直接影响到组织者与参与者的前期物质准备。

3. 所需设备、设施、物品与经费预算

根据活动的内容、线路，确定好公用设备、设施、物品清单、药品清单，提供个人携带物品建议清单。

测算好公共经费预算和意外准备金数，并约定预交数，活动结束后以AA制分担活动费用。

4. 风险、保险与安全预案

“安全第一”是野外活动必须遵循的首要原则，无论是什么内容或形式的野外活动都有可能出现意外，因此，安全是组织野外活动的前提。组织者必须充分考虑各种危险因素，并预先采取防范措施，同时应加强安全教育。

针对活动的性质与内容作出风险判断。对于一些风险比较大的野外活动，主办者应当向参与者详细说明活动的风险性，并告知风险要由个人承担的原则，要参与者向其家人说明并征得家人的同意，必要时还要统一拟订一份“自愿书”说明上述情况，如果发生意外事故，由个人负责等条款，最后由参与者签名。这并非是为主办者开脱责任，而是一种通行的做法。参与者需购买人身意外保险，对可能出现的安全事故作出预测。

5. 人员分工与责任

组织活动的总负责人应对其他参与组织者进行项目分工。明确财务、后勤、技术、安全、联络等工作的具体负责人，并对他们的岗位职责进行明确规定。10 人以上的野外活动应成立行动小组，指派体质、人品、人际关系良好，又有一定野外活动经验的人担任组长，负责小组内一般事务的调配。

二、野外活动的前期准备

1. 组织者的前期工作

（1）线路的选择、勘探，附近环境的熟悉。

（2）人员分工与明确责任。

（3）物质、经费与设备的准备。

（4）对参与者的安全教育与环境保护知识教育。

2. 参与者的前期准备

（1）参与者应自我进行体质评价并做好体能训练。

常年体弱多病，有心血管疾病、消化道疾病的人群不适合参加野外活动。孕妇、经期的女士不适合参加有一定强度的野外活动。参加有一定强度的野外活动之前，参与者应有针对性地进行体能训练，如长跑、负重登楼、游泳等常规运动。

（2）专项技能的模拟训练。

如果是组织有一定难度或是时间较长的野外活动，出发前应对参与者进行一些专项技术的模拟训练，让参与者熟悉专项器材的使用方法，并对一些专项技术进行辅导，如岩降、溯溪等技术方面的运用。

（3）个人物品的准备及告知家人。

个人物品的准备应以需要与实用为原则，可带可不带的物品尽可能不带，以减少行李的重量。

青少年参与者需要征得家长的同意方可参加。其他参与野外活动的人也应通知家人、工作单位和朋友，告知他们活动的目的、基本内容、人员情况、返回的时间和可能遇到的情况，让大家有一个基本的了解及思想准备。万一发生意外，他们也好联系有关方面进行救援。

三、野外活动物品准备清单

以下为野外活动基本物品清单，野外活动组织者和参与者应根据具体的实践情况进行增减，应分配好人员携带公共物品。

野外活动基本物品清单

个人物品清单		集体物品清单	
旅行背包	睡袋	帐篷	共用炊具
睡垫	充气枕头	照明灯具	急用药品
换洗衣物	洗漱用具	打火机	通信工具
手电筒或头灯	太阳帽	燃料或燃气	食品与调味品
水壶或饮料	自带食品与餐具	地图与行程表	温度计
军刀	打火机	指南针	折叠水桶
雨具	垃圾袋	集体证明	砍刀
纸巾	手表	净水药物	折叠式工兵铲
手机	照相机	登山绳及滑轮	GPS 定位仪
太阳镜或雪镜	驱虫剂	望远镜	塑料布
药品	活动指南	雄黄粉	小型灭火器
笔与纸张	身份证	摄像机	哨子
现金	相关电池	集体娱乐器材	救生圈

第二节　野外活动的组织实施

野外活动是在自然环境之中开展的，这决定了它是一项高风险的运动。野外活动没有一致的运动规律，情况复杂多变，团队成员之间的心态微妙，一旦发生意外，求救和救援都是非常困难的。

野外活动的组织实际上是一门综合性非常强的学问，它要求组织者具备良好的生理、运动、医学、地理、气候、天象、动植物、人文等方面的知识，同时还需要组织者具有良好的心态、沟通能力、团队精神、丰富的经验和果断的性格。

一、领队在野外活动前的工作

出发前，向参与者自我介绍并介绍其他组织者的分工，然后说明自己的责任和义务，强调自己有什么权利，最后礼貌地恳请大家配合工作。领队特别需要利用这个时机再次强调活动的纪律与安全方面的注意事项。

上车后，再次说明本次活动的起点、途经线路、终点、人文与地理环境及大致的时间安排，一般情况下不要随便更改原定计划。

准备进入野外时，先要集合队伍，清点人数，整理背包，分配公共用品与携带人员，安排队头与队尾人员（一般由经验丰富和体格较好的人员担任）。

二、领队在野外活动中的工作

行进时，领队一般走在整个队伍前1/4的位置，途中根据队员的体能、宿营地距离等因素，适当调整队员的前行速度。途中要观察队员的体能与身体状况，安排体能好的队员分担体能较差或身体状况出现问题的队员的行李，以确保团队有适当的整体行进速度。

间隙休息时，领队要清点人数，并针对队员之前的行进状态提出一些具体的指导性意见。

其间应阶段性查阅地图，保持与先锋队员的沟通，确保行进路线正确，发现错误时应及时改正，必要时甚至应原路返回。

遇到岔路口、有障碍或前进方向不明确时，先锋必须请示领队，由领队作出决定，不得擅作主张。行进时要观察周围的地形地貌特征，计划返回线路，预备第二套方案。

出现突发事件时，领队必须镇定，正确判断，作出决定，全体人员必须服从领队，帮助领队，不得起哄，更不得拆台。

在露营及野炊环节时，领队要就营地的安全、防火、环境保护等环节对队员进行技术指导。

如果发生意外或继续前进会有危险，要有立刻取消活动的勇气，果断取消行程。

三、领队在野外活动结束后的工作

即使安全无事故地结束了野外活动，领队的工作还没有结束，领队在活动结束时应开展以下五方面的工作：

（1）公布经费开支情况，并完成经费 AA 制分摊工作。

（2）对集体的装备进行清点与归还。

（3）收集队员对本次活动的反馈意见。

（4）召开组织者会议，进行活动小结。

（5）撰写活动总结报告，对策划与实施情况进行分析总结。这些总结将会对下一次策划活动起到重要作用。

第三节　野外活动与环境的保护

任何户外活动都将对自然造成破坏，我们周边地区的自然生态系统已经非常脆弱，任何微小的破坏都将很难恢复。如果通过户外活动能产生对自然界深沉的热爱，以及对环境问题更深刻的理解，让环保观念影响我们的生活、影响我们身边的人，并且在活动过程中尽量将对自然的破坏降低到最低限度，那么我们所做的一切就是值得的。

一、出发前的环保工作要点

组织者设计的野外活动方案要有充分的环保意识，要将环保概念传递到每一个参与者当中，队员间应互相确认是否已了解保护环境是活动的一部分，尽量选择符合环保要求的物品。此外，应准备好垃圾袋。

二、行进间的环保要点

有道路时应排成纵队沿着路走，无路且有植被的地段应分散前进，以避免走出新路，尽量避开植被茂密、难走的地段。

不要惊吓碰到的野生动物（猛兽除外），并给它们足够的时间逃走，严禁喂养健康的野生动物，以免使其丧失自立性。

尽量不做路标，确实有必要时也应做得隐秘（用干枯的树枝或石块做标记），能让本方队员知晓即可。最后一名经过的队员应尽量破坏这些标记，因为标志明显的路标可能会破坏其他队伍的乐趣。勿破坏其他队伍的路标，以免影响他人安全。

沿途联络队员、抒发情感时不免容易制造出太大的噪音，在快乐的时刻，还应适当考虑别人的感受，尤其是有别的队伍时。野外用火须遵循当地法规的规定，防火季节切勿在行进中吸烟，其他季节也不提倡。

方便地点应该相对隐秘，并远离路线和水源。

三、营地环境及生活卫生

保护好营地周围的环境，主要是指营地周围的水源保护、大小便的处理、女性卫生用品的处理及煮食地方的安全。具体包括以下内容：

（1）保护好营地周围的水源。

（2）不可在水中使用日化产品。

（3）废水、废液、食物残渣要挖坑集中倾倒，撤营时掩埋复原，不要在营区附近乱泼乱撒。

（4）简易厕所要挖坑定点并设掩帐，离开营区50米以上和远离水源30米以上，撤营时应掩埋复原。

（5）生活用的干垃圾要标明可燃、不燃两类并分别设袋集中收集，撤营时将可燃物挖坑焚烧（山区非禁火季节）后掩埋，不燃物带往山下垃圾站。如山区处于禁火期，则两种垃圾皆要带回。

野外活动切记：除了脚印，什么也不要留下；除了相片，什么也不要带走。

四、野外活动垃圾处理

垃圾中难以自然降解的部分（如电池、塑料、金属、玻璃、化学品、有镀膜或涂层的纸制品等），不要焚烧和掩埋，应携带回城，再弃入垃圾箱（尽量不要使用风景区设置的垃圾箱，因为风景区处理垃圾的方法是焚烧或掩埋）。

能够自然降解的垃圾（如纸张、纯棉制品、食物屑）可以粉碎后就地处理，但不能丢弃在水中或水流附近。

第四节　野外拓展训练的组织

拓展训练是现代西方国家一种时兴的教育方式，它起源于20世纪40年代中期第二次世界大战期间的英国。“拓展”的英文为Outward Bound，在中国香港和台湾等地区译为“外展”，是一种生存训练。它是为适应“二战”的需要而逐步发展形成的一种训练，现被归为冒险体育类，是一种现代的全新的学习方法和训练方式。其课程以培养合作意识与进取精神为宗旨，崇尚自然与环保，利用崇山峻岭、江河湖海等自然环境，通过创意独特的专业户外体验式培训，来达到提升情商的目的。

“二战”结束后，这种特殊的训练方式和训练手段得以流传下来，并扩展到体育学、教育学、心理学、管理学等学科，训练的目标也由以体能和生存训练为主扩展到个人心理素质、人格品质和团队协作精神的训练和培养。拓展训练有一定的身体活动，更主要的是可以让参与者通过典型化和游戏化的活动，亲身体验、分享与总结回顾，从而得到心灵上的震撼和洗礼，并把体验到的感受和总结回顾得出的经验和教训运用到日常学习和工作中去。可以让个体充分认识到自己的潜能，克服心理上的障碍，磨炼克服困难的毅力，增强自信心，从容地去面对生活中的种种挑战。拓展训练还可以让人们认识到团队的力量，启发和培养团队的创新意识，改善人际关系，学会与人相处，学会与自然相处，达到人与自然的和谐。

20 世纪 90 年代，“拓展训练”的概念进入中国。人们早期将其归为“游戏”，进而是一种课程，到现在已形成一种教育理念和学习模式。目前，拓展训练在培训领域所带来的潜在价值和震撼性效果得到了广泛的认识，人们对拓展训练的概念与内涵的认识也在不断深化。现在，拓展训练在中国逐渐发展壮大，拓展类的培训公司、培训学校、俱乐部也越来越多，拓展教育已成为体验式教学的极佳方式。

一、野外拓展训练的特点

1. 活动内容的综合性

野外拓展训练的所有项目都以体能活动为引导，引发出认知活动、情感活动、意志活动和交往活动，有明确的操作过程，要求参与者全身心的投入。活动涉及体育学、管理学、地质学、医学、心理学、生态学和社会学等学科知识领域。

2. 挑战身心的极限

野外拓展训练的项目都具有一定的难度与强度，表现在参与者的身体与心理将经受极限的考验，需要参与者向自己的身体与心理能力极限发出挑战。

3. 体会团队的力量

野外拓展训练实行分组活动，强调集体合作，力图使每一名学员竭尽全力为集体争取荣誉，同时从集体中吸取巨大的力量和信心，在集体中展示个性。

4. 良好的心理体验

在克服困难，顺利完成课程要求以后，学生能够体会到发自内心的胜利感、自豪感和超越感，获得人生难得的高峰体验。

5. 实现自我教育的平台与途径

教师只是在课前把课程的内容、目的、要求及必要的安全注意事项向学员讲清

楚，活动中一般不进行讲述，也不参与讨论，充分尊重学生的主体地位和主观能动性。即使在课后的总结中，教师也只是点到为止，主要让学生自己来讲，以达到自我教育的目的。

二、野外拓展训练的综合价值

通过拓展训练，参训者在如下方面有显著的提高：认识自身潜能，增强自信心，改善自身形象；克服心理惰性，磨炼战胜困难的毅力；启发想象力与创造力，提高解决问题的能力；认识群体的作用，增进对集体的参与意识与责任心；改善人际关系，学会关心他人，更融洽地与群体合作；学会欣赏、关注和爱护大自然。

三、野外拓展训练的组织

1. 安全性原则

安全是拓展训练的首要问题。拓展训练内容有一定的难度系数和体力强度，对参训的学生在心理上具有较高的挑战性，同时也具有一定的危险性。而要突出挑战性，降低危险性，就必须有一套科学的、万无一失的安全保护系统和应急处理系统，从而为训练提供安全保障。

2. 针对性与可行性原则

拓展项目的选择不能盲目照搬，应舍弃一些条件不具备的活动。要针对不同年龄、性别、体能、技能状态进行细致的分析和评价，选择确定适宜的拓展项目与内容是拓展训练得以顺利实施的关键。

3. 科学指导性原则

拓展训练要求教师具有较强的组织管理、协调应变、引导和预见能力，还要具有强烈的责任心和丰富的实践经验。在进行拓展训练时，体育教师要注意对学生进行保护和帮助，发挥集体的作用，激励胆小、内向的学生挑战自我、超越自我，同时也要认真讲解活动中的注意事项，以确保拓展活动的顺利开展。

四、野外拓展训练项目介绍

1. 野外穿越

野外穿越是指自带装备和给养，在基本没有外援的情况下，徒步或借助交通工具进行的陆上穿越活动。其种类按穿越地域特点划分，有山地丛林穿越、沙漠荒原穿越、雪原冰川穿越；按进行方式划分，有徒步穿越、自行车穿越等。徒步穿越是

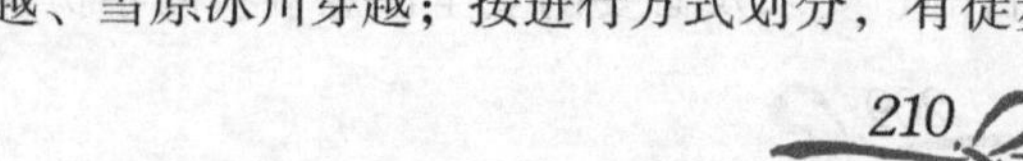

一切穿越活动的基础。穿越一般选在地形复杂多样、人迹罕至的地方，没有现成的路可走，没有明确的路标指示方向，只能依靠地图、指南针、海拔表，再加上自己的头脑来判断方位。穿越集登山、攀岩、漂流、溯溪、定向、野外生存等为一体的地区时，难度较高，穿越者要有良好的心理素质，如坚忍顽强、胆大心细、处变不惊，还要注重团队精神，乐于助人。同时，穿越者还必须掌握相关的知识和技能，比如地形图的使用、野外生活、急救自救、各种装备的使用等。

2. 丛林穿越

丛林穿越训练就是在一个特定的环境里展开的一场素质强化大会战。参与者都是在限制时间、标明标准的情况下进行，内容包括悬崖速降、徒步负重、野外急救、野外露营。训练始终处于一种富于挑战的高压之中，因而团队中不易发现的内外问题能得以发现并得到真诚解决，同时参训者原有的能力均得到体现与升华。

3. 露营

一般将野外、大自然中以停宿为中心的自由活动方式称为露营，露营是指不依赖山屋、旅社等人工设备，而是用自己准备的装备，在山野中生活过夜。它有很多种方式与方法，并非千篇一律，大如军队的夜宿，小至一人的露营，不过通常我们以团队的形式在野外露营，可使队员相互了解，并增进队员之间的协作精神。

4. 攀岩

攀岩，顾名思义是攀登岩壁的一项运动。攀岩有多种形式：

（1）抱石攀岩：基本上，它只需要一块巨石和一位攀登者，岩石高度可从0.5米到10米，通常攀登高度不超过6米。抱石攀岩又可分为自由徒手（无绳）攀登（极其危险，绝不推荐）、深水徒手攀登、建筑物攀登、人工岩壁攀登。

（2）运动攀登：不同于早期附属于登山活动的技术攀登，用固定在岩壁上的岩钉作确保点，危险性低，通常只有一个绳距，以追求难度为主要目的。

（3）自然装备攀岩：这种攀岩一般需要一个领攀人和一个第二攀登人，领攀人带着很多的装备，由第二攀登人用绳子保护着向上攀登，偶尔在岩缝中放保护装备（保护点）。当领攀人到达适当的高度时，用更多的装备保护自己，然后保护第二攀登人爬到自己的高度，第二攀登人在攀爬时把所有保护都拆除以待以后再用。

（4）大岩壁攀登：这项攀登的目标是让很多攀岩者登上巨大的岩面，允许使用任何合理的攀登方式。通常使用机械上升器来拉领攀人设置的绳索向上攀登，攀登让人兴奋愉悦，让人感到刺激。

5. 岩降

岩降即绕绳下降，是从攀岩运动中派生出来的。绳索的一端固定在岩顶上，下

降者借助专业的装备（下降器）从岩壁上方下降到地面。下降者必须克服恐惧，在下降过程中可体会克服地心引力带来的快感和成就感。

6. **速降**

速降，又称“滑索”“飞降”“空中飞人”等，起源于瑞士，最早用于高原自救、运输和军事突袭行动，后演化成类似蹦极、攀岩、赛车等极限游乐项目。现在它已分化成崖降、楼降、桥降、溪降等类别，抛开场地原因，其技术上并无多少本质差别。游客身穿保险衣与架子钢索的滑轮连接，借助景点（区）的自然落差，由钢索、滑轮保险绳索与人体连接，从高处发射台顺势而下，以较高速度完成滑翔。速降可跨越草地、湖泊、河流、峡谷等。

7. **抱石**

抱石是最原始的一种攀登形式。它的攀登形式直接，动作夸张、漂亮，从一开始就向难度挑战，具有展现人体攀爬潜能以及夸张的力度美感的意味。抱石中常见腾挪、窜跃等大幅度动作，或者是使用极滑、极小的支点，让人发力、怒吼、晃荡、摇摆，躯体和肌肉极度曲张，令人叹为观止，具有极强的观赏性。

抱石的必需装备只有攀岩鞋和镁粉袋，落地不好的线路可能还需要一些抱石垫，这比传统的主绳、安全带、铁锁、扁带、下降器、快挂等要简便得多。

8. **攀冰**

攀冰是在攀岩运动发展中诞生的新的分支，是攀登高山、雪山的必修科目，也是登山运动的基本技能之一。目前，攀冰主要是自然冰，分为冰瀑和冰挂两种。在我国北方，冬季来临之后，许多高山、瀑布形成了良好的攀冰条件，在倾斜的冰面上脚穿冰爪，手执冰镐，将一颗颗冰锥固定在冻结的瀑布上，再踩着这些支点攀上悬崖。

9. **峡谷探幽**

进入清幽的峡谷，在奇险兼备、瀑布清潭的美景中，顺山攀岩，穿越丛林，体验悬崖速降、溯溪、溪降的惊险刺激。

10. **定向越野**

定向运动也是竞技体育项目之一，它类似于众所周知的寻找宝藏游戏。大致过程是：在旷野、山丘的丛林或近郊公园等优美的自然环境中，事先隐藏好数个点，参与者手持地图和指南针找出点的所在地。采用徒步、奔跑式，迅速准确地逐个找出，有机地将个人休闲、娱乐与团队协作融为一体。

11. 野外生存

在准军事化的野外生存培训中，前面根本就没有路，必须拿着镰刀或斧头披荆斩棘自寻出路。这边也许是高山密林，那边也许是悬崖峭壁，随时都有风险，处处都有危机……在野外不确定的环境中进行生存训练，能使参训者更依靠团队的力量，同时也了解到自身与同伴的力量、局限和潜力。

12. 悬崖速降

悬崖速降，是指在教练的指导与保护下，利用绳索由岩壁顶端下降，队员自己掌握下降的速度和落点，最后到达地面。

第五节 野外活动危险度、强度与技能掌握程度

无论是野外活动的组织者还是参与者，都应了解和掌握野外活动的危险度、强度与技能掌握程度的划分。

一、野外活动危险度的划分参考

1. 无危险（0）

一般的休闲游。如旅游景点游玩；安全、有充分保障的短期野外旅行；线路明了的短期常规山地攀登。其特点为无意外情况发生、行程短、强度低等，对参与者没有特殊要求。

2. 低度危险（1）

多数常规活动。如常规登山、攀岩、滑雪、骑马、游泳等。可能会有意外情况发生，行程中等，强度低，一般有 1 ~3 次野营。需要参与者有一般的生活常识和较好的心理素质。

3. 中度危险（2）

难度较大的常规山地活动。比如强度较大的骑马、滑雪活动，以及未知领域的大强度穿越活动等。需要特殊户外技能的活动环境。可能有意外情况发生，行程长，强度大，一般有多次野营。需要参与者有良好的心理素质和团队意识，具有一定的户外活动经验和户外技能（如攀岩、急救等）。

4. **高度危险（3）**

非常规山地活动。需要特殊户外技能的活动环境。不可预测和控制的因素多，经常有意外情况发生，行程长，强度大，自然条件艰苦，多次野营。需要参与者具备良好的心理素质、丰富的户外活动经验、较全面的户外技能和优良的团队精神。

二、野外活动强度的划分参考

1. **休闲运动（D）**

一般的休闲游，如郊游、野餐等，行程短，一般不野营。

2. **中等强度（C）**

数日的常规山地活动，日行程短（一般少于15千米山路），1～2次宿营。如登山、攀岩、游泳、骑马、滑雪等。要求参与者身体健康，要求一般装备。

3. **高强度（B）**

多日的常规山地活动，多数非常规山地活动，日行程山路20千米以上，攀升高度大，以及竞技性活动，如自行车、登山比赛等。对参与者有较高的体能和装备要求。

4. **极高强度（A）**

极限环境下的连续活动，非常规山地活动，环境条件恶劣，疲劳度高，可恢复期短，多日日平均行程20千米以上，如雪山攀登活动、连续多日的冰雪环境下的探险穿越活动等。

三、户外技能项目与掌握程度说明

1. **登山野营**

其中包括行走技巧的掌握、路线的寻找和确定、定向、行程控制、露营技能、熟悉各种常用装备的使用。

2. **攀岩**

其中包括掌握基本的攀岩技术，了解各类攀岩器材的使用，会有效地使用绳索和打各类常用绳结。

3. **游泳**

徒手一次游200米以上。

4. **急救**

懂得如何进行检查，确定伤势，了解各类常见伤病的急救方法，熟悉常用药品的使用。

5. **其他技能**

如滑雪、骑马、划船、滑翔、冰雪技术等。

知识点小结

1. 野外活动的组织是建立在一定的物质条件下、一定的技术保障下和一定的组织经验下的严肃活动。

2. 野外活动的策划书的主要内容。

3. 领队在野外活动前、中、后三个阶段均有相应的工作内容，领队是确保活动成功的重要因素。

4. 野外活动应有强烈的环保概念与行动。

5. 野外活动分为休闲运动、中等强度、高强度、极高强度四个级别。

项目综合实训

2天登山露营实践活动策划书的撰写

一、学习目的

通过理论—实践—理论的学习过程，初步掌握野外活动的策划书的基本内涵，知晓野外活动的组织、策划与实施要素。

二、实训要求

组织开展2天登山露营实践活动。活动前分组撰写活动策划书，各小组对策划书进行交流与完善；掌握野外活动中不同阶段领队的工作内容。

三、实训步骤

(1) 对班级学生进行分组，教师布置实训任务。

(2) 各小组根据假设活动地点具体情况和人员能力分析，撰写野外活动策划书。

(3) 将策划书制作成PPT，进行交流完善。

(4) 课堂上对调查分析结果进行交流与点评。

(5) 野外活动后，各小组针对策划书与野外实践活动后的情况进行效果分析，并对策划书进行完善。教师总结归纳。

四、组织形式

以小组为单位进行调查、信息分析，策划书以小组为单位在课堂上进行交流。

五、考核要点

序号	考核点	考核要求	分值	备注
1	团队合作能力	各小组成员在调查、分析与讨论活动中的分工协作能力	30分	小组自评
2	信息的采集与分析	考查学生对实地调研及信息收集后的分析能力，对课堂知识的理解程度	20分	教师评分
3	实践完成状况	将野外实践活动与策划情况进行比对	30分	小组自评
4	课堂展示	展示实践后修订的策划书PPT，从内容、制作及语言表达等方面进行考核	20分	小组互评

思考题：

1. 撰写一份野外活动的策划报告。
2. 试述野外活动的组织者在不同阶段的主要工作内容。
3. 简述野外拓展活动的组织要点。

参考文献：

[1] 梁朝晖 . TOP 策划学经典教程 . 北京：北京出版社，1998.
[2] 张实 . 野外旅行指南 . 昆明：云南科技出版社，1998.
[3] 户外活动环保操作指引（http：//www. edu-chn. com）.
[4] 乐山青年越野俱乐部（http：//www. isyoung. com）.

第九章 野外生存教育与生命教育的融合

学习目标

理论目标：了解生命教育的内涵与现状，知晓运用野外生存教育开展生命教育的机理。

实务目标：能够运用野外生存教育资源，开展生命教育教学设计。

导入案例

人是教育永恒的主题，关注人的生命的教育才是理想的教育，学校体育是教育的重要组成部分。学校体育所涉及的生命教育相关内容很多，从生理知识、道德、交往、力量到生命力的体验等，学校体育最能够展现生命活力，野外生存教育可以成为生命教育最直接的有效载体。

第一节 生命教育简况

一、生命教育的意义

当代青少年在成长过程中出现了越来越严重的问题，比如对自身生命的漠视，对他人生命的轻视，对异类生命的摧残，网瘾、早恋、厌学、吸毒、青少年犯罪等现象日趋严重。这些问题严重影响了青少年自身健康的发展，给学校和家庭教育带来了巨大压力，更成为影响社会安定和谐的隐患。缺乏生命的体悟，不懂得尊重生命，已成为当下青少年普遍存在的问题，也引起社会的极大关注。此外，自然灾害或突发事件出现时，青少年急救、自救、逃生的意识、技巧、能力无不令人担忧。

源于美国20世纪60年代的生命教育观已越来越引起人们的重视，关怀生命已成为当代中国学校教育的一种价值取向。综观我国学者对生命教育的研究不外乎两个角度：一是现实角度。针对人类生态环境恶化，青少年吸毒、自杀、他杀现象日益严重的现状，学者们提出要对学生进行尊重生命、珍惜生命的教育。二是理性思辨角度。有的学者从存在主义哲学、现象学和自然主义等领域的哲学思想，分析和阐述了教育中生命的意义；有的学者则从传统文化的角度，以道家、儒家等中国传统文化为主线，对中国传统文化所蕴含的生命教育作了初步的梳理和挖掘，在课堂教育的层面上探讨生命教育的研究却很少见。

如果说体育课程指导思想的核心是“健康第一”的话，那么生命教育指导思想的核心则是“生命第一”。体育课程是开展生命教育的奠基工程，应突出其生命教育功能，成为生命教育实施的重要途径。

二、生命教育的基本内涵与实施

生命教育，顾名思义是关于生命常识及体验生命活动的教育。随着生命教育的深化和发展，它已为全球教育界所认同，成为一种新教育思想。生命教育宗旨在于认识生命本质，捍卫生命尊严，激发生命潜能，提升生命品质，实现生命价值，促进学生身心的健康与和谐发展。

1968 年，美国著名作家、演讲家、人生导师杰·唐纳·化特士率先提出了生命教育的思想，明确提出生命教育和敬畏生命的道德教育。澳大利亚于 1979 年成立了“生命教育中心”机构。1989 年，日本有学者明确提出尊重人的精神和对生命的敬畏，并以此观念来构建道德教育目标。近十年来，我国的学者在道德教育理论和实践中，也在一定程度上围绕生命教育的主体展开，许多学者感到教育应该尊重和关爱生命，并且提出了一些理论建议。2005 年上海市教育厅首开先河，颁布了《上海市中小学生生命教育指导纲要（试行)》，为生命教育从理性的楼阁转向实施的蓝图奠定了坚实的基础，这在一定程度上说明“生命教育”这一现代教育理念已开始进入我国中小学校园。

生命教育是整个教育的元基点。生命教育是以生命的视角来重新审视人与自然、人与人、人与自身之间的关系，并遵循生命昭示的规律所进行的教育，其目的是通过生命教育帮助人认识、珍惜、尊重和热爱生命，提高生存技能以及提升生命质量的一种教育活动，在学校中开展生命教育具有现实意义。

生命教育的内容具有广泛性、现实性和可操作性。它是教育的一种存在形式而不是一种教育模式，它不是另起炉灶而是将现有的学校教育资源，如性教育、安全教育、心理健康、生存教育、环境教育、禁毒和预防艾滋病教育、法制教育、体育教育及艺术教育等整合在一起。

生命教育的实施模式是将生命教育理论与实践有机渗透在学校教育的各门学科、各个环节、各个方面，可以采用显性课程、隐性课程、专题教育和课外活动等多种模式。

第二节 生命教育视野下的野外生存教育课程

体育教育是学校教育的重要组成部分，依托体育的平台融合生命教育的内容，对两者都可起到促进作用。野外生存训练集挑战性与竞技性于一体，包含内容广泛，往往要求个人或团体在大自然的环境中，培养训练者仅依靠自身的力量，在恶劣环境中的生存能力、顽强的心理品质及良好的社会适应能力的一种训练。近十年，国内许多高校开始野外生存教育探索，作为一门新兴的体育课程，其课程体系的建立还在不断完善当中。

一、体现生命教育价值取向的野外生存教育课程

学校体育课程内容以体育学科的基础知识和基本技能为主，有其自身的逻辑结构，目前很难与学生的现实生活世界的实际问题一一对应起来，针对学生在生活、生存、生命三个方面的意识与技能总体欠缺的现状，也应该考虑到让学生贴近生活、接触自然，了解社会和掌握一些现实社会与自然环境下的生活和生存所需的基本技能；应该选择贴近学生现实生活世界，在自然环境下开展生活、生存、生命主题教育的野外生存教育课程价值取向。

在课程结构上，可以将野外生存教育课程划分为理论、校内模拟训练和野外实践三个模块。

理论模块包含生理保健、运动医学、伤害事故预防与处理、自然环境风险评估与预防、动物与植物保护、环境保护等内容。

校内模拟训练有户外活动能力与技巧的训练、徒步训练、户外工具的使用与制作、伤害事故的应急处理与演练等内容。

野外实践有野外方向与道路的识别、负重行走、攀岩、岩降、担架制作与伤员搬运、露营地选择、水源与食物采撷等内容。

教学内容主要包括野外风险与应急处理、野外生存技能与技巧训练。课程注重创新能力、适应能力以及竞争与合作能力的培养，凸显生存、生命教育的理念与实践。

依据野外生存教育课程的资源特点和教育实践特点，在自然环境与社会环境下体验生活、生存、生命状态，践行生命教育，野外生存教育课程可以成为开展生命教育的重要载体。

二、野外生存教育课程的实施促进学生生命和生存能力的动态生成

1. 教学资源从封闭走向融合

受“体育”本体化思想的影响，我国高校体育专业课程长期以来存在竞技化倾

向，学校体育的内容主要集中在竞技体育的范围。教育的内涵曾一度被简化为“学校教育”，教育资源也大多集中在学校，对学校之外的教育（如家庭教育、社会教育、户外教育等）缺乏重视，多样复杂的社会现实被浓缩为平面的课本内容，整体有机的生活经验也被分割为学科林立的知识。这也导致了高校体育类课程功能与学生能力培养的局限性，进而影响了体育课程价值的释放。

野外生存生活训练作为一种全新课程内容被提出，将竞技性很强的跑、跳、投、攀爬、跨越等基本内容扩展到社会和大自然中，使体育课内容更加知识化、趣味化、游戏化、生活化，拓展了体育课程的内容、方法、时间和空间。野外生存生活训练课程教学内容涉及地质学、天文学、林学、旅游学、管理学、教育学、心理学、医学、策划学、体育学等跨学科知识。野外生存教育课程的教学资源突破了传统体育类课程强调项目的纵深发展，强调线性逻辑秩序的教学理念，选择了人是整体、教育是整体、生活是整体和生命是整体的教学观，改变了体育与生活的割裂状态，融合了生活化、生存化、生命化的体育教育资源，回归人的生命整体性，回归教育整体，回归人的生活常态。

教学资源从封闭走向融合，使野外生存教育课程成为生活化体育课程的有益尝试，更好地带给学生生活化、生存化、生命化的体育体验。

2. 教学过程从限制走向开放

生命的存在是流动和充满不确定性的过程，生活化、生存化和生命化的体育过程，不应是精确的控制过程，教学过程要允许不确定性，甚至允许偏差。要鼓励学生向教材、向知识文本挑战，形成自己的看法和观点。

野外生存教育课程是生命发展活动，倡导的教学过程是一个师生合作学习和陶冶身心的过程；是关注生命成长、展示生命活力的过程；是一个心灵沟通、情感交融的过程。课程不仅强调增进学生健康，更加重视着眼于培养学生的体育能力，激发学生的体育兴趣和动机，让学生在学习中体验、理解、感受体育的真谛。学生的课程经历，是他们生命中有意义的组成部分，并以此去深思生命、反思生命、创造生命，最终实现自我生命意义的提升和飞跃。

教学过程从限制走向开放，突破了传统教学的限制与约束，有利于加强学生学习的主观能动性，让学生以自觉、主动的心态融入生命体验当中。

3. 教学方法从灌输走向对话

野外生存课程将“理论”“校内模拟训练”和“野外实践”三个教学模块的教学内容以“主题案例”“案例模拟”“主题实践”进行教学实施，教学内容不再是“刚性”的呈现，教师也不是高高在上的“讲述者”，而是进行设计、倾听、分析和引导，教师的重要工作是创设生活、生存和生命的教学仿真情境。

学生学习方式是主导地学、互动地学、讨论地学、自我调控地学，学生以个体或者小组的形式去完成“案例”和“目标”学习，改变以往单一由教师灌输、学生被动接受的教学模式。学生将野外生存教育课程实践看作人生中一段重要的生命经历，是他们生命中有意义的组成部分，并以此去深思生命、反思生命、创造生命，最终实现自我生命意义的提升和飞跃。

教学方法从灌输走向对话，师生心灵深处的相互触碰与交融，打破了教学过程与现实生命的“樊篱”，教师与学生的生命价值最终得到润泽。

4. 学习评价从物化走向发展

生命教育视野下的野外生存教育的评价，是以促进学生的发展为依归，不以筛选学生为目的，不以测试的数据为评价的主要观测点，而从学生课程学习的知、情、意、行等方面进行评价。既要重视评价的价值性判断，也要重视教育评价的描述性判断、决策性判断，在承认效率的同时，也要关注人的发展。评价理念包括：关注学生的发展；关注学习过程；重视元认知和认知技能；强调整体评价。

具体操作上，野外生存教育课程的学生学习评价主要从认知、情感和动作技能三个角度进行。认知目标要求掌握生活、生存、生命的基础知识，能够对风险进行识别；情感目标要求能够关爱生命，尊重他人；动作技能目标要求能够模仿、操作，精确、连贯地掌握野外活动的技能和应急逃生、救护等专项活动技能。

学习评价从物化走向发展，从知、情、意、行等方面的发展考量学生的学习效果，在承认效率的同时，更关注课程整体的学习与学生生命的发展。

第三节　野外生存教育与生命教育的契合机制

凸显生命教育价值取向的野外生存教育课程，有力地促进了学生生命和生存能力的动态生成，为生命教育的开展提供了良好的情境基础，同时也为开展生命教育提供了理论载体与实践平台，以此实现野外生存教育由“知识课堂”向“生命课堂”转变，进而实现体育课程价值的多元化。

一、为开展生命教育提供了情境基础

在野外生存教育课程中，无论是理论、校内模拟训练还是野外实践中，均有关于“人工心肺功能复苏”“水”“中暑”“伤员搬运”“地质风险”“动物或植物的伤害”“食物或水源的风险”等理论与教学训练，对这些知识的了解掌握，对这些“突发事故”的处理演练，所创建的生命教育情境，可以提高学生更加敬畏生命、善待生命、珍惜生命的生命意识与生命情怀。同时，这个体验过程还可以促进学生生命、生存能力的物化提升。

二、为开展生命教育提供了理论载体

实践是理论的载体或表现形式，而理论也是由实践上升而来的，两者是辩证的关系。

野外生存教育课程三个教学模块有机互通，理论部分是校内模拟训练和野外实践的前提基础，也与这两部分教学内容交织在一起。而校内模拟训练和野外实践又是生命教育理论的具体化和实践化，可以将生命教育理论的原理和观点生动、形象地诠释出来。

依附野外生存实践活动的生命教育理论，涵盖了关爱自然、爱护环境、珍惜生命、安全防范、科学处理等生命教育内涵，既有理论性，更有实践性和生命教育的指向性，野外生存教育课程为生命教育理论的阐述提供了理想的平台和载体。在唤起学生对生命的尊重与关怀，引导学生思考“生与死”的生命课题，认识生命的意义与价值，学会尊重他人生命和自然生命等方面可以发挥重要的作用。

三、为开展生命教育提供了实践平台

体验是个体生命在生活世界中存在的前提，是生命视野下学校体育课程中教师与学生生命得以生成的前提，也是生命成长不可或缺的独特感受。野外生存教育课程实践内容蕴含大量生命教育的素材，是以实用的角度、实训的方式，让学生经历与体验、感悟与升华，为学生生命意识与生命能力的生成打下重要的基础。

生命教育是一种实践性很强的教育活动，在野外生存教育课程的校内模拟训练与野外实践中，学生可以体验生命的伟大与渺小，体验幸福和快乐，体验困难与挫折，在人际交往中体验责任和感受恩情，将会收到理论教育所不能达到的教育效果，实践性也是野外生存教育课程开展生命教育的特色与优势所在。

知识点小结

1. 生命教育是关于生命常识及体验生命活动的教育。

2. 在自然环境与社会环境下体验生活、生存、生命状态，开展生命教育实践，野外生存教育课程可以成为开展生命教育的重要载体。

3. 野外生存教育的实施有利于促进学生生命和生存能力的动态生成。

4. 野外生存教育为生命教育提供了教学情境、理论支撑与实训平台。

项目综合实训

野外生存训练实践的生命教育环节设计

一、学习目的

知晓生命教育的基本内涵，学习野外生存教学实践的生命教育环节设计。

二、实训要求

组织开展2天登山露营实践活动。从环境、技能、生理三个角度，分别设计三个生命教育主题内容，每个设计内容活动时间为1小时。

三、实训步骤

(1) 对班级学生进行分组，教师布置实训任务。

(2) 各小组根据假设活动地点具体情况和人员能力分析，撰写“训练实践的生命教育环节设计”。

(3) 将策划书制作成PPT，进行交流完善。

(4) 课堂上对调查分析结果进行交流与点评。

(5) 野外活动后，各小组针对策划书与野外实践活动后的情况进行效果分析，并对策划书进行完善。教师总结归纳。

四、组织形式

以小组为单位进行调查、信息分析，策划书以小组为单位在课堂上进行交流。

五、考核要点

序号	考核点	考核要求	分值	备注
1	团队合作能力	各小组成员在调查、分析与讨论活动中的分工协作能力	30分	小组自评
2	信息的采集与分析	考查学生对实地调研及信息收集后的分析能力，对课堂知识的理解程度	20分	教师评分
3	实践完成状况	将野外实践活动与策划情况进行比对	30分	小组自评
4	课堂展示	展示实践后修订的策划书PPT，从内容、制作及语言表达等方面进行考核	20分	小组互评

参考文献：

[1] 朴淑瑜. 青少年生命教育刻不容缓. 科技日报，2007-01-25.

[2] 王河滨. 论生命教育的理论基础与基本理念. 浙江教育科学，2006 (4).

[3] 丁兆雄. 透视体育课程中的生命教育. 体育学刊，2008 (6).

[4] 范红艳. 生命视野下的学校体育研究. 体育科技，2008 (1).

[5] 王羽. 生命中不能承受之轻——生命教育视阈下我国学校体育地位的反思. 武汉体育学院学报，2008 (2).

[6] 李小英.“野外生存生活训练课程”实践研究. 成都体育学院学报，2007 (4).

[7] 王桂忠，等. 高校体育专业野外生存生活训练课程探索. 体育学刊，2008 (2).

[8] 季克异，季济. 拓展高校体育课程 促进学生身心健康. 中国学校体育，2003 (1).

[9] 刘玉江. 生命课程——学校体育健康课堂诠释的新视角. 体育学刊，2008 (8).

后　记

2004 年，我们团队就开始对高校野外生存教育进行探索与实践。2009 年，我们编写的《野外生存教育教程》由暨南大学出版社出版，出版发行以来，引起了人们的关注，并得到了好评，还被许多高校选为教材。

与此同时，我们团队不忘初心，一直坚持对高校野外生存教育进行深度探索，先后将这门课程建设成为“广东省普通高校首批精品视频公开课”（2013 年）和“生命与生存教育”国家级在线课程（2016 年），课程成果于 2014 年获得“广东省普通高校教学成果奖二等奖”。本教材也于 2014 年被评为“广东省普通高校精品教材”。

本次修订再版，我们既结合高校野外生存教育发展的最新动态，也结合我们对高校野外生存教育理论与实践探索的新认识与新成果，对本书进行了完善与修订，使之更符合高校野外生存教育的需求。

我们希望野外生存教育实践能够给学生带来有意义的生命与生存体验，并转化为有价值的经验积累。

野外生存教育的探索，我们仍在路上！

王桂忠

2017 年 6 月 19 日